¿ENFERMEDAD HOMOSEXUAL?

Un siglo de investigaciones y tratamientos

Joaquín Esteban García

Depósito legal: M-001063/2012

ISBN-13: 978-1496127396
ISBN-10: 1496127390

Primera edición 2014
Segunda edición 2015

"El hombre es incomprensible, el menor de sus habituales sentimientos ofrece raíces múltiples, y con frecuencia contradictorias en una sensibilidad variable y excesiva siempre. Es el menos equilibrado y el menos razonable de todos los animales, aun siendo el único entre todos que pudo formarse una idea clara de la razón; es loco; todas las direcciones le atraen, todo lo aclara en teoría, y en la práctica todo lo embrolla; desea y quiere tantas cosas, emplea sus músculos en tantas actividades diversas, que sus actos son a la vez los más sensatos y los más absurdos, los más ordenados y los más opuestos al desarrollo lógico de la vida."

Física del amor
Remy de Gourmont
1904

Dedicado:
A Edu.
Protagonista de un intenso amor y
fallecido por la enfermedad homosexual.

Agradecimientos:

A Carmen Mateo, que de forma desinteresada ha corregido la gramática y ha aportado su sabiduría en este libro. Una mujer excepcional.

A mi hermano Tito (José Antonio), que me ha aportado las noticias publicadas en el periódico El País y su conocimiento en el campo de la neurología. Sus correcciones en lo referente a biología me han ayudado a crear un libro más verosímil.

A mi sobrino Daniel, cuya joven opinión ha quedado reflejada en el libro.

A mi hermana Titas (Mercedes), que ha tenido la paciencia de leer todos los borradores de mis libros y cuya sinceridad, al detectar mis múltiples errores, me ha obligado a ser más escrupuloso y aplicado.

A Pedro (mi actual pareja), que me ha ayudado con la argumentación del libro con sus comentarios y aportaciones.

Índice:

Introducción

Durante más de un siglo se consideró la homosexualidad como una enfermedad y la sociedad asumió las conclusiones de los científicos sin sopesar la fiabilidad de estas investigaciones. A consecuencia de esto, los homosexuales sufrieron los distintos tratamientos médicos destinados a curarles de este mal. Terapias tan crueles como los electroshock donde las descargas eléctricas atrofiaban el cerebro al utilizarla como terapia de aversión y por lo tanto cuanto más alta fuera la descarga más "efectivos" serían los resultados o las intervenciones quirúrgicas consistentes en destrozar, literalmente, la parte frontal del cerebro, para lo cual se utilizaron diferentes métodos. Uno de ellos consistió en disolver esta parte del cerebro introduciendo agua hirviendo o alcohol por un agujero practicado en el cráneo. Estas terapias eran consideradas verdaderos éxitos de la medicina moderna al moderar el paciente sus inclinaciones desviadas. No sólo perdían el deseo sexual hacia personas de su mismo sexo, también podían perder la movilidad de sus miembros, el habla y la capacidad de entendimiento, pero esto no impedía que se publicaran los resultados de la intervención y se celebraran como un gran paso para erradicar la enfermedad homosexual en la sociedad.

En este libro no sólo se va a tratar el problema del homosexualismo, se hace imperioso relatar el contexto político de las diferentes décadas en que la homosexualidad fue tratada como una enfermedad. Es obligado también esbozar la mentalidad de la sociedad y un breve resumen de lo que estos médicos y científicos, que no dudaban sobre la "anormalidad" de la homosexualidad, pensaban sobre la sexualidad heterosexual. Según estos reputados especialistas, que escribían libros basándose en sus propias investigaciones, la masturbación provocaba locura, el sexo oral impotencia, el sexo después de las comidas la muerte y el sexo practicado en posición vertical falta de riego sanguíneo en el cerebro. Después de estas "acreditadas afirmaciones, científicamente comprobadas" no nos pueden extrañar las conclusiones vertidas sobre el sexo homosexual. No dejaré en el tintero las investigaciones que actualmente los científicos están realizando para descubrir la "diferencia" homosexual. Aunque ya no es considerado ni un vicio, ni una perversión, ni una enfermedad, no han cesado las investigaciones, sólo han cambiado la semántica. Ya no intentan "curar" al enfermo, ahora están intentando descubrir el origen de su mal. Intentaré dejar al descubierto algunas de las ridículas teorías que estos "sabios" esgrimían para justificar sus "terapias curativas" y que siguen aplicando hoy en día para justificar sus investigaciones. Pondré en evidencia a una sociedad adormecida que fomentó esta crueldad rechazando a los homosexuales y enviando a sus propios hijos al sacrificio y la tortura sin detenerse en analizar la eficacia de los tratamientos curativos. Tener un hijo homosexual era una deshonra, la homosexualidad era hereditaria y eso creaba dudas sobre la virilidad del padre. Hoy en día siguen llevando a sus hijos a clínicas clandestinas, pues en muchos países estos tratamientos están prohibidos. Muchos de estos "científicos" sabían que no había tal enfermedad y, apoyándose en cuestiones morales o religiosas, usaron a los homosexuales como cobayas humanas para experimentar sobre genética y psicología. Hoy en día, los motivos de estos seudo-médicos se basan principalmente en conseguir dinero fácil aprovechándose de los prejuicios de unos padres excesivamente religiosos o ignorantes.

La práctica de la homosexualidad empezó a perseguirse por ir en contra de las doctrinas judeo-cristianas, y los gobiernos, influenciados por estas religiones, cambiaron sus leyes para criminalizar esta conducta. En la vieja España, a lo largo de los siglos, las leyes en contra de la homosexualidad fueron variando, en algunos momentos se consideraron leves faltas administrativas pero en la mayor parte de las ocasiones las condenas eran extremadamente crueles por considerarse una falta grave contra la moral de Dios. No era este el sentir de la sociedad que toleraba y aceptaba la homosexualidad y sólo denunciaban como un acto de venganza por alguna riña o desavenencia con el sujeto.

Fernando III de Castilla, denominado *el santo*, estableció un cuerpo legal de doce libros, llamado el Fuero Juzgo, en 1241. Entre estas leyes se encuentra la siguiente:

"Los hombres que yacen con los varones o los que la sufren, deben ser penados por esta ley de tal manera, que en cuanto el juez lo supiere los castre a ambos y se los dé al obispo en cuya tierra hicieron el mal. Y que los meta separadamente en cárceles o hagan penitencia contra su voluntad en lo que pecaron por su voluntad" [1]

Esta ley se consideró demasiado blanda y decidieron endurecerla:

"[...] Sean castrados ante todo el pueblo, y después, el tercer día, sean colgados por las piernas hasta que mueran y nunca sean perdonados."

El rey Alfonso X, apodado *el sabio*, estimaba que estas prácticas había que erradicarlas para evitar que Dios castigara a todo el pueblo por los pecados de unos pocos:

"Y débese guardar todo hombre de este yerro, porque nacen de él muchos males, y por sí mismo se denuesta y se infama aquel que lo hace, pues por tales yerros envía Nuestro Señor Dios sobre la tierra donde lo hacen hambre y pestilencia, y otros males que no se pueden contar" [2]

---

[1]   E. Barrioobero y Herrán *Los delitos sexuales en las viejas leyes españolas* 1930
[2]   Ibíd.

Los Reyes Católicos en 1497 calificaron estas leyes de ineficaces, pues era muy difícil probar este delito, a no ser que les pillaran en pleno acto. Para evitar la impunidad de los sodomitas, decidieron legislar la pena de muerte en la hoguera si estaba demostrado, por otros comportamientos, la posibilidad del delito. Asimismo, Don Felipe II en 1598 valoraría que la declaración de tres testigos, sería suficiente para demostrar la culpabilidad. Tres personas que tras la tortura reconocieran haber mantenido relaciones sexuales con el inculpado, pero también, tres personas que, sin pruebas, podían condenar a la hoguera a cualquier ciudadano.

En el derecho militar aplicaban dos penas de muerte al mismo imputado:

"El soldado que fuese convencido de crimen bestial o sodomítico, debe ser ahorcado y quemado. (Artículo 83, título 10, tratado 8º de las Antiguas Ordenanzas)" [3]

Habitualmente se incluía en la misma ley el delito por prácticas sexuales con animales y el sodomítico. El pecado de sodoma incluía cualquier acto sexual que no estuviera destinado a la procreación, incluso entre parejas heterosexuales legalmente casadas. La masturbación, el sexo anal, la felación o la prostitución eran potencialmente un delito castigado por estas leyes. En la práctica sólo se inculpaba a los homosexuales. Nadie intervenía en la intimidad de un matrimonio heterosexual y la prostitución era considerada un mal necesario para el desahogo de los hombres evitando las violaciones que estos pudieran realizar en un desesperado e irreflexivo intento de desfogarse.

Fue a finales del siglo XIX cuando los médicos alzaron su voz para puntualizar que los homosexuales eran criminales y enfermos. No todos los científicos criminalizaron la homosexualidad. Hubo unos pocos que realmente querían descubrir las causas de esta condición sexual, no para denigrarla, sino para aumentar sus conocimientos. Por desgracia, aunque

---

[3]   Ibíd.

muchos de sus nombres son de reconocida eminencia, sus voces no fueron escuchadas o se tergiversaron sus palabras. En otras ocasiones, pudiera parecer que algunos doctores estaban a favor de las personas homosexuales al proclamar que era necesario descriminalizar estas prácticas sexuales, pero su único fin era catalogarlos de enfermos, dementes o incluso de poseer un tipo de locura que hacía necesaria su reclusión en un centro mental. Esta resolución, aunque disfrazada de magnanimidad y de compasión hacia el enfermo, era peor que la prisión. Si la justicia te acusaba por homosexual podías pasar unos meses o unos años en la cárcel, si un médico te diagnosticaba la enfermedad homosexual podías pasar toda tu vida encerrado en un manicomio.

Hoy en día aún hay gente que considera la homosexualidad como una enfermedad, no saben de qué ni cómo, pero tampoco se lo cuestionan. Es un síntoma más de la homofobia de esta sociedad. Un enfermo es digno de compasión. Un homosexual es acusado de enfermo. Haciendo de esta "enfermedad" un sinónimo de criminalidad.

Durante un siglo los psicólogos estudiaron la homosexualidad como una enfermedad y concretaron que ciertos comportamientos y vivencias en la infancia eran el motivo de los trastornos sexuales que estos padecían. ¿Estaban inventando? ¿Todos mentían? La respuesta es mucho más simple y humana: Los psicólogos estaban inconscientemente influenciados por sus propias convicciones, considerando cualquier vivencia del paciente como consecuencia de la enfermedad. Este hecho, que muchos médicos rechazarán, por considerarlo poco ético y profesionalmente inaceptable, está demostrado por los propios psicólogos. Algunos "expertos" manipularon las pruebas por convicciones religiosas, otros por motivos morales y una mayoría se dejaron influir por esta corriente ideológica.

A principios de la década de 1970, David Rosenhan[4] se propuso examinar hasta qué punto los psiquiatras eran neutrales al diagnosticar una enfermedad. Se reunió con ocho cómplices y cada uno de ellos fue a un hospital psiquiátrico distinto. La idea

---

[4]   Lauren Slater. *Cuerdos entre locos*. 2006

consistía en acudir a la consulta y decirle al médico que oía una voz que le decía "Zas". Era en lo único que debían mentir. A todas las demás preguntas del médico debían contestar con la verdad. Las nueve personas que integraban el experimento fueron ingresadas por esquizofrénicos. Una vez dentro de los psiquiátricos tenían que anunciar que la voz había desaparecido. En las terapias que les realizaron durante su estancia en estas dependencias contestaron con toda la verdad sobre sus experiencias personales. En los informes médicos se podían leer frases como "El paciente muestra cierta aversión hacia su jefe, síntoma claro de su esquizofrenia", "Durante su infancia odiaba a su padre, lo cual pudo ocasionar su esquizofrenia", etc. Cualquier vivencia en la vida de unos pacientes sanos, era automáticamente relacionada con la esquizofrenia. Permanecieron ingresados entre una semana y cincuenta días, pasados los cuales les dieron el alta, no por haberse curado de su esquizofrenia, sino porque la voz que oían había remitido. Esto mismo pasó durante un siglo con la homosexualidad y sigue pasando hoy en día. Cualquier circunstancia en la infancia de un homosexual el psicólogo la relacionará como desencadenante de su homosexualidad. Ante la defensa de que otros vivieron infancias parecidas y no han sucumbido al amor por su mismo sexo, estos psicólogos se inventaron la "predisposición" del paciente. Que es una excusa tan ilógica como alegar que las vivencias de tu infancia te inducirán a la homosexualidad solo en el caso de que seas homosexual. Si nos ponemos a analizar todos los comportamientos que los psicólogos de la época consideraron anormales o desviaciones sexuales y que catalogaron como una patología, nos daremos cuenta de que cualquier conducta sexual que no esté destinada al matrimonio y la procreación era considerada una conducta desviada que había que tratar y corregir. La similitud con las doctrinas de la iglesia católica hace suponer que estaban extrapolando sus propias inquietudes religiosas a su profesión, dando una legitimización médica a los pecados religiosos y a la persecución de los gobiernos.

En 1957 la psicóloga Evelyn Hooker decidió hacer un experimento. Creó dos grupos de personas, treinta homosexuales y treinta heterosexuales. Los sesenta rellenaron varios test psicológicos para determinar sus conflictos sociales, traumas infantiles, personalidad, temores, etc. Eran los test más utilizados en esta época para determinar las patologías homosexuales. Luego entregó estos test anónimamente a un grupo de psicólogos para que pudieran determinar cuales de ellos tenían conductas homosexuales y cuales heterosexuales basándose en sus neuropatías y conflictos de adaptación en la sociedad. Una vez analizados los test, los psicólogos no pudieron descubrir a los homosexuales, habiendo contradicciones en sus resultados y no teniendo más aciertos que los que se tendría por azar. Dando como resultado que en la homosexualidad no existen indicios psicológicos de patologías distintas que en los heterosexuales. Como conclusión se pudo determinar que la homosexualidad no era una patología psicológica o que los heterosexuales estaban tan enfermos como los homosexuales. Este experimento, repetido por varios psicólogos con idéntico resultado, fue determinante para que la Organización Mundial de la Salud excluyera la homosexualidad como enfermedad.

Pero no adelantemos acontecimientos, todo empezo en 1886...

1ª PARTE.- Estudios Médicos

Contexto histórico – código penal – cuestiones morales

Durante un siglo se estuvo investigando la enfermedad homosexual, aun así no encontraremos una evolución en los descubrimientos. Solo descubriremos una repetición continua de las mismas ideas con distinto nombre y una eliminación progresiva de las teorías más absurdas. Una idea subyace involuntariamente en la mayoría de los estudios realizados: la bisexualidad innata de todo ser humano.

Siglo XIX. Buscando una enfermedad

Las innovaciones de fin de siglo:
En 1880 se patenta la primera lámpara incandescente (bombilla)
En 1886 se fabrica el primer automóvil
En 1894 se patenta el cinematógrafo

A finales del siglo XIX las guerras se sucedían en todo el mundo. EEUU se debatía en una guerra civil que enfrentaba al Norte con el Sur. Francia y Alemania entraron en conflicto. España estaba sumida en las confrontaciones internas por el poder mientras intentaba aplacar las pretensiones soberanistas de las regiones del sur de América.

Las guerras se estaban perdiendo y la pobreza atenazaba a la población. Los gobiernos opinaban que los hombres se habían debilitado, añoraban las grandes gestas de los héroes del pasado. Los hombres de las ciudades habían perdido su virilidad. La culpa no solo era de la vida fácil y del ocio, según los científicos el problema era mucho más grave: la raza estaba degenerando, los genes se deterioraban y como consecuencia cada generación era más débil que la anterior, los hijos nacían raquíticos.

Para poder hacer estas afirmaciones, se basaban en las leyes de la naturaleza, donde los débiles morían en manos del enemigo o del hambre y solo los fuertes sobrevivían. Estos hombres engendrarían hijos fuertes y la evolución de la especie progresaría.

21

En la sociedad de mediados del siglo XIX los débiles conseguían sobrevivir engendrando hijos débiles. Era necesario actuar antes de que fuera demasiado tarde y recuperar la fortaleza de la raza y de los hombres. Era necesario que los hombres enfermos, alcohólicos o débiles mentales dejaran de engendrar. Había que esterilizarlos. La población aumentaba, pese a la alta mortandad, a un ritmo superior a la producción de alimentación. Si no había alimentos para todos los humanos, había que asegurarse de que solo nacieran hijos de padres sanos y fuertes para que sus vástagos ayudasen a recuperar la fortaleza del país. El vicio homosexual era una prueba de la consecuencia de unos genes defectuosos.

Los padres alcohólicos engendraban hijos con los genes deteriorados y esta atrofia se heredaba y aumentaba en las próximas generaciones:

"Estos herederos padecen infinidad de trastornos y desarreglos de la mente, cuyos múltiples efectos los sintetiza la ciencia en una palabra: la degeneración mental. Son los que propiamente se llaman "degenerados", y todos ellos, para el resultado de nuestro estudio, podemos dividirlos en tres grupos:

1º Los que padecen debilidad de la inteligencia, y que comprenden desde el hombre que llamamos simple u obtuso hasta el imbécil y el idiota.

2º Los que padecen "locura mental", entre los cuales se incluyen: las perversiones sexuales, como la sodomía, la bestialidad, pederastia, etc.; la prostitución precoz, los vicios desordenados, la embriaguez habitual y prematura, y en fin, todas las aberraciones que implican disminución o agotamiento del sentido moral.

3º Los "impulsivos", donde se clasifican los actos de brutalidad, agresiones, tendencias al homicidio, asesinato, robo, etc." [5]

La población, sumida en la pobreza y la ignorancia, solo buscaba algo de comer y un poco de diversión. Los niños

---

[5]   R. Cervera Rabat. *Alcoholismo y civilización*. 1898. (Citado en *Estudios médico-sociales sobre marginados en la España del siglo XIX*)

abandonados en las ciudades por unas madres incapaces de mantenerlos, inundaban las calles aprendiendo el arte del hurto para poder sobrevivir. Algunos de estos niños, con tendencias afeminadas, eran contratados como ayudantes en los burdeles donde de vez en cuando terminaban también vendiendo su cuerpo a algún cliente. La prostitución homosexual vivía al amparo de la heterosexual.

La homosexualidad era considerada un vicio, una perversión. A mediados del siglo XIX, los homosexuales no eran una amenaza. Las prácticas homosexuales consentidas entre dos adultos y realizadas en la intimidad del hogar eran problema de los propios homosexuales. La sociedad no se metía en la intimidad de la alcoba. Sólo cuando era forzado, una violación, o en los casos de pederastia, la ley actuaba. Una denuncia por homosexualidad, conllevaba una investigación policial donde se determinaba la peligrosidad del sujeto para la sociedad. Si el acto sexual se había practicado voluntariamente entre dos adultos, quedaban absueltos. Si habían manifestado su condición en algún lugar público, por ejemplo dándose un beso, eran multados por falta administrativa, pero si había violación o era pederastia, posiblemente fueran ingresados en un psiquiátrico. No por homosexuales, sino por no poder controlar sus instintos sexuales.

En España se negaba que hubiera homosexuales. La hombría y el estilo de vida de los españoles, lo evitaba. Podría haber algún depravado, pero eran pocos. Las autoridades consideraban que esta aberración era más frecuente en Francia, Alemania e Inglaterra, con un estilo de vida mucho más acomodada y demasiado propensa al ocio y a las modas en el vestir. Los españoles eran demasiado viriles para sucumbir en estas aberraciones. En prácticamente la totalidad del siglo XIX, no hubo una ley que criminalizara las relaciones homosexuales en España, siempre y cuando se practicaran en privado y con consentimiento de los dos adultos. La homosexualidad en sí misma era un problema para la religión, pues iba en contra de la doctrina de Dios y para los políticos, significaba falta de hombría y se perdía el respeto de los demás países.

En Inglaterra el famoso escritor Oscar Wilde se enfrentó a un juicio acusado de homosexual. Los políticos quisieron dar una condena ejemplarizante para evitar que proliferaran los casos similares. Con él, no se intentaba eliminar la homosexualidad, se intentaba que volviera al estado de la intimidad. Los homosexuales en Inglaterra y en otros países, ante la inacción de la ley, se sintieron seguros y dejaron de esconderse. La homosexualidad estaba a la vista de todos los ciudadanos y había que corregir este error.

Muy destacables son las palabras que dirigió Oscar Wilde al juez Gil durante su proceso en el juzgado de lo criminal de Londres, cuando éste le preguntó a qué amor se refería su poema "Dos amores":

- El amor – respondió Oscar Wilde – que no puede decir su nombre en este siglo es el gran afecto de un hombre mayor por uno más joven, como el que había entre David y Jonathan, como el que convirtió Platón en la base de su filosofía y como el que encontramos en los sonetos de Miguel Ángel y Shakespeare, esa profunda inclinación espiritual que es tan pura como perfecta y que inspira las grandes obras artísticas, ese amor que en nuestro siglo es ignorado, tanto que por él me encuentro aquí donde hoy me veo. Está lleno de belleza, es maravilloso, es la forma más noble del afecto.

Fue condenado a trabajos forzados, su amigo Edward Conte le visitó en la cárcel:

- Tenía un aspecto horroroso, sus dedos supuraban y sangraban, había enflaquecido hasta volverse un esqueleto, su mandíbula colgaba suelta, y en los ojos profundamente hundidos parecía acechar la locura.

Tras su puesta en libertad, emigró a Francia donde murió poco después por las secuelas físicas de su estancia en penitenciaría.

La etiqueta de "homosexual" fue creada en 1869 por Kart-Maria Kertbeny y empezó a definir a aquellas personas que sentían predisposición hacia su mismo sexo. Nació en Viena, 24 de enero de 1824. Fue un escritor, poeta, traductor del húngaro al alemán y espía. Un vividor, pionero del movimiento de liberación homosexual. Murió en 1882 de un infarto, seguramente a consecuencia de la sífilis. Siempre se declaró heterosexual, aunque defendió la libertad sexual. De joven entró como aprendiz en una librería. En aquel tiempo, uno de sus amigos se suicidó tras ser chantajeado por su condición de homosexual. Esto impresionó vivamente a Kertbeny y se propuso combatir toda forma de injusticia, convirtiéndose en un activo reivindicador de los derechos de los homosexuales. En 1878 publicó dos artículos anónimos contra el artículo del Código penal prusiano en contra de los homosexuales. Entre los argumentos de los que fue precursor se encuentra, por ejemplo, su defensa de la homosexualidad como un estado innato y permanente de las personas, por tanto, no adquirido ni modificable. Esta opinión contrastaba con la idea dominante en la época, que consideraba la homosexualidad como un vicio. Este mismo año, haciéndose pasar por un médico de renombre, contribuirá con un capítulo sobre la homosexualidad en la obra *El descubrimiento del alma* del naturalista Gustav Jäger. En este libro se utilizaría por primera vez la palabra *homosexual*.

El psiquiatra austro-húngaro Richard von Krafft-Ebing utilizará también esta palabra en su obra *Psychopathia Sexualis* de 1886, popularizando así el término *homosexual*. Este libro fue reeditado, revisado y ampliado en varias ocasiones, convirtiéndose en un elemento de consulta, imprescindible para la mayoría de los psicólogos, durante más de cincuenta años. Por primera vez, en este libro, se incluyó la homosexualidad como el síntoma de una enfermedad. Una patología sexual provocada por una anomalía psicológica.

Según este informe, existe un periodo de indefinición en la libido de todo ser humano que puede durar hasta los 23 años en el hombre y los 20 años en la mujer. Durante esta etapa, el instinto sexual se está desarrollando y experimentando, por lo que es natural encontrarse a jóvenes de ambos sexos manteniendo relaciones sexuales indistintamente con hombres o con mujeres. En este periodo no se puede hablar de homosexualidad o heterosexualidad, ya que se puede encontrar a muchachos manteniendo relaciones con otros hombres y que al pasar a la madurez son perfectamente heterosexuales, y a la inversa, muchachos enamorados de mujeres que al pasar los años se vuelven homosexuales. No hay que preocuparse por las inclinaciones sexuales en este periodo de la vida pues no son definitivas. Es en los hombres adultos donde se puede descubrir la enfermedad.

"Krafft-Ebing consideraba la homosexualidad como un estigma funcional de degeneración y fenómeno parcial de un estado neuropsicopatológico, teniendo con la mayor frecuencia, la herencia como causa. Consideraba como síntomas de esta tara neuro-(psico)-patológica los siguientes puntos:

1° La vida sexual de los individuos así organizados se manifestaría, como regla general, por una precocidad anormal, y luego, una fuerza anormal. No es raro que se presenten otros fenómenos perversos, sumados a la inclinación anormal.

2° El amor psíquico de tales individuos, es a menudo novelesco y exaltado, y su instinto sexual se manifiesta con una fuerza particular que llega a ser obsesionante.

3° Junto al estigma de degeneración funcional de la inversión sexual, se encuentran otros síntomas de degeneración funcional, y a menudo, también anatómica.

4° Existe una neurosis (histeria, neurastenia, estados epilépticos, etc.). Casi siempre se puede comprobar neurastenia temporal o permanente. En general se trata de una neurastenia constitucional, que tiene su raíz en factores congénitos.

5° En la mayoría de los casos se encuentran anomalías psíquicas (dones brillantes para las bellas artes, en particular por la música, la poesía, etc., con mala disposición intelectual o espíritu originalmente falso) que pueden llegar a estados de franca degeneración psíquica (imbecilidad, locura moral).

Muchos uranistas llegan temporaria o permanentemente al delirio de los degenerados (estados pasionales patológicos, locura periódica, paranoia, etc.).

6° En casi todos los casos que se pudieron indagar, sobre el estado físico y psíquico de los ascendientes y consanguíneos, se encontró neurosis, psicosis, signos de degeneración, etc." [6]

Según Krafft-Ebing la homosexualidad se puede dividir originalmente en dos grupos: la innata y la adquirida, pero revisiones posteriores de este libro y en la ampliación realizada por Albert Moll considera la homosexualidad adquirida como un desarrollo tardío de la homosexualidad innata.

La homosexualidad innata se divide en cuatro subgrupos:

"a) Con la sensación homosexual, existe también, con mayor o menor fuerza, la atracción por el otro sexo (hermafroditismo psicosexual)"

A este grupo pertenecen muchas más personas de lo que la sociedad cree, (lo que actualmente llamaríamos bisexualidad) si la atracción por el mismo sexo es leve u ocasional, no hay muchos motivos de que preocuparse, pero hay que dirigir al paciente hacia la heterosexualidad porque, mientras esté en esta etapa, se corre el riesgo de que aumente su atracción por los hombres como consecuencia de alguna mala experiencia con las mujeres (falta de orgasmo en el coito, fracaso del coito por insuficiente erección, eyaculación precoz, trauma producido por una infección de carácter sexual). También es probable que el hombre recurra al sexo con otros hombres en los momentos en los que no tiene fácil acceso a la mujer, por estar esta ausente o indispuesta, en este caso no se puede considerar como homosexualidad.

---

[6]   Richard von Krafft-Ebing. *Psicopatía sexual.* 1955 (Escrito originalmente en 1886, revisado y ampliado por Albert Moll en 1923)

"b) Existe solamente atracción por el propio sexo; los caracteres sexuales físicos secundarios son normales, pudiendo presentar los psíquicos una inversión parcial"

En este grupo están los que física y psíquicamente son viriles (fuman, beben vino habitualmente y les gusta el deporte o la caza), y en el acto sexual se comportan como hombres, pero sienten exclusiva atracción sexual por otros hombres. En algunos casos se puede apreciar una ligera inclinación psíquica femenina (falta de orgullo, amor propio o vanidad).

"c) Los caracteres sexuales psíquicos están invertidos, es decir, se presentan de acuerdo a una sexualidad anormal (feminización-viraginidad)"

Aquí se agrupa a aquellos hombres que pese a tener una constitución física masculina mantienen un comportamiento sexual y un carácter psíquico propio de las mujeres. De muchachos prefieren la compañía de niñas, jugar con muñecas, ayudar a la madre en sus quehaceres domésticos (cocinar, coser y bordar), tienen gusto por la elección de ropa femenina, pudiendo ser consejeros de sus hermanas. De adultos mostrarán interés por las cuestiones típicamente femeninas (el arte, los adornos, las letras, las charlas insustanciales). Es notable el hecho de que muchos de estos homosexuales no pueden silbar, característica propia en las mujeres. Suelen hablar en femenino para referirse a ellos mismos o a otros homosexuales de su mismo sentir. Estos personajes, aunque muy llamativos, son realmente una minoría dentro de la homosexualidad.

Presentar síntomas de afeminamiento en la niñez no indica una futura homosexualidad, ya que en muchas ocasiones estos ademanes desaparecen en la adolescencia, e incluso es posible ser muy femenino en la madurez y en cambio tener una orientación sexual totalmente heterosexual (últimamente la mujer presenta comportamientos viriles al intentar la emancipación y el hombre comportamientos femeninos al preocuparse por la moda en el vestir o por adornarse con pulseras y collares). Esto no tiene por qué influir en el comportamiento sexual, pero son señales que pueden resultar confusas en los jóvenes con la libido aún indefinida.

"d) Los caracteres sexuales físicos secundarios se parecen al sexo al que el sujeto cree pertenecer (androginia-ginandria)"

En transición con el grupo precedente se encuentran homosexuales en los que no sólo el carácter y manera de sentir corresponden al instinto sexual anormal, sino que también la conformación física del esqueleto, la voz o el rostro muestran signos de inversión. Estos individuos representan un grado particularmente elevado de degeneración hereditaria. Aunque sus órganos genitales están normalmente desarrollados, una revisión más minuciosa de su cuerpo puede darnos la respuesta (caderas anchas, formas redondas, desarrollo abundante del tejido adiposo, falta de barba o barba poco tupida, rostro femenino, tersura de la piel, voz aguda, etc.). Hay que tener en cuenta que estas características femeninas también pueden poseerlas los heterosexuales.

La homosexualidad tardía se divide en otros cuatro subgrupos (Krafft-Ebing consideraba originalmente el cuarto grupo como un caso aparte y distinto de la homosexualidad):

"a) Inversión simple de la sensación sexual."

Las personas adultas en las que se despierta una atracción hacia su mismo sexo. No es necesario que practiquen el coito, suelen ser sueños eróticos o fantasías. También estarían incluidas en este grupo aquellas personas que aún teniendo deseos heterosexuales, venden su cuerpo por dinero y se prostituyen con otros hombres.

"b) Impotencia y desfeminización. Sobrevienen modificaciones profundas y permanentes de la personalidad, en el sentido del otro sexo."

Aquí se agrupa a los individuos que por algún trauma reciente se ven incapaces de realizar el coito con el sexo contrario

29

y se desfogan con su mismo sexo. El trauma por haber dejado a una mujer embarazada o por haber contraído una enfermedad de transmisión sexual, son ejemplos que pueden provocar la impotencia en el hombre cuando tiene que enfrentarse sexualmente con una mujer.

"c) Etapa de transición hacia la metamorfosis sexual. La sensación física se manifiesta, también, en el sentido del otro sexo."

Esta etapa sería más bien una evolución de la anterior. Es cuando al habituarse con el sexo homosexual, el sujeto empieza a experimentar y a mostrar deseos de ser penetrado, encontrando un mayor éxtasis en esta posición.

"d) Metamorfosis sexual paranoica. En realidad se trata ya de una enfermedad mental, de tipo paranoico. El enfermo cree pertenecer al otro sexo, en forma más o menos completa."

A las personas que pertenecen a este grupo no se las puede incluir propiamente entre los homosexuales. Son paranoicos y su enfermedad es puramente mental en la que la homosexualidad forma parte de la esencia de su locura (los actuales transexuales).

¿Es la homosexualidad una enfermedad en sí misma o es un síntoma provocado por otras enfermedades mentales? Se pueden encontrar dos tipos de homosexualidades:

1° La provocada genéticamente por una tara hereditaria, una degeneración de la raza, un debilitamiento progresivo y hereditario de los genes. La homosexualidad, en este caso, sería un síntoma que la Madre Naturaleza utiliza para la desaparición de esta estirpe "tarada" y asegurarse la perpetuación de una especie fuerte.

2° El hecho "indiscutible" de que la mayoría de los enfermos mentales de distinta índole, tiendan hacia la homosexualidad, hace suponer que esta perversión es un síntoma. El psicólogo ha de interpretar la homosexualidad como una llamada de alarma que esconde una enfermedad mental y ha de descubrir la verdadera enfermedad oculta del sujeto (paranoicos, hebefrénicos, imbéciles...). A los homosexuales que no presenten síntomas de ninguna otra enfermedad mental, habría que incluirlos entre los psicópatas.

*　　*　　*

El rechazo legal dejó de centrarse en la práctica del sexo para centrarse en las personas que lo realizaban. Para poder criminalizar al homosexual aunque no se le pillara *in fraganti* delito, había que tener pruebas y los juristas y la policía recurrieron a los médicos para poder detectar a los infractores. Estos, analizando a cientos de homosexuales, llegaron a la siguiente conclusión: los homosexuales activos tenían el pene delgado, agudo y afilado en la punta. Los homosexuales pasivos tenían el ano en forma de embudo y habían perdido los pliegues radiados característicos de alrededor.

También podemos encontrar otras descripciones del cuerpo del homosexual pasivo algo extrañas. Según estas descripciones, la elegancia y la obsesión por perfumarse son solo una forma de enmascarar un hedor y una fetidez nauseabundos, pues según estos doctores:

"La incontinencia de las heces es una consecuencia inevitable de esa relajación y dilatación del orificio, inutilizando el esfínter que las retiene habitualmente; así que se salen y dan a esa parte un aspecto asqueroso y horrible que debiera por sí solo alejar a los aficionados a esa aberración inconcebible, y sin embargo prefieren esa vía convertida en cloaca a la vulva de la mujer".[7]

"Añádase a esto las hemorragias voluminosas, ulceraciones, grietas, fístulas, blenorragias, chancros, coliflores, etc., y se tendrá una idea del triste y asqueroso cuadro que ofrecen esos seres degradados, bastante por sí solo para alejar de los aficionados la idea de aberraciones semejantes"[8]

---

[7]   Pedro Mata. *Tratado de Medicina y cirugía legal.* Vol. I. 1844 (Citado en el libro *Los invisibles*)

La credibilidad de estos médicos queda entredicha cuando afirman haber constatado estos hechos en cientos de homosexuales.

Voces discrepantes: Kart Heinrich Ulrichs

Luchó durante gran parte de su vida para conseguir abolir de las leyes alemanas el artículo 175 donde se atacaban las prácticas homosexuales. Ulrichs apeló a los médicos para que reclamasen su jurisdicción arrebatándosela al poder judicial. No tardaron los científicos en tomar el relevo, en un principio catalogando los distintos comportamientos homosexuales, y poco después, considerándolo una enfermedad que había que erradicar. Se desmorona, de esta forma, la defensa que hacía Ulrichs de la homosexualidad: un tercer sexo, tan natural como el hombre o la mujer.

Nació en 1825 en Hannover, Alemania. Estudió derecho y ejerció de asesor en la administración central, pero en 1854 renunció a su puesto adelantándose a un expediente disciplinario que hubiera acarreado su despido por "escándalo público".
En 1862 escribe una serie de cartas a sus familiares confesando su homosexualidad.

"Pero, mi querida hermana, amar incluso a la más bella entre todas las mujeres me es absolutamente impensable, y esto sencillamente porque ninguna mujer me inspira siquiera un rastro de deseo amoroso, y ningún ser humano puede inspirarse a sí mismo amor hacia determinadas personas o sexos mediante la propia fuerza de voluntad. [...] Concedes solo que un cambio de mi inclinación podría serme difícil, pero asumes sin más que sería al menos posible. ¿Cómo se te ocurre considerar sin más esto posible? ¿Qué tengo que hacer para cambiar mis sentimientos? No lo he hecho nunca, de lo contrario sabría cómo se hace; pues la orientación actual de mi inclinación no proviene de un cambio

---

[8]   Teodoro Yañez. *Lecciones de medicina legal y Toxicología.* 1878 (Citado en el libro *Los invisibles*)

semejante, sino que se desencadenó en mí por sí sola con la llegada de la pubertad. ¿Cómo harías tú, por ejemplo, para transferir tu amor por los hombres a las mujeres? ¿Cómo ibas a tomar siquiera semejante decisión? ¿No serían entonces necesariamente inútiles todas las exhortaciones, incluso las más afectuosas? [...] Opinas que mi inclinación urania[9] debe ser combatida en su origen ¿Pero por qué? No lo entiendo, me parece más bien, por el contrario, un pecado atreverse con la obra de Dios y combatirla. Pues el sentimiento amoroso es tan obra de Dios como mi brazo o mi pierna, solo que es un elemento mental de la persona, mientras que la pierna es corporal" [10]

Entre 1863 y 1879 publica por su cuenta la serie *Investigaciones sobre el enigma del amor entre hombres* primero bajo seudónimo y después con su propio nombre. Esta serie de artículos los envía a jueces, abogados y forenses en todos los casos de "fornicación contra natura".

En su búsqueda por intentar comprender y dar una explicación a sus sentimientos, siendo consciente de que no se siente mujer pero tampoco hombre, descubre unas investigaciones sobre hermafroditas y se plantea que si la naturaleza se equivoca con los cuerpos, se puede equivocar con las mentes dotándolas de los dos sentimientos. No es un sentimiento adquirido, no es patológico, es de nacimiento y por lo tanto biológico. Un tercer sexo, distinto al hombre y distinto a la mujer. Dios crea a los hermafroditas de la misma forma que crea a los homosexuales.

"No sé si os espantáis de los hermafroditas, que sin embargo son obra de Dios. Pero os hago notar que en tal caso debéis sentiros muy incómodos ante los caracoles, las ostras y otras innumerables criaturas de Dios, puesto que todas ellas son hermafroditas" [11]

---

[9]   Homosexual
[10]   Carta a su hermana. Frankfurt, 22 de septiembre de 1862 (*Citado en el libro Pioneros de lo homosexual*)
[11]   Carta a su familia. Frankfurt, 28 de noviembre de 1862 (*Citado en el libro Pioneros de lo homosexual*)

Pese a las continuas cartas mandadas a sus familiares intentando explicarles y explicarse a sí mismo el porqué de sus sentimientos, solo recibió incomprensión. Cuanto más investigaba, más claro tenía que sus sentimientos eran naturales y que la justicia era injusta al condenar su orientación sexual.

"¿Si un hermafrodita es obra de Dios y por lo tanto ni es pecaminoso ni delictivo serlo, por qué entonces se condena la homosexualidad? [...]¿Quieres que te demuestre que mis sentimientos son innatos y no una perversión? Demuéstrame primero que tus sentimientos son innatos y no el producto de la influencia de la sociedad en la que vives."

Decenas de personas se pusieron en contacto con él. En 1866 destacó en manifestaciones y protestas por lo que fue encarcelado en dos ocasiones.

Ulrichs calcula que en ese tiempo en Alemania uno de cada quinientos alemanes era homosexual, unos 25.000 aproximadamente. Decide llevar su propuesta al Congreso para promover la retirada de la ley opresora.

"Me atribuiré hasta la muerte como gloria que el 29 de agosto de 1867, en Munich, hallé el ánimo para enfrentarme cara a cara a una hidra[12] de mil años, de muchos miles de víctimas, de mirada furiosa, que en verdad demasiado tiempo nos ha salpicado a mí y a mis compañeros de naturaleza con ponzoña y babas, impulsó a menudo al suicidio, y emponzoñó a todos el gozo de la vida. Sí, estoy orgulloso de haber hallado la energía para asestar un primer golpe de lanza en el costado de la hidra del desprecio público"

Aunque en público fue abucheado, recibió varias cartas de apoyo.

¿Que el sexo se ha creado para la reproducción de la especie humana? Es posible, pero no nos culpéis a nosotros por no

---

[12]   La Hidra de Lerna, un monstruo de siete cabezas de la mitología griega

poder reproducirnos, culpad a la naturaleza que no nos ha otorgado ese don. Si no condenáis a un hombre o una mujer que siendo estériles siguen manteniendo relaciones sexuales ¿con qué derecho nos condenáis a nosotros?

"Contra una injusticia milenaria he elevado abierta y públicamente mi protesta. La discusión imparcial, oral y pública del amor entre hombres había sido puesta entre nosotros hasta ahora bajo siete llaves. Sólo el odio hablaba libremente. Sólo él tenía la libertad de discusión. Estas barreras las he quebrantado yo, a la fuerza; quebrando sin ofender por ello las obligaciones hacia el pudor público. Tomé con ello la iniciativa de devolver también a la otra parte la libertad para una discusión científica y pública."

Siempre se nos acusa de perversión y se nos criminaliza, pero la homosexualidad ha existido siempre y pese al riesgo de ser condenados, los hombres homosexuales no han podido renunciar a su condición. Y aun así, ni médicos ni científicos se han molestado en investigar las causas. Si, como resultado de estas investigaciones, resultase que nuestra naturaleza es distinta, entonces tendríamos que la justicia lleva siglos cometiendo un error.

"Aunque impedida en último termino por la fuerza, mi protesta fue sin embargo un golpe asestado por primera vez contra el sistema. Este golpe ha abierto una brecha, y esta brecha ha de ser y debe ser utilizada desde esta parte para adentrarse." [13]

Viendo que sus protestas eran inútiles, se trasladó a Italia en 1880 y vivió anónimamente dando clases particulares y editando en solitario una revista en latín. Hoy se le recuerda como el precursor del movimiento de liberación homosexual en Alemania.

---

[13]   Ibon Zubiaur. *Pioneros de lo homosexual.* 2007

Década 1900. ¿Enfermedad nutricional?

Las innovaciones de la década:
En 1903 se realiza el primer vuelo en un avión autopropulsado.
En 1906 se realiza la primera emisión radiofónica.

La falta de trabajo y el hambre son la principal preocupación de los españoles. El gobierno, presidido por el rey Alfonso XIII, reforma las leyes modificando las condiciones laborales infantiles. Se prohíbe contratar a los menores de diez años y, de esta edad hasta los catorce, no podrán trabajar más de ocho horas. También promulga el descanso dominical, pero la principal noticia en toda la década es el hambre: En Valladolid se manifiestan las mujeres pidiendo "pan y trabajo", en Cádiz se detiene a las personas que intentan emigrar a América, en Andalucía aumenta el hambre entre los braceros del campo...

En Europa, las preocupaciones son distintas. Por un lado, los gobiernos están inquietos con el gran desarrollo alemán, tanto industrial como militar, temen que se convierta en una potencia económica y en un duro competidor. Y por otro lado, la sociedad está consternada por las continuas manifestaciones pidiendo el derecho al voto de la mujer. Se las mira con desconfianza y los hombres se sienten heridos en su orgullo. Acostumbrados a unas mujeres sumisas bajo las órdenes del hombre, ahora, ven que se están rebelando y no saben cómo actuar. Se sienten descolocados. Las mujeres siguen siendo consideradas personas inferiores al hombre, aunque estas ya han empezado una lucha hacia la igualdad. La ciencia médica de la época determinaba que una hembra era un macho que durante la gestación se había interrumpido su desarrollo y esto explicaría la falta de inteligencia de la mujer. Según las teorías de esta década, la propia naturaleza consideraba al sexo femenino como un actor secundario. Los científicos confiesan que aún no saben el motivo por el cual los recién nacidos nacen con el sexo femenino o masculino y esgrimen diferentes teorías. Se atribuye, principalmente, a factores medioambientales, cobrando fuerza las teorías que se refieren a la nutrición del feto. Un exceso de nutrición generaría el nacimiento de hembras porque significaría que hay suficientes hombres para cultivar el campo, mientras que la falta de nutrición generaría machos para asegurar la mano de obra y la supervivencia de la especie.

En esta sociedad religiosa, donde la mujer es la culpable del pecado original, y de todos los males de la humanidad, también es culpada de la homosexualidad masculina. Por un lado, se las instruye desde jovencitas a preservar la virtud y la castidad. El decoro hasta el matrimonio. Una mujer que hubiera perdido su virginidad, sería rechazada por los pretendientes. Un embarazo fuera del matrimonio es un deshonor para la familia. Por otro lado, los hombres, por naturaleza, necesitaban el sexo. Es un instinto que no podían reprimir. Y cuando las mujeres no acceden a los deseos del hombre estos buscan saciarse por otros medios, entre ellos, el sexo con otros hombres. La homosexualidad se podría evitar si las mujeres consintieran más fácilmente a las necesidades de desfogarse de los hombres.

Aunque en Alemania la homosexualidad está castigada penalmente, diversos estudios a favor, en donde no se les considera ni pervertidos ni enfermos, sino que, nacen con una inclinación sexual distinta e inevitable, están consiguiendo que la opinión pública sea favorable a la despenalización. En Francia no son castigados por ley, siempre y cuando las relaciones sexuales sean consentidas por ambas personas y las demostraciones de cariño se produzcan en privado para no escandalizar al resto de la sociedad. En Austria es equiparable con un crimen. España es contraria a la despenalización de la homosexualidad por varios motivos, entre ellos, porque la despenalización puede provocar que individuos "sanos" prueben esta tendencia por imitación de lo que ven y porque si se despenaliza se incentivaría a los homosexuales a seguir practicando con impunidad una tendencia sexual desviada y pervertida.

La mayor preocupación de los médicos en 1900 es la higiene sexual y la moral. La promiscuidad es frecuente y la cultura escasa. Se calcula que un diez por ciento de la población tiene alguna enfermedad infecciosa de transmisión sexual. Esta tendencia es la que se intenta erradicar promoviendo la castidad, la fidelidad conyugal y la higiene. Se analizan las causas del comportamiento humano y se llega a la conclusión de que el instinto sexual, es un instinto, y por lo tanto hereditario en todos los seres vivos, además, la biología predispone al recién nacido a la imitación del entorno que le rodea. Por este motivo, bajo la influencia de las costumbres, los defectos de la educación acarrean perversiones que acaban por hacerse constitucionales como son las perversiones congénitas.

"La evolución del instinto sexual lleva a la castidad, y quienes la observaron, son los mejores esposos y los mejores padres. Ellos han evitado las dolencias inherentes a la promiscuidad, y dejan una progenie exenta de predisposiciones al vicio y a la degeneración" [14]

Se descubre la importancia de la alimentación en el desarrollo del feto y se convierte en la piedra angular que explica la mayoría de los males de la humanidad. Los desórdenes del instinto sexual son la manifestación de una evolución defectuosa del sistema nervioso y de los órganos correspondientes, debido a una mala nutrición en la gestación del embrión. Este niño "deficiente", cuando crezca y sea padre, dará una educación malograda a sus hijos, provocando que estos se dediquen a la prostitución, al vandalismo y a la delincuencia. Estos hijos tendrán una constitución física debilitada y una mayor mortandad. No serán atractivos para las mujeres. En estos jóvenes, viéndose privados de la mujer y sintiéndose rechazados por la sociedad,

---

[14] CH. Féré. *El instinto sexual.* 1900

primará el instinto sexual y lo enfocarán hacia otros hombres o a la violación de mujeres. Las muchachas con estos "defectos" se dedicarán a la prostitución y al crimen. La naturaleza, que es sabia, actúa de esta forma para provocar la autodestrucción de esta estirpe, favoreciendo la evolución natural de la especie que elimina a los elementos imperfectos para perpetuar solamente a los elementos sanos y bien desarrollados.

En resumen, una alimentación defectuosa durante la gestación del feto puede provocar que el niño nazca homosexual y si no es así, su descendencia podría serlo. No sería bueno intentar corregir sus instintos sexuales, ya que se ha demostrado que los resultados positivos son escasos y efímeros. Tampoco es conveniente obligarles a casarse y a tener hijos porque su descendencia será una progenie de degenerados. Aunque la evolución de la selección natural de la especie se encarga de eliminarlos, sería necesario fomentar esta eliminación, esterilizando o castrando a estos individuos antes que intentar curarlos. Es evidente que la clase pobre e inculta tendrá deficiencias de alimentación. Por lo tanto, para conseguir una especie humana sana y heterosexual, hay que eliminar a todos los pobres, pues son el caldo de cultivo de la delincuencia, la prostitución y las perversiones sexuales.

Se distingue entre homosexuales nacidos como tales y los inducidos por una mala educación. Si bien, una mala educación o un ambiente social inadecuado, no pueden provocar la homosexualidad, sí pueden despertar la anomalía congénita de algunos individuos.

Se intenta la curación mediante hipnosis, pero se duda de sus resultados. La mejoría por este medio solo se puede conseguir para los individuos cuya homosexualidad sea adquirida y no de nacimiento. En los pocos resultados positivos no se puede afirmar una curación de la homosexualidad sino una perversión del instinto desviado del paciente, es decir, aunque sigue siendo homosexual, se le está haciendo creer que es heterosexual por medio de tratamientos psicológicos. También existen fundadas sospechas de que el paciente finge su curación para conseguir la aceptación social. Otro método para la curación de la homosexualidad consiste en obligarles a mantener relaciones sexuales con mujeres para crear en ellos un hábito, de forma que se acostumbren a cohabitar con ellas y eliminar cualquier fobia que el paciente pudiera tener inconscientemente. También aquí los resultados son escuetos. Una gran parte de los pacientes no tienen excitación sexual y la mayoría no disfrutan con el coito. Además, forzándoles al matrimonio, se corre el riesgo "demostrado" de que engendren hijos degenerados o con alguna tara física.

Se considera que la homosexualidad es una enfermedad contagiosa, no físicamente, pero sí moralmente. Los criminales y las personas de cerebro débil son los más propensos a contagiarse.

"Es más, esta aberración parece ser una enfermedad endémica de muchos pueblos. ¿Qué nos prueba esto? Que debe atajarse el mal, que debe perseguirse con ensañamiento, sistemáticamente, hasta extinguirlo, para evitar males sin cuento, para evitar la decadencia de las razas, para prevenir la pornocracia. [...] Hay que combatir y evitar el contagio. [...] Quisiéramos inspirar tal horror a ese pecado maldito por Dios, que la gente huyera espantada cuando se encontrase a un homosexual en su camino." [15]

Discursos como este, insertados en libros de educación sexual y medicina, provocaban el odio hacia los homosexuales. Había que perseguir al homosexual con ensañamiento porque era un pecador. Aniquilar al enfermo para evitar el contagio.

Hacía pocos años que se había descubierto la existencia de los espermatozoides y aún había científicos que dudaban de su existencia. De hecho, no estaba muy claro cuál era su función en la fecundación. El pudor hacía inmoral investigar sobre los asuntos sexuales y el desconocimiento de los científicos sobre la sexualidad humana se dejaba traslucir en los libros editados donde incluso los autores se disculpaban ante el lector por tener que tratar temas tan delicados. Aun así, no podían evitar hacer afirmaciones

---

[15]   V. Suárez Casañ. *Conocimientos para la vida privada.* 1900

sin base científica, motivados, en algunos casos inconscientemente, por sus creencias religiosas. Estos sabios que tan claro tenían que la homosexualidad era una enfermedad aberrante, también tenían muy claro que la masturbación provocaba enfermedades: desarreglos del estómago, debilidad, palidez, adelgazamiento, ojos hundidos, apoplejía, letargo, epilepsia, temblores, parálisis, espasmos, ceguera…debilitamiento del cerebro y de la inteligencia. Además una masturbación continuada debilitaba la calidad del semen provocando, una vez más, una descendencia raquítica y enfermiza.

"Es opinión de todos los autores, que la locura es, en un gran número de casos, resultante de la masturbación" [16]

Tampoco las lesbianas se libraban del ataque aunque eran más benévolos con ellas. Se considera que el lesbianismo es producto de la ignorancia. Se pretendía conservarlas puras, evitando instruirlas sexualmente e inconscientemente se las estaba privando de las herramientas necesarias para protegerse de este mal. No era una enfermedad, era una intensa amistad mal entendida, pero era tan aberrante como la homosexualidad masculina y si no se corregía a tiempo podía ser irreversible. Se creía que en 1900 el lesbianismo estaba tan extendido que nunca antes en la historia hubo tantas enfermas de este mal. El problema residía en la moral de los hombres, ya que no les molestaba el sexo entre mujeres y no les producía la misma repugnancia que el amor entre hombres.

"Únicamente la iniciativa particular de cada individuo, ejerciendo severa vigilancia sobre las mujeres sujetas a su dominio, puede evitar grandes males" [17]

En esta frase queda patente el machismo de la época donde las mujeres son un dominio, una posesión de los hombres. Según el pensar de estos doctores, el amor entre mujeres comienza como un juego inocente entre jovencitas, acostumbradas al roce mutuo,

---

[16]   Ibíd.
[17]   Ibíd.

dormir juntas e incluso besarse. Este juego, aparentemente inocente, si se continúa en el tiempo, provoca un continuo cosquilleo en el útero de la mujer que la lleva a satisfacerse sexualmente en la prostitución y con otras mujeres, ya que a estas alturas ningún hombre podría satisfacerlas, llegando a un estado irreversible donde para satisfacerse corrompen a jovencitas inocentes.

"Una de las causas físicas mas principales, la mas común y la que todos los autores señalan casi como necesaria, es el desarrollo excesivo del clítoris, que en algunas toma las proporciones de un verdadero pene" [18]

De forma que estas mujeres pueden realizar el coito con otra mujer faltando solo la emisión del semen. Este desarrollo desmesurado del clítoris puede darse por un exceso de masturbación o de la misma práctica del amor lesbio. Por supuesto, el lesbianismo no está exento de enfermedades, pudiéndose contraer: la tisis, afecciones pulmonares, marasmo, ninfomanía, deformación del aparato genital femenino, úlceras, afecciones en la matriz, menstruos difíciles, esterilidad, sífilis y cáncer.
La curación del safismo depende del grado de afección de la paciente. En los primeros síntomas, las distracciones y los viajes son el mejor remedio. Si ya ha mantenido contacto sexual con otras mujeres, hay que calmar el picor y la irritación del útero con calmantes para frenar el deseo sexual. Si es una lesbiana consumada, la única solución es la amputación del clítoris.

La necesidad de una explicación hereditaria del mal, una degeneración del ser humano que se transmitiera de generación en generación, agravándose con cada nuevo vástago, contribuía a que los médicos examinaran los antecedentes mentales de la familia del homosexual, pues la homosexualidad es sólo un síntoma más de la degradación de la especie y era imprescindible esterilizarlos para evitar que la raza se siguiera estropeando. Eran habituales los dictámenes médicos donde se analizaba a la familia del homosexual:

---

[18]   Ibíd.

"Resumiendo todo lo que llevamos dicho, podemos afirmar que los antecedentes fisio-patológicos de la familia y herencia de este individuo, pueden sintetizarse de este modo: cortos de vista (miopes), el padre, la madre, el hermano mayor y el degenerado que examinamos; enfermedades nerviosas: el padre y una tía paterna, la madre y la abuela paterna; estigmas psíquicos: sus hermanos, Pablo, grandezas; Adriano, avaro y taciturno; José, conocido como el "Mariposa", y sus dos hermanas. También encontramos enfermedades constitucionales, infecciosas e intoxicaciones en los ascendientes [...] integrándole en lo físico algunos estigmas, entre los cuales descuella la asimetría de su cerebro, que es platicéfalo [...] y su constitución eminentemente escrofulosa [...]en síntesis, este sujeto presenta desórdenes en los sentimientos y en la voluntad, con observaciones e impulsiones y estigmas físicos muy ostensibles, y debe ser considerado como un degenerado mental, congénito, abúlico, con manifestaciones psicopáticas homo-sexuales, caracterizadas por dedicarse a la masturbación, de preferencia con la boca, sufriendo la erección y experimentando la voluptuosidad de la eyaculación cuando realiza tan inmorales maniobras e inmundas succiones" [19]

Voces discrepantes: Magnus Hirschfeld

En esta época aparecen multitud de seudo científicos que publican varios estudios basados en la observación de muy pocos homosexuales, principalmente provenientes de cárceles y psiquiátricos, lo que compromete la representabilidad de estas investigaciones y enfatizaban las fantasías del propio investigador. Este es el motivo por el que podemos encontrar estudios científicos donde se asegura que los homosexuales activos tienen el pene de forma perruna o las chispas que desprenden los penes de los pasivos cuando realizan el sexo y también la de aquél que aseguraba que la homosexualidad se debía a la falta de fósforo del suelo. Hirschfeld se desmarca de toda esta maraña de seudo-

---

[19]   F. Bravo y Moreno. *Exposición de un caso clínico médico-legal de una psicopatía homo-sexual.* 1904

43

científicos y se dedica a observar y analizar a un gran número de homosexuales, convirtiéndose en un experto en la materia.

Magnus Hirschfeld (1869-1935), Estudió medicina, filosofía y lenguas comparadas. En 1896 se estableció como médico en Berlín y publicó su primer libro, escrito bajo seudónimo, *Safo y Sócrates*, es el primero de una larga serie de libros consagrados a la homosexualidad.

Funda la primera organización en defensa de la homosexualidad, el "Comité científico homosexual". Centra la lucha y su prestigio como médico y científico en la lucha contra el artículo 175 alemán. Consiguió la firma de miles de juristas, médicos, profesores y artistas en apoyo de su causa. En 1919 funda el "Instituto de las ciencias sexuales". En 1928 funda la "Liga mundial para la reforma sexual". Pero con la llegada de los nazis al poder tuvo que exiliarse a Francia donde murió en 1935.

Históricamente ha sido muy criticado por los movimientos homosexuales por promover la diferencia entre "homosexuales" y "heterosexuales" basándose en estereotipos, pero hay que entender el contexto histórico en que fueron escritos y su intención. En una sociedad donde se condenaba el sexo entre dos hombres por considerarlo una perversión más de hombres ociosos. Como si un "don Juan" cansado de lo fácil que le resulta acostarse con mujeres, decidiera el reto de seducir a un hombre o el poderoso que utiliza su poder y dinero para humillar a otros hombres penetrándoles. Hirschfeld tenía que romper ese pensamiento e inculcar a la sociedad que los homosexuales son "un sexo intermedio", algo distinto, ni hombre ni mujer, para conseguir despenalizar la homosexualidad. Criticar a este personaje por defender unas ideas que, hoy en día, pudiéramos considerar erróneas, es altamente injusto. Utilizó todo su saber en la materia para defender a los homosexuales. Su categoría de experto en la materia, promovía a los jueces y abogados a llamarle para testificar en los juicios donde estaban implicados homosexuales y su defensa acérrima hacia los "invertidos" le acarreó las críticas de muchos expertos de la época.

Otro concepto que se estaba poniendo de moda y que había que evitar era la del único sexo: cuerpos de hombre con mentalidad de mujer o viceversa. Aunque tuvieras un cuerpo de hombre, si tu mente era la de una mujer, era lógico que desearas a otros hombres. Hirschfeld defendía una segunda posibilidad: cuerpos de hombre con mentalidad de hombre y deseando a otros hombres. Una posibilidad que indicaba un tercer sexo: mujeres, hombres y homosexuales. Tres géneros totalmente naturales desde el nacimiento, sin enfermedad ni defecto genético. La naturaleza creaba tres sexos diferenciados y la sociedad negaba uno de ellos. Para poder defender esta idea tenía que apoyarse en las investigaciones científicas de la época y estas eran adversas, por lo que tuvo que hacer concesiones para poder presentar pruebas ante los juzgados.

"Las anomalías psíquicas o nerviosas, el alcoholismo, el parentesco directo y la sífilis en sus ascendientes no son más frecuentes que entre los antepasados de personas completamente normales sexualmente [...] El 75% de los homosexuales descienden de matrimonios muy felices y fecundos en hijos" [20]

Al igual que entre las personas heterosexuales, hay entre los homosexuales individuos de todo tipo, estúpidos e intelectuales, bondadosos y tercos, simpáticos y antipáticos, personalidades sanas y enfermizas... los homosexuales que se sienten enfermos, son los que van al médico en busca de una solución a su problema y, en base a este historial clínico, el médico crea su estadística resaltando los problemas nerviosos y depresivos de estas personas y su tendencia al suicidio. Considera erróneamente el médico, que estos síntomas son consecuencia de su homosexualismo.

"Que además la continua y temerosa ocultación de un defecto innato cuya existencia se interpreta al principio como pecado y extravío, luego como vicio, crimen sexual o enfermedad mental, que los abrumadores remordimientos de conciencia, la lucha perpetua del espíritu obediente contra la carne débil, que el constante temor a ser descubierto, a los chantajistas, a la detención, condena judicial, pérdida de la posición social y de la estima de la familia y de los semejantes, tienen que afectar

---

[20]   A. Martín de Lucenay. *Homosexualidad.* 1933. Cita de Hirschfeld

severamente al ánimo, minar los nervios, y pueden producir neurastenia, melancolía, histeria, y pensamientos de suicidio, es evidente. Al contrario, es asombroso que frente a esto no haya aún más personas que pierdan el juicio [...] Austria adoptó el artículo 175, a pesar de que también aquí el Consejo Superior de Sanidad había solicitado la despenalización siempre que se tratase de actos cometidos por adultos con consentimiento mutuo. Sin embargo, y con toda consecuencia, extendió la ley haciendo que no sólo se considerasen punibles las relaciones deshonestas entre personas del sexo masculino, sino entre miembros del mismo sexo en general.

En nombre de la ciencia y de la humanidad, no dudamos en calificar estas resoluciones draconianas de crimen judicial. No como un favor, sino con su pleno derecho pueden reclamar que los uranistas masculinos y femeninos de Alemania, Austria e Inglaterra sigan el ejemplo de Francia, donde la derogación de disposiciones legales similares ha funcionado ya brillantemente casi un siglo, desde que todavía poco antes de la Revolución el capuchino Pascal fuera ejecutado públicamente en París por amor con otro hombre. Francia, como Italia, Holanda, Bélgica, Luxemburgo (también Baviera y Württemberg hasta la implantación del Código Penal del Imperio Alemán) castigan las acciones deshonestas de cualquier tipo sólo cuando se ha empleado la violencia o cuando el acto ha sido cometido con menores o frente testigos, es decir, en lugares públicos. En ninguno de estos países se ha alzado una sola voz por la reimplantación de las disposiciones anteriores, en ninguno se ha podido constatar un crecimiento epidémico de las relaciones contrarias, como teme el legislador alemán. Del mismo modo que la prohibición legal no puede suprimir tendencias sexuales invertidas, tampoco la despenalización puede generarlas. A ningún hombre se le ocurrirá tener relaciones con personas del mismo sexo porque esté permitido, del mismo modo que tampoco hay más mujeres que en la actualidad entablen relaciones amorosas en Prusia que en Austria porque aquí no han de tener castigo alguno." [21]

---

[21]   Magnus Hirschfeld. *Safo y Sócrates.* (Citado en *Pioneros de lo homosexual*)

El pueblo debe saber que la inclinación hacia personas del mismo sexo no surge, como cree todavía con frecuencia, por hartazgo, masturbación, seducción, depravación o miedo ante el contagio o el embarazo. El Dr. Hirschfeld no pudo establecer nunca esta causa en los más de 6.000 casos que observó. Sino que por el contrario la mayoría lo ha intentado todo para librarse de este impulso. Conocen los grandes peligros a los que se exponen, la vergüenza que les amenaza, pero el impulso es más fuerte que su voluntad. Imaginemos un mundo al revés, donde lo abominable fueran las relaciones sexuales de los hombres con las mujeres. Por mucho que las leyes condenasen a muerte por las relaciones heterosexuales, los hombres seguirían buscando mujeres para fornicar. Este mismo impulso que haría temerarios a los heterosexuales, es el que mueve a los homosexuales. Las leyes no podrán evitarlo, pero despenalizar la homosexualidad conllevaría que estas personas no se vieran abocadas al suicidio.

Década 1910. ¿Enfermedad educacional o contagio mental?

Las innovaciones de la década:
En 1911 Se construye el primer avión totalmente metálico.
En 1912 Se prueba el primer paracaídas.
En 1919 José Alix Martinez patenta en España la primera olla express.

En los años 1910, los intereses de las potencias mundiales empujaron a la humanidad a una nueva dimensión de conflictos bélicos: la Primera Guerra Mundial (iniciada en 1914), se inició como un conflicto europeo y terminó absorbiendo a las principales naciones del mundo. La sociedad estaba aterrorizada y perpleja ante el poder de autodestrucción del ser humano. Su atención se centraba en tener noticias sobre la evolución de la guerra, las demás cuestiones quedaron en suspenso.

Durante la Primera Guerra Mundial, la homosexualidad en el ejército estuvo muy extendida. En los cuarteles de Inglaterra y Alemania no dudaban los soldados en venderse por dinero y en Austria se instruía a los cadetes sobre las prácticas homosexuales. No eran gays, usaban ese dinero para pagar a una querida.

"Durante la Gran Guerra, no hubo ejército beligerante en el que la homosexualidad no se manifestase en todos sus aspectos, desde la inversión auténtica, con sus caracteres más apasionados,

48

hasta la perversión o el vicio más depravado. Al decir de un autor alemán, buen patriota además, que combatió en las trincheras durante los tres últimos años de la contienda, el vicio homosexual estaba tan arraigado que, de haber caído una mujer entre aquellos hombres, "es fácil que nadie le hubiera prestado mucha atención". Las prácticas se llevaban a cabo en cualquier parte, por lo general, a escondidas: una trinchera destruida, un nido de ametralladoras, el interior de un vehículo o el hoyo abierto en tierra por la explosión de un obús, servían a las mil maravillas para satisfacer unos deseos que no podían ser colmados naturalmente. No había activos ni pasivos, por regla general, todos ejecutaban los mismos papeles sin que mediase el menor interés." [22]

Esta homosexualidad o, por mejor decir, prostitución de los soldados, lejos de ser deshonrosa, se estimaba como un medio escasamente censurable de añadir dinero al haber semanal.

"En Francia no son menos solicitados los soldados que en Inglaterra o en Alemania. Según un escritor, en París y otras ciudades donde existe mucha guarnición militar, hay casas especiales dedicadas a la prostitución de los soldados" [23]

La correspondencia de los soldados homosexuales Alemanes demuestra que existía la esperanza de que, una vez terminada la guerra, la Patria, en reconocimiento de sus servicios, aboliera el artículo 175.

"¿Qué castigos imponía el mando a los homosexuales? Mostrábase poco severo, sobre todo con los oficiales. Como había falta de hombres, los soldados eran castigados con sólo dos semanas de arresto en caso de flagrante delito. Por otra parte, los consejos de guerra absolvían la mayor parte de las veces a los oficiales pederastas[24], usándose constantemente grande

---

[22]   A. Martín Lucenay. *Presidios, regimientos y barcos.* 1933
[23]   Ibíd.
[24]   Es frecuente en estas épocas referirse a la pederastia, no como un adulto manteniendo relaciones sexuales con un joven sino, simplemente, para las

49

benevolencia. Ello hacía innecesario reclamar mucho ante los jueces, como lo hizo un célebre oficial llamado Baby, que se enamoró de un aspirante, se acostó con él, fue sorprendido en el lecho una buena mañana, y en el Consejo de guerra que le juzgaba declaró con toda tranquilidad y como si la razón le asistiese: "Nos hacíamos el amor, pero delicadamente, estéticamente, nunca bajo forma punible... Hemos conocido la dicha durante dos meses sin nubes... Vuestra misión es probar que soy culpable, y no la mía demostrar que soy inocente." Y después de esta declaración lírica, dicho oficial ¡Fue destinado al servicio de aviación!"[25]

Las viejas prostitutas, las jóvenes y los muchachos merodeaban por los cuarteles buscando atraer la atención de los soldados, ofreciendo sexo a cambio de unos céntimos, comida o cobijo en los días fríos y lluviosos.

En la legión extranjera francesa, donde podían ingresar soldados de cualquier nacionalidad, los españoles, franceses e italianos eran los amantes y los suizos y alemanes asumían el papel de mancebas. Para evitar esta promiscuidad homosexual, se permitió a los legionarios ir acompañados de sus esposas y amantes. En ningún momento estos soldados fueron menos valientes.

Según los psicólogos de después de la guerra mundial, la homosexualidad es la consecuencia del poder que estaba adquiriendo la mujer y el miedo del hombre a enfrentarse a ella. Estos hombres abrumados por unas mujeres que no se correspondían con el esquema social que les enseñaron, no saben reaccionar e imponerse, prefiriendo la compañía, más fácil de conseguir, de otros hombres.

Así mismo el lesbianismo es el intento de la mujer, genéticamente inferior, por parecerse al hombre. La opinión de la mujer va adquiriendo cada vez más relevancia y ya no es la típica ama de casa cuya mayor preocupación es el cuidado de los hijos. Está presente en el trabajo, en la guerra y ahora también en la política, permitiéndosele el derecho al voto en los sufragios. Esto

---

relaciones homosexuales entre dos adultos.
[25]   VV.AA. *La guerra desconocida.* 1931

está provocando que, cada vez más, la mujer se compare con el hombre y quiera parecerse a él en todo, hasta el punto de que incluso en la cama desea ser un hombre.

No parece lógico considerar que los hombres al tener miedo del carácter cada vez más dominante de la mujer, para satisfacer las necesidades sexuales, en lugar de pagar a una prostituta se acuesten con otro hombre arriesgándose a varios años de prisión, pero hay que tener en cuenta el miedo a contraer enfermedades de transmisión sexual, la sífilis era una enfermedad muy extendida entre la población, de difícil curación, que podía ocasionar lesiones permanentes e incluso la muerte. Si se descubría que en algún momento de su vida había contraído esta enfermedad, podía negársele el matrimonio, pues no solamente había riesgo de recaída en la enfermedad sino que también existía la posibilidad de transmisión hereditaria en los futuros hijos.

Asombra la permisividad hacia las prácticas homosexuales realizadas por hombres heterosexuales. Con respecto a la homosexualidad femenina, la teoría de que las mujeres que se hacen lesbianas es porque siendo inferiores a los hombres desearían tener pene, no era más que un intento de desprestigiar a las mujeres que luchaban por sus derechos intentando hacer una relación entre mujeres sumisas heterosexuales y mujeres rebeldes lesbianas.

"Para terminar, no quisiera dejar de mencionar el hecho de que los casos de homo y heterosexualidad mezcladas, cuyo número es legión, y, además, la homosexualidad juvenil, la homosexualidad senil, y la homosexualidad ocasional que se produce en pensionados, prisiones y largos trayectos por mar, no son conciliables con ninguna otra, sino tan sólo con nuestra manera de ver, que aclara por vez primera la contribución de lo arbitrario al acto homosexual" [26]

El problema es que la educación que se les está dando a los jóvenes no se corresponde con la realidad social, el remedio está en actualizar las enseñanzas para que al ser adultos no se sientan

---

[26]   A. Adler. *El problema del homosexualismo.* 1936 (escrito originalmente en 1917)

51

indefensos ante el mundo que les rodea. Intentar corregir esta desviación en los adultos con una reeducación es tan imposible como transformar a un adulto cobarde en valiente. Es tarde para los adultos pero aún se está a tiempo de salvar a la juventud.

Otra cuestión que toma relevancia en esta década es la conciencia del peligro que pueden suponer las enfermedades contagiosas en las grandes ciudades. Este factor podría provocar que una enfermedad ocasional se convirtiera en una epidemia. La sífilis era el ejemplo más cercano. Enfermedades que se contagiaban a través del sexo, el contagio por un contacto e incluso el contagio psíquico. Algunos estudios médicos demostraron que algunas enfermedades psiquiátricas podían contagiarse por "imitación involuntaria". De la misma forma que si alguien bosteza en público no tardan en bostezar los que le rodean, hay otras manifestaciones de contagio psíquico que habría que tener presente en las investigaciones para evitar tendencias morbosas. Según estos estudios, es incuestionable que los sentimientos se pueden contagiar tan fácilmente como una enfermedad. Si en un grupo de personas alguien está triste y lo expresa con sus gestos y en las facciones de la cara, el resto del grupo, por empatía, también se sentirá triste. Si observas a una persona comer no tardarás en sentir hambre. Las ideas también son contagiosas. Muchos libros contagian sus emociones al lector. Un libro donde el héroe sea un villano que roba a los ricos, vence en las peleas con las autoridades y que, siendo delicado y atento con las mujeres, mantiene apasionados romances, contagiará, inevitablemente, el deseo de comportarse como el protagonista de la acción y transformarse en un ladrón. Cuando un periódico relata un asesinato por envenenamiento durante los siguientes días aumentan las victimas envenenadas. El contagio psíquico es tan peligroso como el contagio sexual. Estas personas creen que están actuando voluntariamente y creen ser conscientes de sus actos. En realidad, son el resultado de las múltiples influencias que pesan sobre ellos en el mundo que les rodea. Una persona de una inteligencia superior o de una voluntad más fuerte contagiará, inconscientemente, su proceder a otra persona de una inteligencia inferior o una voluntad más débil. El contagiado creerá estar obrando voluntariamente en su imitación pero estará sugestionado por aquella persona a la que le gustaría emular. No será manipulación, ya que el contagiador no es consciente de los efectos de su conducta.

"El onanismo es la más común de las perversiones del sistema genital. En los dos sexos los hábitos de masturbación son muy precoces, aunque son contagiosos en los colegios. En la mayoría de los muchachos las primeras relaciones sexuales normales hacen desaparecer el gusto de la masturbación mutua; pero en un pequeño número de degenerados los hábitos de pederastia persisten y pueden ser el punto de partida de una inversión total. También en la mujer el safismo puede arrancar del colegio. En todas las aglomeraciones en que la satisfacción normal del deseo sexual es imposible (barcos, columnas expedicionarias, presidios); el contagio de los hábitos de onanismo solitario o mutuo es, por decirlo así, fatal. En la mayoría, estos procedimientos de necesidad son abandonados en cuanto es posible, pero en un pequeño número persisten indefinidamente. Así se desarrolla el safismo y el onanismo con sodomía.

Entre las causas ocasionales que permiten a los predispuestos convertirse en invertidos, hay que mencionar en primera línea el contagio moral. TARNOSKI le atribuye una importancia grande, que admite que, un muchacho atacado de inversión sexual internado en un colegio, puede propagar esta afección alrededor de él; para él, el muchacho realizará el acto evocando primero la imagen de una mujer; pero cuando haya practicado bastante tiempo la pederastia, teniendo siempre delante de los ojos la imagen de la mujer, toda su vida sexual tomará poco a poco una falsa dirección y terminará, por la fuerza de la costumbre, por convertirse en uranista, hallando su satisfacción exclusiva en la pederastia." [27]

Voces discrepantes: André Gide. Corydon

---

[27]   A. Vigouroux y P. Juquelier. *El contagio mental.* 1914

André Paul Guillaume Gide (París; 22 de noviembre de 1869 – París; 19 de febrero de 1951) fue un escritor francés, Premio Nobel de Literatura en 1947.

"Me decido, después de ocho años de espera, a reimprimir este librito. Apareció en 1911, en una tirada de doce ejemplares, que fueron encerrados en un cajón, de donde no han salido aún."[28]

El autor se está refiriendo a *Corydon*, un libro compuesto de cuatro diálogos en defensa de la homosexualidad. La censura de la sociedad y la recomendación de sus amigos le hicieron dudar sobre la conveniencia de su publicación, pero varios años después se decidió a enseñarlo al público. La iglesia reaccionó incluyendo todas sus obras en la lista de "libros prohibidos".

El libro empieza con un primer diálogo entre un heterosexual y Corydon, un homosexual procesado judicialmente por conducta deshonrosa.

"Al entrar en su habitación no sentí, lo confieso, la ingrata impresión que temía. Verdad es que Corydon no la produce tampoco por su aspecto, de austeridad inclusive. Mis ojos buscaban en vano, por el aposento donde me recibió, esos indicios de afeminación que los especialistas encuentran en todo lo que rodea a los invertidos, y en los cuales pretenden no haberse equivocado nunca" [29]

Corydon lamenta la falta de mártires en la causa gay. Hay víctimas, muchos personajes de renombre han pasado por los juzgados acusados de homosexualidad, pero la mayoría se retractan, aceptan su culpabilidad. Ninguno presenta lucha contra la injusticia. La deshonra de declararse públicamente homosexual y luchar contra la justicia, no sólo recae en el inculpado, sino que recae en su familia: la madre, las hermanas en edad de casarse y que ya no encontrarán pretendiente, los amigos que se alejan para evitar ser acusados del mismo delito o para eliminar las

---

[28]   André Gide. *Corydon*. 1920
[29]   Ibíd.

habladurías. Ante la presión mediática, todos se rinden. A lo que el heterosexual responde que ya se exhiben demasiado, demasiado fácil lo tienen. La homosexualidad es una mala costumbre que la gente imita. Si se escondiera suficientemente a las miradas de los curiosos, prevalecería la decencia y se erradicaría la homosexualidad.

"Durante mis años de internado en los hospitales adquirí conciencia de mi... anomalía, lo cual me sumió en una inquietud mortal. Es absurdo sostener, como hacen algunos todavía, que no se llega a la pederastia sino por relajación y que es una afición de gente hastiada. No podía yo tampoco considerarme como degenerado ni como enfermo. Laborioso, y muy casto, vivía con la idea fija de casarme, al terminar mis años de hospital, con una muchacha, que después ha muerto y a la que amaba más que a nada en el mundo.

La amaba demasiado para darme perfecta cuenta de que no la deseaba. Ya sé que ciertos espíritus admiten difícilmente que pueda darse lo uno sin lo otro; yo mismo lo ignoraba en absoluto. Sin embargo, ninguna otra mujer aparecía jamás en mis sueños ni despertaba en mí el menor deseo. Menos aún me seducían las mujeres públicas, tras de las cuales veía correr a casi todos mis compañeros. Pero como entonces no sospechaba yo lo más mínimo que pudiese desear otros seres, ni siquiera que otros seres pudiesen ser auténticamente deseados, me convencía del mérito de mi abstinencia, exaltándome ante la idea de llegar virgen al matrimonio y glorificándome de una pureza que no podía yo creer engañosa. Sólo muy poco a poco logré convencerme; tuve que confesarme, por último, que aquellos placeres tan alabados, a los que me jactaba de resistir, no tenían para mí ningún encanto.
¡Lo que yo había considerado virtud no era, pues, sino indiferencia! Esto es lo que un alma joven que posea un poco de nobleza tiene que reconocer con un pesar atroz. Sólo el trabajo conseguía vencer mi melancolía, que agrisaba y oscurecía mi vida; me convencí bien pronto de que no era yo apropiado para el matrimonio, y, no pudiendo confesar a mi prometida las causas de mi tristeza, mi actitud cerca de ella se tornó cada vez más equívoca y embarazosa. Y, sin embargo, las diversas experiencias que quise entonces intentar en el burdel me probaron que no era

yo impotente; pero al mismo tiempo acabaron de convencerme. [...] Mi caso me parecía de los más extraños (porque ¿cómo podía yo entonces sospechar que es tan frecuente?). Me sentía apto para la voluptuosidad; me creía incapaz de experimentar deseo, hablando con exactitud. Hijo de padres muy sanos, era yo fuerte y de buena constitución; mi aspecto no proclamaba mi infortunio; ninguno de mis amigos recelaba nada; me hubiera dejado descuartizar antes que revelar nada a nadie. Pero aquella comedia del buen humor y del decoro que me creía obligado a representar, para evitar toda sospecha, me resultaba intolerable. Una vez a solas me sentía aniquilado.” [30]

Los libros de medicina, que con sus estudios científicos realizados en los manicomios o con los homosexuales, que deprimidos ante la opresión de la sociedad, buscan una solución a su problema, desvirtúan la realidad. Retratan al homosexual amanerado, con caracteres físicos parecidos a la mujer, depresivos y con tendencias al suicidio. Esta es la imagen que tiene el pueblo en su mente cuando oye hablar de un homosexual. Corydon no niega que existan estos homosexuales, pero son una minoría. Mentes débiles cuyo problema no es su homosexualidad sino la presión y el miedo a ser descubiertos, enjuiciados y rechazados. Miedo a perder el trabajo, al rechazo de los amigos y a la deshonra de la familia. Pero hay muchos más homosexuales que aceptan su inclinación sexual y la defienden. Estos se arriesgan al vituperio público porque saben que su actitud no es mala, ni dañina, ni contranatura y por lo tanto no acuden a los médicos para su sanación.

En la sociedad actual, dice Corydon en el segundo diálogo, todo predestina al sexo heterosexual: teatros, libros, periódicos, la exhibición de nuestros mayores. Las costumbres y el ambiente predisponen hacia el amor de un hombre con una mujer, pero si aun así, el joven muestra inclinaciones homosexuales, enseguida se culpa a una mala influencia, un mal consejo, o una lectura inapropiada ¿no es más lógico suponer que las inquietudes naturales del joven no se dejan influenciar por las circunstancias

---

[30]   Ibíd.

que le rodean? Y si pese a las vejaciones y al rechazo, el joven insiste en satisfacer sus deseos ¿no es esto un síntoma de que no lo hace por imitación sino por un deseo imperioso que emana de su propio cuerpo?

Constantemente la Iglesia rechaza la homosexualidad alegando que el creador del universo creó el sexo para la procreación y no para el goce de los cuerpos, pero si nos fijamos en los animales rápidamente nos daremos cuenta de que ellos no son conscientes de que la cópula conlleva el requisito de engendrar un nuevo vástago. El macho no copula para aumentar la manada. Lo hace por placer. ¿Y el amor? Es un sentimiento que no existe entre los animales, es pura invención del hombre. ¿La atracción sexual del macho por la hembra? Esto también es otra falacia. Los machos de las especies animales no muestran ningún interés por la hembra en la mayor parte del año. Sólo en los cortos periodos en los que la hembra está en celo es cuando el macho se interesa, y no por una hembra concreta, no selecciona, cualquier hembra en celo le vale. Es la hembra la que escoge entre sus pretendientes al macho más adecuado. Es el olor que desprende la hembra en celo lo que atrae al macho, no la hembra en sí misma. El resto del año, los machos copulan entre ellos. Esto no sucede sólo entre los mamíferos, también se puede observar con las aves o los insectos. Este poder de atracción lo ha perdido la mujer, incluso hay hombres que rechazan el sexo cuando la mujer está con el menstruo. Es por ello que históricamente, las leyes, las religiones, la cultura y la sociedad obligan al hombre a unirse con la mujer.

Seguramente esta es la causa, se comenta en el tercer diálogo, por la que el ser humano sigue trastocando las leyes de la naturaleza. Mientras que en los animales es el macho el que ostenta la mayor belleza con vivos colores o un melodioso canto para ser aceptados por la hembra en el coito, en el ser humano es la hembra la que se engalana con artilugios artificiales para atraer al hombre pues ha perdido el atrayente olor natural del celo. La belleza de la mujer es artificial y sólo exaltada por el deseo inconsciente del hombre. La belleza del hombre, no necesita artificios, su cuerpo es, por naturaleza, más perfecto. Este dato lo confirman multitud de exploradores que al encontrar tribus indígenas donde sus integrantes apenas cubren sus cuerpos, manifiestan su desilusión ante la fealdad de la mujer en contraposición con la belleza de los hombres. Estos exploradores están muy lejos de poder considerárseles homosexuales. En un entorno natural, donde la mujer no cuida su cuerpo ni lo adorna artificialmente, pierde todo su atractivo. Mientras que el cuerpo del hombre, en ese mismo entorno natural, mejora considerablemente. No es locura ni homosexualidad. Son las leyes de la naturaleza. El hombre ha de ser más atractivo para ser aceptado por la hembra, mientras que para el hombre, cualquier mujer es válida para la cópula. En la sociedad actual, sigue sin atraernos la mujer, nos atraen sus adornos.

En el cuarto diálogo se hace un repaso por la historia para constatar que la libertad homosexual, lejos de degradar la sociedad, la enriquece. Allá donde había una mayor permisividad, las artes y las ciencias florecían, decayendo en cuanto aumentaba la represión hacia las prácticas homosexuales. E incluso en la guerra, los mayores ejércitos de la historia permitían el sexo entre hombres conscientes de que este hecho cohesionaba al batallón y enardecía a los soldados. Desde los ejércitos griegos, pasando por los romanos y llegando al mismísimo Napoleón que eliminó la prohibición y permitió la homosexualidad dentro de su ejército. ¿Homosexuales afeminados? Hasta en la Primera Guerra Mundial, los mejores soldados ingleses, franceses, alemanes e italianos mantenían sexo con otros hombres. ¿Que la homosexualidad puede pervertir a los jóvenes? En la Grecia Clásica la educación de los adolescentes incluía el sexo homosexual y no por ello dejaban de casarse con mujeres y tener hijos. ¿Acaso si no existieran los homosexuales, las mujeres tendrían más hijos? Permíteme que lo dude. En la sociedad actual, los primeros contactos sexuales de los jóvenes (que no penetraciones), los realizan con otros jóvenes de su misma edad. Juntos descubren las primeras excitaciones sexuales y no por ello cesan en su empeño por relacionarse con una mujer. ¿Cuál es entonces el peligro que representan para la sociedad los homosexuales?

Década 1920. ¿Neurastenia sexual o enfermedad hormonal?

Las innovaciones de la década:
En 1923 se prueba con éxito el primer autogiro (helicóptero)
En 1925 se inventa el tocadiscos.
En 1927 se realiza la primera llamada telefónica trasatlántica.

"Las perversiones, conocidas de toda la antigüedad, atestiguan que, lejos de ser un instinto misterioso que conduce sin duda al hombre a desear la perpetuación de la especie, el impulso sexual es esencialmente un impulso egoísta hacia el goce físico. Numerosos son los individuos que se preocupan menos de unirse a una persona del otro sexo que de procurarse por el artificio que sea el placer máximo." [31]

En la década de 1920, tras el final de la Primera Guerra Mundial, se instituyó la Sociedad de Naciones, que nació con el fin de evitar que un conflicto de esa magnitud volviese a repetirse. El Imperio ruso se convirtió en la Unión Soviética que, con la ideología marxista de Lenin, fue la primera nación del mundo gobernada por el "proletariado". Estados Unidos prosiguió su rápido desarrollo económico que se vio perturbado, sin embargo, por la Gran depresión de 1929. Argentina, que había suministrado gran cantidad de mercancías a Europa durante la guerra, se

---

[31]   Pedro Vachet. *La inquietud sexual.* 1927

transformó rápidamente y alcanzó la distinción de ser uno de los países más ricos del mundo. Alemania tenía su sistema financiero en la crisis más grande que conoció en ese siglo. La situación en Francia no era mucho mejor, lo que propició el descontento social que se traduciría en una inestabilidad política permanente.

La Primera Guerra Mundial había hecho estragos en Europa. Un panorama desolador y empobrecido. Más que los daños materiales producidos por esta guerra, era la depresión de la sociedad que había asistido a un espectáculo aterrador. Los países se habían aliado creando dos bandos e involucrando al mundo en el desastre. Una sociedad que estaba acostumbrada a las continuas guerras, ahora tenía miedo. ¿Cuál sería la dimensión de la próxima guerra? La puerta que se acaba de abrir y el incierto futuro atemorizaban a la población. Habían dejado de mirar por el futuro y comenzaban a preocuparse por el presente. La vida era corta. Durante estos años existe un relajamiento moral, hay que disfrutar de la vida sin importar lo que piense el vecino y el vecino piensa lo mismo. Esta relajación es la que propicia que en algunos países se reduzcan las penas por homosexualidad y en otros, aunque las leyes seguían siendo severas, estas apenas se aplicaran.

En España, aunque no participó activamente en esta guerra, la pobreza atenazaba a la población. Se calcula que mueren 200.000 niños al año por el abandono, la falta de higiene y la mala alimentación. El alcoholismo se generaliza en la población, la desesperación, la falta de perspectivas, la miseria... el alcohol ayuda a olvidar. La tuberculosis por la falta de higiene y la sífilis por la prostitución, son dos enfermedades que se propagan con gran rapidez. La prostitución, en España, está regulada legalmente. Todas las prostitutas han de tener una cartilla donde indica que han pasado los exámenes médicos periódicos y que están sanas. A las enfermas, el gobierno las ingresa en los hospitales hasta su recuperación. Pero la falta de dinero ocasiona una multitud de prostitución clandestina. Mujeres y esposas que se ven abocadas a vender su cuerpo ocasionalmente para conseguir algo de dinero con el que alimentar a sus hijos. La prostitución ilegal era más numerosa que la regulada. Registrarse era un estigma para toda la vida. Una vez registradas como prostitutas era casi imposible desinscribirse. Al no ser legalmente prostitutas, los hombres se confiaban, creyendo en la excepcionalidad de la ocasión, contagiándose, inevitablemente, de la sífilis. Las calles sucias son una fuente de enfermedades, las casas, con alquileres demasiado caros para los obreros, son pequeñas y poco higiénicas. Al no existir la Seguridad Social, los médicos son un lujo solo apto para las clases adineradas y estos solo miran por sus clientes. Como el caso del doctor Sánchez de Rivera que en su libro *Lo sexual* nos relata, con total impunidad, un caso de sífilis que tuvo que tratar. Un matrimonio adinerado trae a consulta a su hijo que ha heredado la enfermedad. Una nodriza se encarga de amamantar al niño. El médico al ver la escena, avisa a los padres. Han de despedir inmediatamente a la nodriza. El niño ha podido contagiarle la enfermedad y al jugar con los hijos de la nodriza también pudiera ser que los hijos de esta hayan enfermado. Han de despedirla para evitar escándalos. El médico les recomienda no avisar a la nodriza del potencial riesgo a la que ha sido expuesta y, en secreto, espiarla para asegurarse de que ni la nodriza ni sus hijos desarrollan la enfermedad.

Para evitar la proliferación de las enfermedades sexuales se recomienda la educación sexual. Ya se practica en otros países con resultados satisfactorios. A los niños, en las escuelas, y a las mujeres hay que enseñarles la higiene sexual. A los obreros y soldados hay que prevenirles de la facilidad del contagio si mantienen relaciones con prostitutas. Hay incluso que castigar a los soldados que manifiesten alguna enfermedad sexual, pues, con su imprudencia, se convierten en una carga para la sociedad. No podrán defender a la patria, el gobierno ha de sanarles y su progenie será raquítica.

En el Estatuto Penal de 1928 del estado español, se contempla el delito por "escándalo público" en determinados casos de delitos sexuales (artículo 616):

"El que habitualmente o con escándalo cometiere actos contrarios al pudor con personas del mismo sexo, será castigado con la multa de 1.000 a 10.000 pesetas e inhabilitación especial para cargos públicos de seis a doce años" [32]

---
[32]   E. Barrioobero y Herrán. *Los delitos sexuales en las viejas leyes*

Esta misma ley, que en esta época es apenas una falta administrativa, se convertirá en temible en los primeros años del franquismo de la próxima década. El "escándalo público" se aplicará aunque el encuentro amoroso se realice en la intimidad del hogar, basta con que alguien intuya que se está cometiendo, o se ha cometido, algún acto contra el pudor. La guardia civil se encargará de llamar al trabajo del homosexual para informar a los jefes sobre esta infracción e insinuar la necesidad del despido.

En Francia, al igual que en muchos países, la Iglesia Católica acomete contra la homosexualidad tachándola de vicio y aberración, pero nos encontramos que en este país el clero no se libra de la persecución policial y la mayoría de las personas fichadas por pederastas son curas:

"La pederastia es quizás el vicio más familiar a los eclesiásticos condenados durante mucho tiempo a la castidad. La vida del seminario, la función de profesor en los internados congregacionistas de muchachos dan la clave de esta preferencia. "Si se compara – escribe Dubois Desaulle – la cifra bruta de los sodomitas que revelan las fichas de la policía, en cuanto a la calidad del individuo, salta a la vista el predominio del clero y la servidumbre. No obstante, si se establece una comparación entre cantidad de los sodomitas de cada categoría y la totalidad de los individuos que pertenecen a esta categoría, el clero ocupa el primer lugar" [33]

La relajación de las leyes y la apertura social tranquilizan a los homosexuales y se hacen más visibles en las calles y en los locales públicos. La "nueva" psiquiatría, apoya la despenalización legal, basándose en que la causa es un trastorno psíquico curable. Este hecho promueve que muchos homosexuales acudieran al médico para tratar "su mal". Una ingente proliferación de libros sobre educación sexual verá la luz en la siguiente década. Los homosexuales que acudieron al médico, creyendo apoyar la causa

---

españolas. 1930
[33]   Pedro Vachet. *La inquietud sexual.* 1927

gay, prestándose voluntariamente a las investigaciones o los que fueron porque por cuestiones sociales deseaban crear una familia, vieron pronto frustradas sus expectativas. Los libros que se editaron en los años treinta fueron, en gran parte, contrarios a la libertad gay.

Por otra parte, los médicos-juristas se afanaban en relacionar homosexualidad con criminalidad para conseguir volver a endurecer las leyes. El homosexual era un enfermo mental que no obedecía a las normas sociales. Era impulsivo, pasional y violento. Tarde o temprano acabaría asesinando a algún desdichado que no correspondiera a sus deseos abominables. En los libros de criminología se recreaban describiendo a homosexuales mentalmente inestables, con una gran culpabilidad por sus actos "desnaturalizados" que terminaban matando a su amante en un vano intento de terminar con sus tormentos.

La pobreza y la falta de alimentos en contraposición con el aumento de la población hacen temer un futuro desolador. Dos preocupaciones se emparejan: el derecho del individuo y el interés de la colectividad. Si no hay alimentos para todos los humanos habrá que evitar el nacimiento de niños "desperfectos" potenciando la mejora de la raza y la herencia genética. Esta idea que, como hemos visto, comienza a finales del siglo XIX, sigue repitiéndose y perdurará hasta la década de 1940. Contra la eugenesia surgen dos voces: la moralista, que considera que la esterilización fomentaría el sexo por placer al terminar el temor de engendrar un hijo no deseado y la cristiana, que encuentra en la frase de Jesús "creced y multiplicaos" la excusa para oponerse a cualquier control de la natalidad.

En Norteamérica se practica la eugenesia entre los enfermos mentales para mejorar la raza. En julio de 1925 se habían practicado 6.224 operaciones de esterilización.

"No son sólo los enfermos los que serán privados de su libertad sexual. El matrimonio y aun, en algunos Estados, el acto sexual, está prohibido entre personas de diferente color. Si el Gobierno estuviera sostenido por una fuerte corriente de opinión, no habría siquiera necesidad de una modificación legislativa para transformar en imposibilidad esta prohibición. Bastaría con

ensanchar las nociones ya admitidas de degeneración y de inferioridad social, demostrar que ciertas deficiencias son inherentes a determinadas razas, a determinadas pigmentaciones. Quizá algún día un Comité de sabios influidos por la pasión popular, pero creyéndose legisladores imparciales, designará para la esterilización a los judíos, a los negros, a los latinos... "[34]

En Suiza se fomenta la esterilización de las madres solteras y en Suecia, Canadá, Finlandia, Gran Bretaña y Nueva Zelanda están estudiando su implantación.

Pero el principal problema de la sociedad sigue siendo la sífilis. Se calcula que el 10% de la población está infectada. Una enfermedad venérea que causa la muerte y que todos intentan ocultar por vergüenza. Se crean los Ministerios de Higiene Social, un organismo del estado que se está imponiendo en la mayoría de los países y cuya función es fomentar la higiene personal de la sociedad, así como reformar las condiciones insalubres de las calles y casas. Estas medidas están dando sus frutos. Se está reduciendo la mortandad infantil y se está alargando la vida de los adultos. Si analizamos los datos estadísticos, la natalidad está descendiendo y este es un argumento que esbozan los homófobos para endurecer las penas impuestas a los homosexuales.

En los felices años 20, en París, la homosexualidad está de moda:

"Hoy la gente no se oculta, sino que lo proclama. La homosexualidad aparece como un signo de refinamiento y de superioridad. [...] En parís este vicio se extiende a todas las clases de la sociedad, y las variedades de los invertidos son innumerables. [...] Luego, lejos de París, las uniones de soldados en los ejércitos coloniales y un poco en general las uniones sentimentales de las prisiones.
Es cosa corriente enterarse de que el rico Untel acaba de poner un piso a un invertido notorio, que al mismo tiempo tiene a escondidas otro amante de corazón, pues, por una especie de

---

[34] Alfred Fabre. Luce *Para una política sexual.* 1929

extravagante transposición moral, se instala entre estos seres un verdadero amor sentimental, y los celos del pederasta no le ceden en nada a los del amante banal.

Ejemplos de esto se encuentran sobre todo en las prisiones, pues la vida en común y la imposibilidad de poseer por entero al camarada amado multiplican las alarmas y los conflictos. Privado de toda distracción, de toda satisfacción sensual, el preso acecha todas las ocasiones de verle, y por pasar un momento con él se expone a meses de calabozo. Se cambian cartas llenas de declaraciones, de frases ardientes, de súplicas, de amenazas. A veces se empeñan batallas que no tardan en ser castigadas con el calabozo. Entonces, el régimen de pan y agua y de la triste masturbación. Pero si el amigo es abnegado, reserva todas sus economías para comprar alimentos a su amante cuando sale del calabozo. Esto es lo que en el argot de las cárceles francesas se llama "boulottage".

¿Qué podría decirse de las mujeres que perpetúan en nuestros días las costumbres de Lesbos? Su número es sin duda mucho mayor que el de sus colegas masculinos, pues no pocas mujeres del mundo prefieren para las caricias la delicadeza natural de la mujer. [...] Numerosas damas que cumplen sus deberes conyugales se permiten tener clandestinamente amigas de pasión. Se da incluso el caso de que el marido lo sepa y... se contente con reírse de ello. [...] A partir de la guerra, las uniones de mujeres se han hecho cada vez más numerosas." [35]

Estas relaciones homosexuales en las prisiones, estos sentimientos amorosos, se verán trastocadas, como veremos más adelante, en las próximas décadas como consecuencia de la educación homófoba impuesta a la sociedad. Las parejas pasionales entre hombres en las prisiones, el ejército, la marina, los monasterios, etc., se daban de forma habitual, pero tras la reeducación de la sociedad veremos como en los años 60 y 70, en las prisiones, se transforman en violaciones.

Hasta este momento se creía que manteniendo en la ignorancia a los jóvenes se conseguiría que no cayesen en pecado.

---

[35]   Ibíd.

Explicarles los "misterios" del sexo podría incitarles a practicarlo. Esto se podría evitar explicándoles que han de respetar y venerar a las niñas, y a ellas se les enseñaría a rechazar al varón para conservar su pureza. Asombrosamente en esta década el sexo es tratado con normalidad, sin falsa moral, y las prácticas homosexuales, sin censuras. Desgraciadamente, las dictaduras del próximo decenio recrudecerán las persecuciones y los tabúes sexuales.

Los libros que tratan sobre la sexualidad se podrían haber escrito en la actualidad, y salvo por pequeños matices pasarían por libros modernos. Como ejemplo, en los libros publicados en Europa, se recomienda no asustar a los jóvenes con imaginarias enfermedades provocadas por la masturbación. Al contrario, hay que tratarles con dulzura para evitar trastornos ocasionados por los sentimientos de culpa y vergüenza, además de las frustraciones y obsesiones al intentar resistirse a un impulso natural del cuerpo. Con respecto a las masturbaciones mutuas que se hacen los jóvenes en los internados, no hay escándalos, no hay peligro del contagio de la homosexualidad ni de la perversión sufrida por las malas compañías y por supuesto, estas prácticas no conllevan un futuro sentimiento homosexual en la adolescencia.

"No es raro encontrar jóvenes en los que el impulso sexual se halla orientado por impresiones infantiles hacia prácticas homosexuales o perversas de las que les cuesta mucho trabajo deshacerse en el transcurso de su vida adulta. La homosexualidad, por lo demás, ha sido considerada por los psicoanalistas como una fase necesaria de la mentalidad juvenil. A decir verdad, la homosexualidad de los jóvenes se reduce por lo general a un onanismo mutuo en el que no cabría ver una verdadera inversión del instinto sexual sino en el caso en que la mujer pierde atractivo para estos muchachos, cosa que no sucede." [36]

Si en esta década, ya se sabía esto ¿cómo es posible que hasta 1960 los expertos siguieran insistiendo en demostrar las perversiones sexuales por malas influencias? Si miramos a lo largo de la historia nos daremos cuenta de un cambio fundamental en las

---

[36]   Ibíd.

investigaciones científicas. En un principio eran personajes solitarios que investigaban en sus casas o laboratorios y costeaban los gastos con sus propios medios. Estos estudios se fueron haciendo más complejos, se necesitaba más personal y un mayor equipo. Un descubrimiento rara vez es una casualidad, normalmente son muchos años de trabajo y era necesario conseguir que un mecenas lo financiara. Durante esta época, los grandes mecenas eran los gobiernos y estos solo subvencionaban los proyectos que se adecuaran a su ideología. Los científicos tenían que adaptar sus descubrimientos para mantener contento al financiador o abandonar sus investigaciones. Actualmente son las empresas privadas las que poco a poco están tomando el relevo a los gobiernos y, otra vez, los científicos han de adaptarse a sus nuevos mecenas, limitándose a investigar sobre aquellas cuestiones que puedan dar algún beneficio a las empresas. De esta forma, en la actualidad, apenas se investiga en vacunas para las enfermedades o en curarlas radicalmente. De unos años a esta parte, la mayoría de los avances médicos se basan en largos tratamientos con medicamentos que reportarán a la empresa financiadora los beneficios deseados. Una gran parte de las vacunas descubiertas actualmente son las financiadas por el gobierno. Esta podría ser una de las causas, pero no hay que olvidar que los científicos no son ajenos a la sociedad que les rodea y sus inquietudes están basadas en la influencia de la nación en la que viven.

Asombra encontrarse relatos de amores lésbicos donde sus integrantes no son desgraciados, donde en sus infancias no hubo ningún trastorno y que son felices muchos años después de su unión.

"Conozco a una mujer de treinta años, F***, que vive en familia desde hace diez años con una amiga de su edad, pero de modales más viriles. Su infancia ha sido normal, ocupada por juegos femeninos. En el pensionado se despertó en ella un gran cariño por la amiga que ahora es "su marido". Esto nació de una manera totalmente platónica, con besos, confidencias, pequeños regalos. Un día, F*** recibió a su amiga en su casa durante las vacaciones, y ambas durmieron juntas. La amiga, más impetuosa,

la inició rápidamente en las caricias mutuas. Esto duró un año; pero al cabo de este tiempo, F*** se sintió dominada por los remordimientos y rompió las relaciones, aunque quería mucho a su amiga, y se quedó desolada al ver la aflicción que esta ruptura le causaba. F*** tenía diez y siete años cuando su familia se propuso casarla con un joven por el que no sentía ninguna simpatía. Ella se negó a someterse a este proyecto, porque, según me dijo, se sentía poseída por una atroz angustia al pensar en los sufrimientos físicos y morales que el azar de los días podría aportarle. Mientras tanto, su padre tuvo reveses de fortuna y ella tuvo que trabajar, sufriendo una inquietud creciente al verse metida así en la lucha de la vida. Un día se encontró con su antigua amiga. Se echaron una en brazos de otra, reanudaron pronto las caricias de otro tiempo, y se unieron definitivamente. A partir de entonces, F*** se sintió muy feliz." [37]

En 1928 el escritor, diplomático y psicólogo Alfonso Hernández-Catá escribe la novela *El ángel de sodoma*, una novela donde se relatan los sentimientos de un hombre al descubrirse homosexual. De seguro, este libro fue leído por muchos homosexuales de la época ávidos de sentirse identificados por el protagonista. El libro empieza así:

"-¿Y va usted a escribir una novela de "eso"? ¡Qué ganas de elegir asuntos ingratos!

- De "eso", sí. Los poetastros han vulgarizado y afeado tantos jardines, tantos amaneceres, tantas puestas de sol, que ya es preferible inclinarse sobre las ciénagas. Todo depende del ademán con que se revuelva el cieno, amigo mío. Si es cierto que hay en las charcas relentes mefíticos, también lo es que ofrecen grasas irisaciones, y que lirios y nenúfares se esfuerzan patéticamente, a pesar de sus raíces podridas, en sacar de ellas las impolutas hojas. Además, como la química científica, la artística puede obtener de los detritus esencias puras. Más trabajo y menos lucido, dirá usted. ¡No importa!"

---

[37]   Ibíd.

El protagonista de la historia, tras la muerte de sus padres, se tiene que hacer cargo de sus tres hermanos menores. Todos, en el pueblo, elogian su buen hacer y su maestría para llevar la casa en orden, sin deudas y la cuidada atención que presta a sus hermanos.

Un día descubre, turbado, que le ha prestado demasiada atención al musculoso cuerpo de un hombre y muy poca al cuerpo de la bella mujer que tenía a su lado.

"¿De cuál antepasado le venía la degeneración? ¿O habría brotado en él por mal milagro, invistiéndole del funesto deshonor propia del cabeza de una estirpe de sexo espurio, marcada por la Naturaleza con la ambigüedad del hermafrodita? [...] ¡La madrecita alabada por todos era un monstruo, un lirio de putrefactas raíces! [...] ¿Adónde le llevaría aquella desventura? ¿A la deshonra? ¿Al vilipendio? ¿Llegaría a ser uno de esos seres abyectos, andrajos vivos por igual ajenos a la belleza frágil de la mujer y a la hermosura masculina, de quienes se huye y a quienes se cita como cifra de escarnio?"

Decide luchar contra sus instintos para no manchar el nombre de su familia. Si su hermano saliera ladrón o asesino, si su hermana se quedara embarazada de algún rufián, no sería comparable con la desgracia de que se descubriera su pestilente secreto. Se centraría en el trabajo, haría muchas horas extras, y en sus ratos libres ejercitaría su cuerpo para cansarlo y agotado dormir sin pensamientos impuros.

"¿Qué culpa tengo yo? ¡Si fuera un vicioso, un vil caído por lujuria en la renegación del sexo, merecería que se me escupiera! ¡Pero, si dentro de mí, me siento blando, femenino! ¡Si desde niño gusté de cuanto las mujeres gustan! Si la naturaleza, o Dios, o Satán iban a hacerme mujer y, cuando ya estaban puestos los cimientos de mí ser, se arrepintieron y echaron de mala gana arcilla de hombre, ¿qué he de hacer yo? Tal vez ella, mi madre, quisiera tener la primera una hija... Sí, eso debió ser."

Una noche de debilidad, al salir del trabajo, se dirige al muelle en busca de algún marinero. Una vez realizado el contacto y a punto de recibir las primeras caricias, un ruido y el miedo a ser descubierto le hace huir.

Todos sus esfuerzos por distraer su mente, todo el ejercicio realizado para tener un cuerpo más viril, la observación de sus ademanes, la barba de dos días he incluso el aprender a fumar para ser más hombre, resultaban inútiles.

"¡Para el menor resultado apreciable se precisaban meses y meses de trabajo, mientras que las tentaciones y los sueños insinuábanse y se multiplicaban en menos de un minuto! [...] Todo es inútil. Tu barba, tu cara envuelta en humo, tus trabajos, pueden menos que ese desasosiego muelle que a veces te turba. Los ejercicios de días y días, los sacrificios de meses, son vencidos por un medio día de tormenta, por un tropezón involuntario con el compañero de oficina, por una mirada imposible de sostener en la calle. ¿Recuerdas la impresión que te hizo ayer aquel vendedor? No se trata de una cosa que puedes adquirir o dejar, sino de una cosa que eres porque naciste así, porque te engendraron así. Y tarde o temprano..."

Intentó acostarse con prostitutas para adquirir el hábito, pero le daban repugnancia. Se echó novia, pero con el trato llegó a quererla y no quiso involucrarla en su farsa, no quiso atarla a una vida de sinsabores, no podía negarle la felicidad que podría conseguir con otro hombre.

"Aun cuando no se lo confesase, todas sus horas penosas dábalas ya como pago de la que un día, lejos, habría de permitirle encararse con la vida y decirles: "¡Así soy! ¡Fuera falsa virtud, fuera vergüenza de mostrarme según me hicieron!" Una frase oída a no sabía quién, en la perfumería, cobraba sentido de norma. "Si se nos dieran dos vidas, una para nosotros y otra para los demás, cabría elegir; pero no es así, y lo que dejamos de hacer por miedo a los otros ya no podremos hacerlo nunca."

Por fín, decide hacer lo que otros muchos homosexuales se vieron en la obligación de hacer, huir de su ciudad, abandonar su pasado y establecerse en el anonimato, en otra ciudad, en otro país, donde poder mostrarse tal y como es. Esto no evitará los insultos, ni el rechazo a su ser, pero su familia no se verá salpicada. Dejar atrás su propia responsabilidad para con su estirpe e iniciar una nueva vida donde las humillaciones sean por su deseo de ser feliz. Solo a él afectarán.

Tras unos días de relajamiento en su nueva ciudad, de vestir a su gusto, de comportarse libremente, de mirar sin ruborizarse a otros hombres, consigue una cita con un guapo muchacho. Pero una carta inoportuna, una carta proveniente de su pasado, le hace darse cuenta de que nunca podrá huir. Su pasado siempre le encontrará. No es posible ser feliz sin ensuciar su nombre. No puede vivir su nueva vida, pero tampoco tiene fuerzas para volver a la falsedad de su pasado. No tiene elección. Ha de morir. Un suicidio que parezca un accidente. Las vías del tren.

Siendo concientes de que este relato es una novela de ficción, y que aunque esté muy bien escrita no es representativa de la vida de un homosexual de aquella época, creo que se pueden extraer tres conclusiones:

1° Los homosexuales de 1920, al sentir su atracción por otros hombres, confundían sus sentimientos y creían ser interiormente mujeres con cuerpos de hombre. Hacían del sexo la idea central. Le gustan los hombres, al igual que las mujeres, luego sienten como una mujer. Sus gustos son iguales a los de la mujer, en su interior es una mujer. No hay que olvidar que este libro fue escrito por un psicólogo. Esta es la idea que se estaba transmitiendo a la sociedad y, los homosexuales, confundidos en su primera madurez sexual, adoptaron esta explicación. El gay se siente identificado con la mujer al entender los sentimientos y el sexo de forma semejante a ella, pero esto no significa que se crea una mujer, ni que se sienta como ella, es sólo que recrean la vida de forma semejante. Son los psicólogos y los libros como este los que confundieron al homosexual de la época y a la sociedad hasta nuestros días. Aún hoy, en algunos países subdesarrollados, cuando un joven descubre su inclinación sexual, teme por su futuro, pues se imagina a sí mismo con falda, pelo largo y trabajando en una peluquería, si no prostituyéndose, vestido de mujer, buscando a turistas ávidos de sexo. Cuando a estos homosexuales les trasladas a una sociedad más liberal, cuando vienen a Chueca, descubren un mundo distinto, acorde a sus sentimientos sin ser mujeres y estos mismos homosexuales, se cortan el pelo y se visten de hombre porque, como mujeres, notaban que había algo que estaba fallando. Como mujeres no eran felices. La homosexualidad era un estigma que tenían que soportar. Como hombres, pueden realizarse interiormente, a su manera, sin imposiciones sociales.

2º Los homosexuales, para satisfacerse sexualmente, acudían a los puertos donde los fornidos y curtidos marineros les daban placer. Unos marineros viriles y embrutecidos por las inclemencias de la naturaleza pero alejados de los refinamientos de la sociedad urbana. Posiblemente casados, posiblemente con hijos, posiblemente heterosexuales "una amante en cada puerto", pero alejados de las normas sociales. Esta imagen la encontramos en muchos libros de la época y posteriores. Normalmente en novelas de ficción. ¿Eran fantasías eróticas de escritores homosexuales? Lo sería, si en estos libros se tratara de algún romance, pero no es el caso. En los puertos se aunaban marineros deseando emborracharse, prostitutas buscando clientela y homosexuales anhelando unos momentos de desahogo sexual. En los libros de sexología, disculpan las relaciones homosexuales de los marineros y no los consideran ni viciosos ni pervertidos por estar largo tiempo lejos de las mujeres ¿pero qué sucede en los puertos? Ahí hay mujeres y prostitutas, pero siguen sin desdeñar el sexo con otros hombres. La lejanía de la mujer al estar embarcados es la excusa para iniciarse en el sexo con otros hombres. Una vez rota esta barrera psicológica, podrán seguir deseando el sexo con una mujer, pero ya no rechazarán a otro hombre.

3º Los homosexuales deseaban satisfacer sus instintos e intentar la felicidad dando rienda suelta a sus sentimientos. Era la sociedad que les rodeaba, su familia, sus amigos, sus compañeros de trabajo lo que les impedía realizar sus deseos. No era lo mismo que les rechazase un desconocido a que lo hiciera un amigo con el cual habían convivido desde la niñez. No era lo mismo el que le insultaran por intentar ser feliz, a que insultaran a su familia por sus actos. El rechazo de tu propia familia, el cobijo de tu madriguera, les hace sentirse inseguros y desprotegidos. Estos

72

"enfermos" muestran un sentimiento de respeto, responsabilidad y deber hacia sus padres que no todos los "sanos" heterosexuales mostraban, siendo el peso de este compromiso moral hacia su familia la causante de muchas de sus afecciones psicológicas.

Otras novelas menos trágicas editadas en esta década demuestran que, pese a los psicólogos, la sociedad y una mayoría de los homosexuales, empezaban a valorar esta condición como algo cotidiano. Lo demuestran las comedias de Álvaro Retama *Las locas de postín, A Sodoma en tren botijo, Mi novia y mi novio* y, en los primeros años 30, la poesía romántica de Luis Cernuda *Los placeres prohibidos* o las novelas de Jacinto Benavente *De muy buena familia, El rival de su mujer*.

La Neurastenia sexual es otra peligrosa enfermedad sugerida por los psicólogos. Es provocada por el exceso de intelectualismo y la falta de ejercicio físico. El número de enfermos estaba aumentando considerablemente y empezaba a ser preocupante. Para evitar su expansión habría que empezar remodelando el sistema educativo, dando menor importancia a las ciencias y un mayor protagonismo al deporte. Los síntomas podían ser: debilidad de la erección, falta de eyaculación, poluciones demasiado frecuentes durante el sueño, poluciones mucho o poco tiempo antes de cohabitar, eyaculación precoz, impotencia, espermatorrea, erecciones demasiado largas, susceptibilidad dolorosa del glande, dolores en el tubo vesicular; en la mujeres, poluciones en estado de vigilia o en el sueño, frigidez y vaginismo, y en estos dos últimos casos, necesidad de masturbarse. Por supuesto la masturbación, la homosexualidad, el fetichismo, el sadismo, el masoquismo, el exhibicionismo, la bestialidad y la necrofilia también eran síntomas de esta enfermedad. Para corroborar la existencia y peligrosidad de esta enfermedad, un dato objetivo: la enorme cantidad de homosexuales con una inteligencia superior a los heterosexuales. El desarrollo intelectual del cerebro provoca neurastenia y por lo tanto homosexualidad.

Esta enfermedad sigue existiendo en la psicología actual, pero ha quedado reducida a un inexplicable cansancio que aparece después de un esfuerzo mental. Sus síntomas pueden ser cansancio, mareos, insomnio e irritabilidad. Un esfuerzo mental prolongado en estos enfermos puede provocar ansiedad y depresión.

Se editan algunos libros serios de biología donde se describe la importancia de los cromosomas, de la genética y sobre los distintos experimentos realizados en animales que demuestran la importancia de estos factores en la determinación del sexo y la sexualidad. En estos libros lo que les interesa resaltar es la importancia de las investigaciones y no su extrapolación moral, basándose en experimentos realizados en distintos tipos de animales para determinar la influencia de ciertas secreciones internas de los testículos y ovarios en el desarrollo físico.

En este tiempo, se creía que el sexo del niño lo determinaba el óvulo. Había óvulos machos y óvulos hembras. Si se fecundaba un óvulo macho y el feto empezaba a segregar hormonas femeninas, podía ser la consecuencia de la homosexualidad.

Experimentos realizados con ratas y gallos demuestran que si se castra a un macho joven se paraliza el desarrollo físico característico de este género. Si se les hace un injerto ovárico y se les inyectan glándulas del sexo opuesto, estos animales experimentan un cambio físico y psicológico hacia el sexo opuesto, llegando a despertarse inclinaciones maternales y buscando sexo homosexual (no todos los biólogos están de acuerdo en esta última afirmación). Lo mismo sucede con las hembras a las que se les hace un tratamiento para masculinizarlas. Para que la transformación artificial sea eficaz el animal ha de ser joven y hay que castrarla previamente pues, si no, el injerto no arraiga.

"Resumamos: En los vertebrados, los caracteres sexuales secundarios, físicos y psíquicos, están en gran parte, cuando no en su totalidad, bajo la dependencia de secreciones internas emanadas de las glándulas genitales. La presencia de un doble cromosoma X no basta para que una hembra tome aspecto femenino, y no le impedirá tomar el masculino si su organismo está saturado de hormonas testiculares. La presencia de un único cromosoma X no basta para que una rata macho tome aspecto

masculino, y no le impedirá tomar aspecto femenino si su organismo está saturado de hormona ovárica. " [38]

Basándose en estos principios de biología, es un error la condena moral y legal hacia la homosexualidad.

"Cuando las secreciones internas son insuficientes, sea por procesos naturales, sea por acciones deliberadas, los individuos de un sexo pueden adquirir caracteres morfológicos, fisiológicos y aún psíquicos del sexo contrario. De tales hechos nacen los individuos intersexuales[39] de uno u otro sexo que con frecuencia conocemos. Tal explicación de la intersexualidad muestra que es necesario modificar nuestros juicios morales e incluso, en muchos casos, no pocas prácticas legales, referentes a las anormalidades sexuales observadas en los seres humanos, ya que los rasgos masculinos están latentes en la mujer y los rasgos femeninos en el hombre, dispuestos a surgir en circunstancias especiales, en medio de la sorpresa de todos." [40]

Hay que matizar que cuando un biólogo habla de "anomalía genética" no se refiere necesariamente a una enfermedad. Las personas albinas son producto de una anomalía pero no de una enfermedad. El problema no está en la variación genética sino en la moralidad y religiosidad de la sociedad. De la misma forma que se acepta socialmente que haya personas que por genética tengan el color del pelo rubio y otras que sean morenas ¿Por qué no aceptar que por genética unas personas sean heterosexuales y otras homosexuales? Tampoco los biólogos se refieren necesariamente a un defecto genético. Una anomalía genética puede estar tanto por debajo de lo normal como por encima de lo normal. Un superdotado intelectual, es una anomalía. Los biólogos en ningún momento argumentan la inferioridad de la "anomalía" homosexual.

---

[38]   Jean Rostand. *Los cromosomas, artesanos del sexo y de la herencia.* 1945

[39]   Homosexuales, bisexuales, hermafroditas, transexuales.

[40]   José Luis de la Loma. *Sexo, genio y figura: el cómo y el porqué de la herencia.* 1945

Estas investigaciones no son nuevas, pero fueron constantemente rechazadas y denostadas, solo la continuidad de los estudios y las publicaciones de unos resultados a la vez sorprendentes y esperanzadores, consiguieron demostrar la veracidad de las informaciones. Ya en 1915 se había realizado un injerto de testículos en un hombre castrado para observar su masculinización:

"Leopoldo M.L., cabo de lanceros, de 29 años de edad. Había sido herido el día 13 de julio de 1915 por un proyectil durante una acción de guerra. Ambos testículos habían quedado completamente destruidos. El soldado había sido conducido a la trinchera, donde permaneció algún tiempo tumbado bajo el suelo; luego fue enviado a un puesto de la Cruz Roja donde recibió los primeros auxilios hasta que pudo ser trasladado al hospital. La herida se había infectado y fue necesario intervenir urgentemente extirpando los residuos de ambos testículos para impedir que se desarrollase una septicemia generalizada. Dos meses más tarde, el paciente, que ya había sido trasladado a Viena, mostró los típicos signos de los castrados. Se observó un rápido desarrollo del tejido adiposo, especialmente en el cuello, que daba al enfermo una peculiar expresión de estolidez. La barba y especialmente el bigote desaparecieron, y el vello del cuerpo, particularmente el del pecho, se hizo menos tupido. Al mismo tiempo se presentaron alteraciones psíquicas importantes, sobre todo en lo que se refiere a la esfera sexual.

Lichtenstern recordó que nosotros habíamos hecho desaparecer, en las ratas y cavias, los signos de la castración mediante injertos de glándulas sexuales, y pensó que podía instituirse el mismo tratamiento en el soldado mutilado. Por la misma época había ingresado en el hospital otro soldado que requería una intervención para corregir la criptorquidia unilateral que padecía. La criptorquidia es un estado que se caracteriza por el hecho de que los testículos no han descendido hasta el escroto, como ocurre normalmente, sino que permanecen en la cavidad abdominal o más frecuentemente en el conducto inguinal. Los testículos anormalmente situados se alteran con facilidad, debido a la presión que ejercen los órganos vecinos o a la insuficiente irrigación sanguínea, o crean adherencias que se fijan a los tejidos circundantes, acabando por surgir degeneraciones. Todos estos peligros constituían razones suficientes para aconsejar la extirpación quirúrgica del testículo no descendido. Por otra parte, en el enfermo a que nos referimos el proceso se complicó con la presencia de una hernia estrangulada. Como el testículo, aunque normal, tenía que ser extirpado, y como el paciente no padecía sífilis ni tuberculosis, se ofreció la ocasión para poder utilizar el órgano en beneficio de su compañero castrado. El día 30 de agosto de 1915, Lichtenstern sometió a operaciones simultáneas a ambos soldados. El paciente con testículo no descendido y hernia estrangulada fue anestesiado, y después de tratada la hernia del modo usual se aisló el testículo con sus vasos sanguíneos para facilitar su inmediata y completa extirpación. Mientras tanto, el otro paciente fue anestesiado y preparado. Se practicó una incisión en la ingle derecha, e inmediatamente se introdujo en la herida el testículo recién extirpado. Esta medida era provisional para impedir un peligroso descenso de la temperatura del órgano, mientras se terminaba, en el primer paciente, la operación de la hernia. Luego se procedió a sacar el testículo de su asiento provisional, se cortó en dos mitades y cada mitad fue suturada en los músculos abdominales previamente escarificados. Con la sutura de la piel la operación quedó terminada.

Dos semanas más tarde, Leopoldo M. contaba con gozosa emoción que se sentía muy bien, y que incluso había tenido sueños eróticos. Pasadas otras dos semanas, Leopoldo, que era granjero, era dado de alta para regresar a su hogar, con objeto de que probase su capacidad para reanudar sus actividades usuales. En efecto, la prueba resultó satisfactoria. Su aspecto había mejorado y su inteligencia estaba más despierta. La expresión era viva, el tejido adiposo del cuello había ido desapareciendo gradualmente, y el bigote había vuelto a crecer [...]" [41]

Estas operaciones se realizaron con varios pacientes, incluso con personas que desde la pubertad tenían atrofiados sus órganos genitales y por lo tanto su desarrollo físico quedó detenido. En todos los casos se demostró la masculinización del sujeto.

---

[41]   Eugen Steinach. *Sexo y vida*. 1952

Los estudios fueron avanzando y las conjeturas también. Se descubrió que los ovarios segregaban hormonas femeninas y en menor cantidad hormonas masculinas. Los testículos segregaban hormonas masculinas y en menor medida hormonas femeninas. La alteración en la producción de estas hormonas podía conllevar alteraciones físicas y psíquicas y esta sería la causa de la homosexualidad. Sólo había que injertar testículos en el abdomen de los homosexuales para paliar la escasez de hormonas masculinas. Las intervenciones quirúrgicas realizadas con este propósito fueron un fracaso. Aumentaban la musculación, la agresividad, la actividad y el vello corporal; características físicas y psíquicas propias del sexo masculino pero su tendencia sexual no parecía variar (aunque, como siempre, los médicos publicaron sus grandes éxitos en estos tratamientos, como veremos en el apartado correspondiente). Con el tiempo se consiguió sintetizar la hormona masculina y la llamaron testosterona. Tampoco las inyecciones de testosterona consiguieron mejores resultados, pero durante años sirvieron para que las mujeres a las que les inyectaban esta hormona ganaran varias medallas olímpicas, pues fortalecían la musculación. Tampoco ellas se volvieron lesbianas al estar dopadas con esta sustancia. Por otra parte, los análisis realizados han demostrado que no hay una relación entre los niveles de hormonas y la homosexualidad, de ser así, se podría descubrir en la adolescencia a los posibles homosexuales solamente con un análisis de orina. Y esto no es posible. Las esperanzadoras teorías que atribuían la homosexualidad a causas hormonales fueron denostadas por los resultados de las propias investigaciones biológicas.

Voces discrepantes: Alberto Nin Frías

Alberto Teodoro Antonino Augusto Nin Frías (9 de octubre de 1878, Montevideo - 27 de marzo de 1937, Suardi) fue un escritor, profesor, periodista y diplomático uruguayo.

"Hasta nuestra época, de intenso amor a la verdad, que descubre la investigación científica, no ha sido el hombre sincero consigo mismo; se ha inclinado y movido a muchas cosas

78

solapadamente, sin lograr hacerse un examen de conciencia para averiguar si algunos de los actos tenidos como reprobables, lo eran por sí mismos o porque no amortizaban con la opinión de las mayorías. La indignación de la libido hacia el propio sexo, se halla cabalmente entre esos sentires vergonzantes que, hoy mejor informados que en otras épocas de criterio simplista, visto a la luz de la psicología, no es necesariamente un vicio, una perversidad o una cosa mórbida, sino antes bien, una búsqueda de la voluptuosidad, cuando otros medios han fallado al organismo. El hombre está mentalmente constituido para la persecución de la satisfacción máxima del organismo y debemos admitir que no todos están conformados para encontrarla de la misma manera. "[42]

Su padre, Alberto Nin fue un abogado miembro de la Suprema Corte de Justicia de Uruguay, fundador de la Cátedra de Derecho Penal y diplomático en Europa. Siendo hijo de un diplomático, vivió parte de su infancia y adolescencia en distintas ciudades del mundo, entre las que se cuentan Londres, Bruselas y Berna. Regresa a Montevideo hacia 1898, en donde ejerce como profesor, bibliotecario y periodista.

Desde su más tierna infancia sintió una especial atracción por el mundo homosexual y por la religión. Dedicó toda su vida a investigar e ilustrarse sobre estos temas. La sinceridad que mostraba en sus escritos alertó y alarmó a los más moralistas.

"En un internado de Ginebra trabé muy íntima amistad con un griego de nacimiento. Fue esta amistad una especie de predestinación. Nos quisimos exactamente como Sócrates y Alcibíades: "Socratica fides". Comprendí al punto lo que la muerte de Jonatan reveló a David: la amistad ocuparía en mi desarrollo espiritual un sitio superior al amor de las mujeres, sin excluirlo, pues el sagrado hogar se fundamenta en este amor."

Años más tarde parte nuevamente de su tierra natal cumpliendo funciones como diplomático y alterna su vida en

---

[42]   Alberto Nin Frías. *Homosexualismo creador*. 1933

distintas ciudades como Washington, Río de Janeiro, Santiago de Chile y Buenos Aires.

Su obra literaria trata temas tan variados como la literatura inglesa, el árbol, la religión, Grecia, las costumbres y el erotismo. Su libro *Alexis o el significado del temperamento urano* es posiblemente su obra más difundida, con 15.000 ejemplares vendidos, pero el libro que más escándalo provocó fue *Homosexualismo creador* donde alardea de la superioridad intelectual del homosexual, poniendo como ejemplos las biografías de nombres destacados de todos los tiempos.

"Ha sido para mí una labor de investigación considerable, más siempre agradable, porque creo mi libro de gran utilidad para un nutrido grupo de hombres y mujeres que andan a tientas por el mundo, sintiéndose monstruos y proscritos, cuando al fin y a la postre adolecen de una peculiaridad erótica que fue la de muchísimos seres notables de este mundo. El mal no radica tanto en el sentir como en el uso que de él se hace. Al temperamento urano debe la evolución de la sociedad no pocas de sus grandezas"

Murió en la pobreza en el pequeño poblado de Suardi ubicado en la provincia de Santa Fe (Argentina), bajo la protección del cura de origen español Pedro Badanelli, en 1937, poco después de escribir sus más grandiosas y controvertidas obras.

"En este mundo repleto de misterios, al parecer insolubles, el temperamento uránico constituye uno de los más grandes arcanos, por sus consecuencias éticas y sociales. ¿Es acaso el uránico un producto de la propia mente del hombre, o un tipo perfectamente caracterizado? Todos nuestros estudios – que son cuantiosos – nos mueven a afirmar rotundamente lo segundo.

El estudioso, cuando desentraña el recóndito sentir de muy elevados ingenios en las letras, en las artes, en la política y en el cultivo de la ciencia, se encuentra con la realidad perfectamente comprobada desde los tiempos más remotos. Pero, por tratarse de un fenómeno de sensibilidad que no es de orden común ni gregario, la sociedad le resta importancia y, más aún, busca ahogarlo en la más severa de las represiones.

Muy diferente es el dictamen de quien, sin ánimo prevenido, estudia este problema y descubre que entre estos seres proscritos se encuentra lo mejor de la especie humana.

Producto de una extraña selección, no bien estudiada aún por los biólogos, el temperamento uránico se revela al sabio tan divino y definible como el hombre o la mujer, considerado tipos normales.

La anormalidad del uránico no está en él, sino en quienes no participan de su modalidad "sui generis". Su caso está en minoría. La Historia nos enseña cómo se comporta la sociedad con las minorías. La intolerancia, el fanatismo, la incomprensión de sus derechos se ceban en ellas, pero no logran destruirlas porque a ello se opone el plan cósmico."

Su obra, pese a ser una impresionante labor de investigación sobre las biografías de los personajes históricos más relevantes en las artes y las ciencias de todas las épocas, no deja de mandar mensajes sobre las equivocaciones que la mentalidad social y científica están estimando en la concepción de la homosexualidad.

"Para el latino, uranismo equivale siempre a afeminamiento. Son dos conceptos inseparables. ¿Cómo es esto posible cuando, cabalmente, esta tendencia radica en una repugnancia hacia el organismo femenino? Si el uránico se sintiera mujer respecto a otro hombre, caería en el absurdo de transformarse en lo que justamente aborrece. Tan cierto es esto, que el uránico genuino huye del afeminado, por parecerle este tipo un torpe remedo de la mujer. [...] El principio femenil está presente en el uránico, no precisamente en la pasividad orgánica amorosa (falsa concepción corriente), sino en la sensibilidad exacerbada y exquisita, y el principio másculo, por el poder intelectual muy desarrollado, la voluntad enhiesta, la autodeterminación valerosa de hacer respetar su índole sexual, incomprendida por el vulgo".

81

Personalmente me parece una lástima que este personaje y sus obras queden en el olvido del tiempo. Su valentía enfrentándose al sentir de la sociedad, su gran labor investigadora y su amena redacción, merecen un reconocimiento y un recuerdo en la sociedad.

Década 1930. ¿Neuropatía homosexual?

Las innovaciones de la década:
En 1930 se descubre la existencia de un nuevo planeta: Plutón.
En 1938 se patenta el café instantáneo
Se generaliza el cine sonoro en las salas de proyecciones.

"Imaginan algunos estudiosos que la homosexualidad es exclusivo invento de los hombres y las mujeres de imaginación pervertida.

Creer tal cosa es caer en un error grave. Puede ser que a veces la homosexualidad obedezca a tal causa; pero cuando se sabe que no solamente la practican los hombres sino también muchos animales de distinta clase y familia que los humanos, y que esos animales no es probable que tengan pervertida la imaginación por medio de lecturas, conversaciones o dibujos y pinturas pornográficas, será forzoso convenir en que tal aberración tiene origen que no alcanzamos a saber" [43]

Tras dejar atrás los años de las monarquías absolutistas, y los intentos de la población por instaurar la democracia en los diversos países, la pobreza de las últimas décadas se convierte en un caldo de cultivo para las dictaduras militares.

En España, en 1931 Clara Campoamor defiende el derecho al voto de las mujeres reconocido posteriormente por la

---

[43]   Ernst Baum. *Las funciones sexuales.* 1933

Constitución Española de la Segunda República al instaurar el sufragio universal, por primera vez en la historia de este país. Curiosamente, cuando Clara Campoamor presentó su propuesta al congreso, los partidos de izquierdas votaron en contra, pues creían que las mujeres estaban demasiado vinculadas con el clero y votarían a los partidos de derechas. Fueron los partidos de derecha los que votaron a favor. Las mujeres españolas pudieron ejercer su derecho al voto en 1933. En 1932, el primer gobierno de la Segunda República Española, elimina una ley que permitía al marido matar a su esposa adúltera, y al amante de esta, si los pillaba en flagrante delito e introdujo el divorcio. La nueva ley era tan enrevesada y eran tantos los trámites a seguir que podían pasar varios años hasta que lo concedían. En estos años, los cónyuges tenían que vivir juntos, además, el divorcio era tan caro que solo los más ricos podían permitírselo. Pese a los avances para la igualdad de género, se sigue hablando de "los deberes" de la mujer en el matrimonio y los "derechos" de los hombres, sometiendo, de esta forma, a la mujer al dominio del hombre. La prostitución era considerada, hasta la fecha, como un mal necesario, pero ya hay varios países que empiezan a prohibirla y se reeduca a la prostituta para su integración en la sociedad. En 1936 Manuel Azaña comienza su gobierno tras las elecciones que dieron la victoria al Frente Popular. El colapso de la Segunda República y la Guerra Civil Española hundió en la miseria al país convirtiéndose en un estado totalitario. La guerra duró desde 1936 a 1939 culminando con la dictadura de Francisco Franco hasta su muerte en 1975.

En Alemania, en 1932 Adolf Hitler se presenta como candidato a la presidencia de Alemania por el Partido Nacionalsocialista. El creciente descontento de los alemanes hizo que Adolf Hitler tomara el control del país en 1933 con un apoyo de la población sin precedentes. El Reichstag aprueba una ley por la que se conceden plenos y excepcionales poderes al Gobierno de Hitler. Alemania dejó de lado la República y se convirtió en un Estado totalitario al igual que la Italia de Mussolini y la URSS de Stalin. La economía alemana se relanza con el impulso que le da la industria y la inversión del Estado en infraestructuras. Los nazis comienzan la persecución de los judíos boicoteando sus negocios. En 1934, el gobierno priva de su nacionalidad al Premio Nobel de

Física, Albert Einstein debido a su origen judío. En 1935, se inician los departamentos de sanidad con secciones especiales para la asistencia hereditaria y racial. En 1936, el ministro del interior del Reich, decreta que las instituciones sanitarias y asistenciales lleven a cabo un "inventario racial biológico". Se firma un tratado entre Alemania e Italia que se convierte en el Pacto del Eje al unirse Japón en 1940. En 1938, durante la noche del 9 al 10 de noviembre, los nazis destruyen establecimientos judíos (noche de los cristales rotos).Comienzan las hostilidades que llevarán a la Segunda Guerra Mundial. En 1939, en EE.UU., se niega la entrada a Florida al barco St. Louis con 963 refugiados judíos. Forzado a regresar a Europa, la casi totalidad de estos judíos morirán en campos de concentración nazis. En Polonia, las tropas alemanas invaden el país, iniciando la Segunda Guerra Mundial. El Reino Unido y Francia le declaran la guerra a la Alemania nazi. En EE.UU., el presidente Roosevelt se declara neutral.

En España, se tendía a mirar las relaciones entre hombres como un amor platónico:

"Las relaciones homosexuales son frecuentemente platónicas y tan "puras", vulga la palabra, como puede ser el amor entre un hombre y una mujer que practican toda clase de caricias y se entregan a todas las ternezas imaginables, menos los actos netamente sexuales, que en su idealismo son considerados impuros." [44]

Al suprimirse en los primeros años de esta década el artículo 616 de 1928, solo se castigaba la homosexualidad en actos efectuados con violencia, engaño o con niños. Convirtiéndose España en uno de los países más liberales con respecto a la homosexualidad. La razón de este cambio la tenemos en esta explicación:

"La confusión que existe aun en el sentido legal, entre lo que es repulsivo y lo que es criminal, es una prueba más de la

---

[44]   A. Martín de Lucenay. *Las leyes y el sexo.* 1934

inconveniencia de la sanción penal impuesta a la mera homosexualidad" [45]

Esta relajación en las leyes iniciada en la década anterior al caer las monarquías absolutistas e implantarse las repúblicas y democracias, se vuelve a endurecer al tomar el mando las dictaduras militares. Lo cual, se podría interpretar, como que son los poderosos los que están en contra de la homosexualidad. El pueblo solo desea vivir en libertad y la homosexualidad es parte de esta libertad.

Los países, poco a poco, irán implantando una nueva modalidad de leyes, de dudosa legalidad, en sus respectivos Códigos Penales, destinadas a proteger a la sociedad antes de que se cometa el delito. Desde finales del siglo XIX se viene observando que hay personas propensas a cometer delitos. Las leyes que castigan cuando se comete un acto criminal no son suficientes y se crean leyes que previenen la consecución del delito castigando a este grupo de personas antes de que cometiesen sus fechorías. Esta es la finalidad de las leyes destinadas a la "prevención social" que con distintos nombres se suceden por varios países (un mendigo terminará robando, con las leyes tradicionales se le puede encausar por ladrón pero no habremos evitado el robo. Si le incriminamos por mendigo eliminaremos la posibilidad de que cometa sus habituales infracciones. De la misma forma, los homosexuales tenderán a la sodomía, si se les condena antes de que cometan esta aberración estaremos protegiendo a la sociedad). Esta es la razón por la cual los médicos, a instancias de los policías, se afanan en demostrar las diferencias físicas de los homosexuales. Las penas impuestas al "peligroso sin delito", estarán destinadas a corregir y adaptar los hábitos del penado para evitar futuras infracciones.

El 4 de agosto de 1933 se promulga, en España, la Ley de Vagos y Maleantes. Esta ley condenaba a los hampones (que son los "delincuentes desconocidos"), los golfos (que son los jóvenes que hurtan, mendigan o se prostituyen. Siendo adultos pasarían a ser considerados en las categorías de ladrones, mendigos o prostitutos) y los parásitos, (que son los proxenetas y usureros). En

---

[45]   Ibíd.

1935 se incluyc a los que difundan propaganda que incite al delito. En 1954 se incluirá a los homosexuales y en 1958 al gamberrismo. Aunque el espíritu de la ley es el de corregir las actividades potencialmente peligrosas, en la práctica, al no haber dependencias para la reforma y reeducación del peligroso social, se les ingresaba en las cárceles hasta su "recuperación".

Cuando se cometía un delito se metía al delincuente X años en la cárcel, cuando le condenaban con esta nueva ley, la condena no tenía fecha de finalización ya que esta dependía de la evolución del tratamiento de reeducación que no estaban aplicando. En el caso de los homosexuales, los tratamientos de reeducación podían consistir en electroshock. Si no se había cometido ningún otro delito y era el primer internamiento, el tiempo máximo era de tres años de tratamientos. Si no era la primera vez que le condenaban, no había tiempo máximo de reclusión, dependía de que las autoridades competentes dictaminaran que ya se había rehabilitado. Con lo cual, las penas impuestas a las personas "sin delito" podían ser más severas que las impuestas a las personas con delito.

Las medidas de seguridad impuestas por esta ley que tuvieron que sufrir muchos homosexuales españoles en los años 50 y 60 podían ser la castración y la esterilización.

"Se ha propuesto y aplicado la castración como medio para conseguir el cese del estado peligroso de los delincuentes crónicos por falta de dominio sexual, entre los cuales se encuentran principalmente los sádicos, los pedófilos, los exhibicionistas, los homosexuales, etc. [...].

La castración forzosa como medio de seguridad se introdujo en Alemania en el año 1934 y se aplicaba a los delincuentes peligrosos contra la honestidad; pero al terminar la guerra fue derogado el precepto legal que la imponía. En la actualidad [1962], tan sólo en Finlandia, Islandia y Dinamarca, la castración puede ser impuesta mediante la correspondiente resolución judicial (también puede serlo como tratamiento terapéutico) en casos de desviación sexual. En algunos estados de Norteamérica y cantones de Suiza, tan sólo puede ser practicada la castración con el consentimiento del paciente o de su representante legal, y, en el supuesto de que surta buenos efectos, el juez penal puede decretar la libertad anticipada o la libertad condicional. También se ha aplicado la esterilización para los alcohólicos crónicos. En Europa se implantó por primera vez en el cantón suizo de Waadt, en el año 1928; luego en el año 29 se autorizó en Dinamarca y en los países nórdicos. En Alemania, en los años 1933 a 1945, los tribunales especiales llamados "de higiene hereditaria" podían ordenar la esterilización de enfermos hereditarios y alcohólicos crónicos" [46]

En 1933 el régimen nazi se instaura en Alemania con Hitler al frente. En 1939 comienza la Segunda Guerra Mundial que duró seis años. En 1945 es derrotado Hitler y todo su imperio del terror. El holocausto causado por el ejército nazi y los terribles atentados contra la humanidad salen a la luz y la opinión pública es consciente, por primera vez, de la magnitud de la tragedia. En 1949 es el momento de desmarcarse de este asunto y atacar a este régimen para no ser acusado de complicidad. En este año se publica en España un folleto propagandístico de 48 páginas titulado *Las aberraciones sexuales en la Alemania nazi* escrito por Eugen Relgis. En él, se ataca al gobierno dictatorial de Hitler y, para hacerlo más reprochable, se insiste en la homosexualidad de todos sus miembros, incluido Hitler.

En este librito podemos encontrar algunos datos interesantes, como por ejemplo, que la homosexualidad en Alemania en la época de Guillermo II estaba muy extendida, se calcula que en 1930 había dos millones de "pervertidos". En el ejército la prostitución masculina era un grave problema. Los soldados vendían sus cuerpos a los oficiales por dinero. Y en la política las cosas no eran mejores, los ministros ofrecían los secretos de estado a países extranjeros a cambio de una noche en un prostíbulo masculino. Los homosexuales, como una secta oculta, estaban tomando el poder para beneficio propio.

"Toda la vida política, económica y social estaba misteriosamente rodeada por una red de individuos que, por su naturaleza y por su ley, estaban ligados el uno al otro por una poderosa comunidad de destino. Los verdaderos homosexuales sabían comprometer a personas honorables con virtudes

---

[46]   Antonio Sabater. *Gamberros, homosexuales, vagos y maleantes.* 1962

intelectuales y artísticas excepcionales, pero normales en su vida sexual."

En estos escritos, destinados a desprestigiar al régimen de Hitler acusándoles del peor de los "pecados", la homosexualidad, podemos encontrar una de las causas por las cuales los gays eran personas antisociales, depresivas y con tendencias al suicidio:

El Conde von Eulengurg acompañado de un policía fue a un determinado salón de baile.

"El cuadro no se borrará nunca de mis ojos. Varios centenares de hombres y mujeres de toda edad y de todas las clases, la mayoría maquillados, un cierto número de hombres vestidos de mujer y unas cuantas mujeres vestidas de hombres."

Cuando preguntó al policía el porqué se permitían esas prácticas en el salón de baile estando expresamente prohibido en el artículo 175, el policía contestó:

"Estas "distracciones" estaban permitidas intencionadamente para que las autoridades pudiesen conocer mejor los medios homosexuales. [...] El chantaje juega un papel muy importante en ese medio. Numerosos son los que van guiados solamente por sus inclinaciones íntimas. Pero hay también un gran número que hace negocio con los sentimientos y las predisposiciones de los otros... La prostitución masculina juega un papel muy importante. ¡Desgraciado el extranjero que tiene la desgracia de caer entre las manos de estos vampiros! Lo comprimen como a un limón. La amenaza del artículo 175 tiene efectos desastrosos que llevan hasta el suicidio." [47]

Toda la denigración de la sociedad por culpa de los homosexuales, no es más que una preparación al lector, para inducirles a una depravación total con el ejército hitleriano. Los

---

[47]   Eugen Relgis. *Las aberraciones sexuales en la Alemania nazi.* 1949

homosexuales fueron los culpables de la degeneración del país y fueron los impulsores del poder de Hitler, pues pertenecía a su execrable círculo: *"Numerosos datos fortifican la creencia de que también Hitler pertenecía a esos círculos (de anormales sexuales)"*. Por supuesto, las juventudes hitlerianas eran un nido de perversión sexual. Los homosexuales eran los culpables del holocausto.

Por desgracia, en este libro nos encontramos con otros datos, aterradores por su veracidad, referente a la aplicación de la eugenesia para conseguir en un principio al superhombre y luego una raza aria pura.

Desde 1934 se constituyeron en Alemania tribunales que aplicaban los principios de la eugenesia para conseguir una "humanidad" más fuerte e inteligente. Aplicando una ley se podía esterilizar o castrar a los débiles mentales, los que presentaban síntomas de demencia precoz, a los depresivos, a los que tuvieran la enfermedad de *Huntington*, los alcohólicos, los sordos hereditarios o los portadores de cualquier otra enfermedad hereditaria... En la práctica, se esterilizaba a los delincuentes sexuales y a los enemigos del régimen. La mitad de ellos eran posteriormente castrados. Después de la esterilización se les hacía trabajar en los campos de concentración hasta su destino como cobayas humanas para los experimentos científicos. Los judíos debían morir y sus cuerpos ser usados para fabricar jabón y abono.

Durante la época nazi, se consideró a la homosexualidad una inferioridad y un defecto genético, por lo que se aplicó un artículo de una ley del código penal alemán de 1871. Se trataba del párrafo 175 que decía: *"Un acto sexual antinatural cometido entre personas de sexo masculino o de humanos con animales es punible con prisión. También se puede disponer la pérdida de sus derechos civiles."* Durante la República de Weimar ‒entre el final de la primera guerra mundial y el ascenso de Hitler‒ esta ley pocas veces se puso en práctica, por lo que el Berlín de la década de 1920 era considerado un lugar de gran vida homosexual. Con la llegada del nazismo, los alemanes considerados homosexuales fueron apresados o internados en campos de concentración, donde muchos fueron asesinados.

Esta es una década fundamental en el desarrollo de la teoría de enfermedad de la homosexualidad. En un principio, no se piensa en curar esta enfermedad, sino en corregir la desviación en el desarrollo del joven. Aunque esto no evitó que algunos médicos siguieran con los experimentos iniciados en 1920.

"En un invertido castrado que tenía un cuerpo con caracteres acentuadamente femeninos, Steinach y Lichtenstern injertaron el testículo criptorcha de un hombre de sexualidad normal. El resultado fue que el invertido (homosexual) ha sido masculinizado por completo, tanto de cuerpo como en su apetito sexual y en su mentalidad correlativa" [48]

Se sigue distinguiendo entre homosexuales nacidos o adquiridos. Las investigaciones han descubierto que el fracaso anterior en la hipnosis para curar la homosexualidad, se transforma en un gran éxito cuando se hace esta distinción. La homosexualidad adquirida es tratable con psicoanálisis e hipnotismo y la hereditaria con intervenciones quirúrgicas como la anteriormente expuesta.

El famoso y aclamado Gregorio Marañón[49] (Madrid, 19 de mayo de 1887 – 27 de marzo de 1960) fue un médico endocrino, científico, historiador, escritor y pensador español, cuyas obras en los ámbitos científico e histórico tuvieron una gran relevancia internacional. Según este afamado doctor, los humanos nacemos **físicamente** con dos sexos. Uno desarrollado y otro latente. En los hombres, cuando llegan a la pubertad, su parte femenina "dormida" comienza a "despertar" levemente. Mientras que en las mujeres este fenómeno no se manifiesta hasta la menopausia. Estas dos etapas son cruciales para evitar la homosexualidad.

En el caso de los jóvenes. Los padres, los maestros y los médicos han de estar muy pendientes de estos signos para poder

---

[48]   Auguste Forel. *La cuestión sexual.* 1931
[49]   Gregorio Marañón: *Los estados intersexuales en la especie humana, Intersexualidad histológica e intersexualidad química, Los estados intersexuales en la pubertad.*

91

actuar en consecuencia. Según Gregorio Marañón ciertos aspectos en el desarrollo anormal del cuerpo del muchacho indican el despertar de su parte femenina:

La grasa: Los chicos con sobrepeso, donde la grasa se localiza principalmente en los muslos y las caderas.

Los pechos: La grasa localizada principalmente en los pectorales dando la sensación de mamas.

Los órganos genitales: La falta de desarrollo en sus órganos genitales.

La libido: En esta etapa de la pubertad la libido aun no está definida y por lo tanto es fácilmente susceptible a las influencias externas.

Marañón reconoce que los pocos casos en que los jóvenes se han reconocido abiertamente homosexuales, no presentaban estos síntomas. Aun así, para evitar la homosexualidad, recomienda en un principio una medicación que estimule las "secreciones internas masculinas", un estricto control de la comida, el fomento del ejercicio físico para asegurar la virilidad del muchacho y volver a los roles naturales del ser humano para evitar la confusión: si la mujer sigue luchando por su incorporación al mercado del trabajo y el hombre sigue soñando con que le toque la lotería para dejar de trabajar, el muchacho, que aún no está suficientemente definido puede equivocar sus sentimientos. El hombre ha de disfrutar trabajando porque fortalece su virilidad y la mujer se ha de encargar del cuidado de la casa y de educar a los niños para evitar la homosexualidad en los jóvenes.

Por supuesto, en esta etapa del joven donde su libido aún no está definida, es fácilmente manipulable y un homosexual adulto puede pervertirle, confundiendo sus sentidos y estimulando la parte femenina que en ese momento está despertando.

Estos homosexuales adultos son consecuencia de que en la pubertad dejaron desarrollar en su cuerpo la latente sexualidad femenina. Por esta razón, en un examen minucioso de sus cuerpos se puede apreciar algún desarrollo físico de mujer: falta de vello corporal, unas caderas demasiado anchas, poca densidad ósea, etc. En las mujeres que en la menopausia han dejado desarrollar su parte masculina transformándose en lesbianas, se puede apreciar un exceso de vello facial.

Este insigne homófobo se atrevió a prologar el libro *Corydon* del laudearo Premio Nobel, André Gide, diciendo lo siguiente:

"Corydon es un homosexual y habla de sus instintos no equivocadamente, sino con un error de perspectiva del que no se da cuenta, porque, al igual de ciertos enfermos de ojos, lo anormal es normal para él. Y así, aun cuando está humillado a fuerza de oírse llamar anormal y monstruoso, cada vez que él discurre sobre su instinto se yergue, sin darse cuenta, sobre un plano de fisiología, de una fisiología suya, que a los demás nos parece patológica o cuando menos cinismo. No hay modo de entenderse. Le pasa lo que a Oscar Wilde cuando antes de comparecer ante el Tribunal, sus amigos – los normales, no los homosexuales – le explicaban la facilidad con que podría ser absuelto si se limitaba a responder estas y otras cosas. Él asentía ansiosamente, temeroso de la desdicha que le amenazaba. Pero cada vez que se levantaba a responder a los jueces, hablaba sin darse cuenta, desde su normalidad y no desde la de sus amigos y esta imperiosa lealtad para con su instinto le perdió."

* * *

En 1930 se publica un libro que intenta definir la psicología homosexual incluyendo todas las teorías relevantes de la época. Las contradicciones son tan evidentes que los homosexuales que leyeran el libro intentando descubrir la razón de su sentir acabarían con una confusión mayor. Comienza, en sus primeras páginas, con una noticia sorprendente y alentadora:

"Los hechos de observación recogidos por la investigación psicológica y médica vienen a confirmar, según veremos, esa hipótesis intuitiva de la bisexualidad psíquica del hombre. ¿Por qué, entonces, callar la verdad? Más vale mirarla cara a cara y sacar de su comprobación una enseñanza provechosa para la historia del espíritu humano" [50]

Todos los hombres son, en origen, bisexuales. Para demostrar esta hipótesis expone una serie de circunstancias donde, el hombre, mantiene sexo con otros hombres: el ambiente que le rodea, la imitación, el contagio mental, la sugestión, la moda, el snobismo, etc. Estas personas, según el autor, no son verdaderos homosexuales, ya que tienen predisposición por el sexo con mujeres. Esto es sólo el producto de la bisexualidad innata del ser humano "pervertida" por el medio que le rodea. Aquí es donde empiezan las contradicciones de esta teoría, muy difundida entre los psicólogos de la década: si todos los seres humanos son bisexuales, no puede ser una anomalía pues es lo normal.

El asunto se empieza a enredar cuando se propone analizar a los "verdaderos" homosexuales, aquellos que sienten aversión al sexo con una mujer. Como suele suceder con los psicólogos, cualquier acto de los adultos es consecuencia de un trauma infantil. En este caso, además, este trauma ha provocado que los sentimientos infantiles no evolucionen, quedándose estancados en un estado infantil aun siendo adultos. Convirtiendo a los homosexuales, por definición, en neurópatas y:

"Recíprocamente, hay pocos neurópatas que no padezcan en su sensualidad rezagada, algo infantil o regresivo, de tendencias homosexuales más o menos ignoradas por ellos mismos"

Más adelante nos comenta:

"Pero en otros aspectos difieren los homosexuales muy profundamente de los neurópatas"

La masturbación es una de las causas que impulsan al desarrollo de los sentimientos homosexuales. Esta práctica conlleva un sentimiento narcisista de amor hacia su propio cuerpo y un deseo inconsciente de mantener relaciones sexuales con un reflejo de sí mismo. No todos los que se masturban se convierten

---

[50] A. Hesnard. *Psicología homosexual.* 1930

en homosexuales, ya que la mayoría de los jóvenes lo hacen y son heterosexuales. La explicación del autor es tan contradictoria como la teoría: esta práctica despertaría la homosexualidad latente que estos individuos tienen, despertándola y desarrollándola. Pero nos había explicado anteriormente que todos los humanos somos innatamente bisexuales y que todos pasamos por un estado de homosexualidad en nuestro desarrollo sexual.

Continuando con la teoría del narcisismo. Los jóvenes homosexuales buscan a hombres adultos para su satisfacción sexual, los adultos a otros adultos y los viejos a jóvenes. Una tendencia que es también muy habitual entre los heterosexuales.

Los homosexuales son unos narcisistas que solo se quieren a sí mismos y al mantener relaciones sexuales con otro hombre lo único que pretenden es satisfacerse sexualmente con un reflejo de sí mismos. ¿Nos está diciendo este autor, que no hace más que repetir las teorías más populares de la época, que los jóvenes buscan a adultos y los viejos a los jóvenes, por que son un reflejo de sí mismos? Existe el homosexual narcisista que busca en su compañero la juventud perdida. También están los que buscan al hombre musculoso al que le gustaría parecerse. El que busca lo exótico con árabes u orientales y el que busca lo contrario a él mismo.

"De niños, gustan de jugar a las muñecas y los juegos propios de las niñas. De adultos, buscan las labores peculiares de las señoras, las faenas domesticas, etc. No insistiremos en estos hechos notorios. Pero tampoco aquí encontramos nada constante. Este último rasgo, por clásico que sea, puede faltar en homosexuales de gustos eróticos muy femeninos. Y, por el contrario, puede darse en hombres sexualmente normales." [...]
"Pueden los homosexuales ser mediocres o inferiores en punto nivel intelectual, y también –lo más frecuente- inteligentes"[51]

Lo más frecuente es que los homosexuales sean inteligentes, pero en 1920 nos explicaban que, después de analizar a varios homosexuales, habían llegado a la conclusión de que los defectos biológicos eran los causantes de este mal. En 1910 la

---

[51] Ibíd.

degeneración genética y la pobreza, en 1900 los débiles mentales y la falta de alimentación desarrollaban seres humanos inferiores. Treinta años demostrando científicamente la deformidad intelectual y física del homosexual, ignorando deliberadamente a los grandes filósofos, artistas, políticos e inventores que a lo largo de la historia se convirtieron en inmortales y que poseían este "vicio", y ahora, nos dicen que intelectualmente los homosexuales son superiores, contradiciendo todas las investigaciones "demostradas" anteriormente. ¿Mentían los científicos deliberadamente? La diferencia entre una teoría y un hecho científico es que esta última ha de demostrarse y ser consensuada por otros científicos que, habiendo hecho las mismas pruebas, obtienen los mismos resultados. ¿Cómo se puede explicar esta contradicción sin denigrar el trabajo de los investigadores? Es posible que los datos publicados en los libros no sean fiables porque cualquiera que tenga dinero puede publicar uno. Son los datos publicados en revistas científicas los que tienen la fiabilidad, pues solo publican los datos comprobados. El problema reside cuando en estas revistas científicas aparecieron las teorías de la psicología analítica siendo indemostrables. Por otro lado, lo que llega al público general, a la sociedad, son los libros, manipulando de esta forma el pensamiento del pueblo.

Según este "eminente psicólogo" mientras que la satisfacción sexual heterosexual es plena, el homosexual siempre queda insatisfecho y por ello tiene que reincidir en sus relaciones sexuales, es decir, los homosexuales prueban con frecuencia algo que no les gusta con la esperanza de encontrar alguna satisfacción. Para no perder la costumbre, poco después se desmiente a sí mismo:

"Algunos de ellos nos han afirmado a veces que estaban plena y totalmente satisfechos de su práctica sexual y que no deseaban otra cosa. [...] Pero es mucho más aleatoria en aquellos otros casos en que la homosexualidad, aceptada sin restricción por el sujeto, es para él venero de sincero goce o de placeres muy estimables."

96

En esta ocasión tiene la deferencia de explicarnos el motivo de la contradicción:

"Raro es, por lo demás, que en el caso de homosexualidad así aceptada y cultivada acuda el individuo al médico"

Aquí está el problema. Los homosexuales que no pueden con la represión social y acuden al médico para que les cambien son depresivos e insatisfechos con su vida. Estos son los individuos a los que analiza el psicólogo, pero los homosexuales que aceptan su condición y luchan contra la sociedad no van al médico y por lo tanto quedan excluidos de su valoración psicológica y estadística.

Después de tantas incoherencias, vuelve a insistir en que todos los humanos tenemos una homosexualidad latente: *"Avanzando más en la observación psicológica de los homosexuales mediante el método analítico y genético, indagaremos en virtud de qué mecanismos sucesivos la tendencia homosexual, latente en todo individuo, se ha desarrollado exageradamente en ellos en el curso de la evolución individual."*

Tras un largo capítulo indagando sobre las consecuencias perjudiciales para el niño de una madre demasiado posesiva, y el trauma infantil que este hecho conlleva, inclinando al niño a la homosexualidad, nos encontramos con esta frase: *"La identificación con la madre, por muy radical que sea, no basta, por lo tanto, a explicar la desviación primitiva de la orientación sexual"*. Para que esta orientación desviada se desarrolle, ¡¡Hace falta que el niño posea una homosexualidad latente!!

"Todos o casi todos los hombres pasan por una etapa de homosexualidad, que en la mayoría de los casos se mantiene, en verdad, latente y silenciosa". Si todos los seres humanos pasan en su infancia por un estado de homosexualidad, que al llegar a la adolescencia, trastocan hacia la heterosexualidad… ¿No sería más lógico pensar que el estado natural del ser humano es la homosexualidad y que la sociedad que rodea al individuo lo "pervierte" convirtiéndole en heterosexual para conseguir la aceptación de sus semejantes y no, como los psicólogos del

momento defienden, que los homosexuales se quedan estancados en esta etapa de su vida y no evolucionan? Si, según estos psicólogos, gran parte de las prácticas homosexuales son debidas a la imitación, al contagio mental o la influencia, ¿no sería más coherente afirmar que el ser humano es homosexual y que en la adolescencia, por imitación, contagio mental e influencia del entorno que rodea al individuo se convierte en heterosexual?

Los padres son los culpables de la homosexualidad de sus hijos:

La culpa de la madre: Si sois demasiado cariñosas con vuestros hijos, conseguiréis que ellos os adoren y deseen ser como vosotras convirtiéndose en homosexuales. Si sois demasiado hoscas con vuestros hijos, conseguiréis que vuestros hijos os odien y trasladen este odio a todas las mujeres, convirtiéndose en homosexuales.

La culpa del padre: Si sois demasiado blandos y os dejáis dominar por vuestra mujer, el hijo no tendrá una figura viril que imitar y se convertirá en gay. Si sois violentos y despreciáis a vuestra esposa, el niño sentirá compasión por su madre y de mayor no querrá ser como el verdugo de su padre convirtiéndose en homosexual.

Da igual cual sea la actitud a tomar: amorosas u hoscas, sumisos o violentos, vuestro comportamiento os hace culpables de la homosexualidad de vuestro hijo y si no os comportáis de ninguna manera, los estudios genéticos confirman que la homosexualidad es hereditaria.

"Puédese, desde luego, observar fácilmente que neurosis y perversión sexual se dan en las mismas familias. Hemos tenido muchas ocasiones de observar personalmente a hermanos y hermanas, neurópatas los unos, los otros homosexuales, y otros, en fin, neurópatas y homosexuales al mismo tiempo."

Un último apunte con respecto a este libro. Para curar la homosexualidad, nos propone el psicoanálisis, pero *"el tratamiento psicoanalítico de los homosexuales es generalmente largo y laborioso"*. Por desgracia este tratamiento solo da resultados con aquellos homosexuales que hayan tenido pocas relaciones sexuales y todas insatisfactorias:

"La homosexualidad confirmada no es accesible a esa terapéutica sino cuando el individuo experimenta a causa de aquella un sufrimiento íntimo, sincero, verdaderamente más doloroso de lo que sería su renunciación a su sensualidad desviada. Lo cual es raro."

En unas páginas anteriores nos informaba de que los homosexuales eran unos desgraciados deprimidos, insatisfechos con el sexo entre hombres y con tendencias al suicidio. Si todas las teorías esgrimidas a lo largo del libro son ciertas, la mayoría de los homosexuales serían aptos para curarse con el psicoanálisis. Si, de pronto, "es raro" encontrar a un homosexual suficientemente deprimido para que esta terapia surta efecto, significa que la mayoría de ellos están, en mayor o menor medida, satisfechos con su condición sexual.

* * *

Los estudios genéticos difieren en algunos aspectos a los psicológicos que acabamos de comentar. Se acepta la constitución física de los hombres y se reconoce que los alrededores del ano suponen una parte tan erótica y excitable como el glande del pene.
El instinto sexual se compara con los apetitos sexuales y como todo apetito es heredable. El hambre es un apetito que pertenece al lado motor del sistema nervioso y que solo se puede calmar comiendo. Lo mismo sucede con el sexo. Algunos apetitos del sistema nervioso son voluntarios como el movimiento de un brazo y otros son involuntarios como el pestañeo. El apetito sexual es involuntario. Por este motivo, no se puede criminalizar a los homosexuales, porque su apetito sexual hacia otros hombres es involuntario. Esto solo es aplicable a los homosexuales hereditarios pero también están los homosexuales predispuestos, es decir, aquellos que genéticamente tienen una homosexualidad latente pero que necesitan una estimulación exterior para desarrollarla. Estas personas son influenciables. Si en un principio

se enamoran de una mujer, se harán heterosexuales pero si un homosexual congénito les seduce, despertarán su homosexualidad latente y se creará otro invertido. Este es el motivo por lo que los homosexuales de nacimiento son un peligro para la sociedad. La homosexualidad latente es evitable si no tiene estímulos perversos. Por lo tanto, no es un vicio. La herencia genética predispone pero la influencia de una sociedad corrupta lo provoca:

- Si la predisposición hereditaria es muy acentuada, se desarrolla espontáneamente o bajo la influencia de las menores circunstancias.
- Si la predisposición es mediana, puede permanecer latente y aun extinguirse, cuando no vienen a suscitarla y desarrollarla circunstancias favorables.
- Cuando falta en absoluto la herencia homosexual, las más poderosas seducciones y las peores influencias no podrán promover la anomalía correspondiente.

La homosexualidad congénita se descubre desde la niñez, prefiriendo estos niños jugar con muñecas y relacionarse con niñas, en la adolescencia gustan de acicalarse en extremo. Y prefieren a hombres heterosexuales antes que a otros homosexuales (con esta afirmación se pretende enfatizar en la peligrosidad del homosexual y el carácter femenino de estos ya que al homosexual le gustan los hombres, no sus tendencias sexuales.)

"El invertido no se enamora tan fácilmente de otro invertido como de los hombres normales. Son estos, sobre todo, quienes lo atraen. Quisiera ser la mujer de estos hombres; pero como se les rechaza, en general, con disgusto, amenazándole con denunciarlo, y como se le explota más a menudo todavía, intimidándole con revelar el secreto de su despreciable pasión, está frecuentemente obligado a contentarse con sus iguales. Pues bien; esos caballeros forman entre sí una cofradía secreta, una especie de masonería, que se reconoce al menor signo, que por decirlo así, se olfatea. [...] Se ve condenado al perpetuo tormento de tener que ocultar como un criminal sus más imperiosos deseos, sus aspiraciones y afectos más santos, más íntimos y más ideales; a tener que vivir, en fin, en el terror constante de que cualquiera le

100

haga traición y lo entregue a los tribunales. [...] Nuestra experiencia profesional nos permite afirmar con Von Krafft-Ebing que el amor homosexual es de orden patológico y que casi todos los invertidos son, en un grado más o menos acentuado, psicópatas o neuróticos cuyo apetito sexual no es solo normal, sino también extraordinariamente exaltado. [...] Se pretende que las enfermedades mentales que sufren los homosexuales no son el producto del rechazo social, como otros doctores (seguramente homosexuales) pretenden, sino que la genética homosexual incluye de forma latente estas enfermedades y el rechazo social las desencadena" [52]

Según intenta decirnos este escritor, las depresiones de los homosexuales por el continuo rechazo social, los peligros de ser denunciados y acusados y el chantaje a que, en muchos casos son sometidos, son producto de la propia homosexualidad. Es decir, que si a un heterosexual le obligas a ocultar sus deseos sexuales por enfermizos, le condenas a trabajos forzados por vicioso y le chantajeas arruinándole para no delatarle ¿no se deprime y desea suicidarse?

Los estudios donde califican de depravación, vicio sicótico y enfermedad son los realizados en manicomios y cárceles, ya que los homosexuales con suficiente dinero para pagar la consulta privada de este escritor, con los mismos síntomas de depresión, y que acaban suicidándose, son dignos de compasión:

"Después de haber sostenido en silencio desesperado y heroico combate contra su morboso apetito. [...] Estos últimos son personas decentes, de perfecta moralidad y de gran talento. Dotados de sentimientos delicadísimos. [...] Tratase ahí, como se ve, de tragedias cuyas víctimas merecen nuestra compasión y a veces también nuestro sincero respeto." [53]

Este mismo autor que considera depravación la tendencia sexual de los pobres y digna de compasión la de los ricos declara

---

[52]   Auguste Forel. *La cuestión sexual.* 1931
[53]   Ibíd.

en otro capítulo de su libro, sobre el sexo con animales, que es algo de lo más natural y no entiende su persecución judicial:

"La sodomía[54] no es rara en las mujeres, que se valen con preferencia de perros, a los que enseñan a aparearse con ellas o a lamerles el clítoris.

Si exceptuamos el caso de torturas infligidas a pequeños animales, y si descartamos todo prejuicio, no podemos descubrir "ese pecado, el más espantoso de los de Sodoma", ni pecado ni crimen. De hecho considerada desde el punto de vista del derecho y la humanidad, la sodomía es, entre todas las aberraciones patológicas del apetito sexual, una de las más inocentes. Sólo la imaginación humana le ha aplicado el estigma de un espantajo de inmoralidad y ha hecho de ello un grave delito. [...]En todos los casos de este género sometidos a justicia, de que he tenido conocimiento, encontré siempre que el verdadero pecador no era el pobre sodomita (que practicaba el sexo con animales), sino el denunciante o el juez, que, sin pestañear, condena al pobre diablo a varios años de presidio, martirizándole así, sin razón e inútilmente"

La severidad de la legislación y el rechazo social empujan al homosexual en dos direcciones:

1- Siguiendo el consejo de amigos y malos médicos, intentan acostarse con mujeres. Primeramente lo hacen con prostitutas. Aun en el caso de que consigan excitarse, el sexo les repugna y lo achacan a tener que hacerlo con una mujer pública. Seguidamente buscan la vida conyugal, condenando a la esposa al martirio, sintiéndose pronto engañada, abandonada y despreciada. El homosexual la trata con desdén, el coito lo realiza rara vez y con repugnancia, no tardando en volver a sus antiguos vicios. Esto es un error ya que se contrae el riesgo de que tenga descendencia, perpetuándose la estirpe de invertidos. Hay buenos resultados en la curación por medio del

---

[54]   Sexo contra natura

psicoanálisis y el hipnotismo "el método catártico" de Steinach da buenos resultados.

2- Caen víctimas del chantaje de bandidos y forajidos. Los urinarios públicos son uno de los lugares donde se citan y es ahí donde los chantajistas se dejan tocar y manosear hasta conocer el nombre, dirección y situación económica de sus víctimas. A los desventurados que caen en sus redes, solo les queda ceder, emigrar o suicidarse.

Hay tres "homosexualidades" en las que la sugestión, el psicoanálisis y el hipnotismo han dado resultados satisfactorios en la curación de esta dolencia. Para conseguir el éxito por estos procedimientos, el paciente no ha de ser un homosexual hereditario ni tener en estado latente este mal:

1– La homosexualidad debida a un trauma infantil.
2– La homosexualidad por un hábito adquirido en internados, burdeles, presidios, cuarteles militares, etc.
3– La homosexualidad femenina por insatisfacción con el sexo con un hombre por causa de la eyaculación precoz.

Es decir, que la única homosexualidad que se ha logrado curar con la psicología, es precisamente, la que no es homosexualidad.

La bisexualidad es considerada una homosexualidad latente desarrollada por la seducción de un homosexual y los casos de transexualismo hacen sospechar que la "enfermedad" radique en el cerebro.

"Las leyes parten de un falso punto de vista y son, en general, demasiado severas con esa anomalía, especialmente en los países germánicos. En tanto que el amor homosexual no trata de satisfacer sus anhelos con menores ni alienados, es bastante inocente en sus efectos, pues no produce descendencia y se extingue, en consecuencia, por sí mismo mediante la selección. Cuando los dos individuos son adultos, y están de acuerdo, es menos perjudicial, sin duda alguna, que la prostitución legalmente protegida" [55]

Las leyes deberían dejar de castigar a los homosexuales, que no son delincuentes, e internarles en un centro especializado para su tratamiento. También hay que prohibir que un homosexual contraiga matrimonio con una mujer, aunque haya seguido un tratamiento psicoanalítico y se haya "curado", siempre existirá el riesgo de que recaiga en su enfermedad y, al estar casado, las probabilidades de que su descendencia salga pervertida, son demasiado altas. Es decir, el homosexual "curado", deberá mantener exclusivamente relaciones sexuales con prostitutas o limitarse al celibato. Aunque otros médicos recomiendan el matrimonio, este escritor lo considera un error.

Con respecto al lesbianismo, según su parecer, les gusta vestirse como los hombres, con el pelo corto, y prefieren los oficios masculinos. Además les gusta comportarse como tales con las mujeres. Forman orgías sexuales, donde les gusta simular casamientos con sus parejas. El alcohol suele servir para sazonar estas orgías sexuales. Son ninfómanas sedientas de sexo. Las lesbianas seducen a las inocentes jóvenes y ellas, inexpertas, se enamoran, confundiendo sus sentimientos y sintiéndose a su vez lesbianas. La ingenuidad de estas candorosas jóvenes llega al extremo de amenazar con el suicidio cuando sus corruptoras las abandonan.

"Decir que la homosexualidad es algo natural, es tanto como afirmar que la enfermedad es algo natural y no por ello ha de dejar de curarse". Los libros de medicina están llenos de frases como esta que intentan ser un eslogan para que la gente las repita sin saber exactamente qué significan, pero que sirven para atajar cualquier discusión sobre la homosexualidad. La enfermedad es algo natural pero hay que curarla porque afecta a la salud del ser humano. La homosexualidad, también es algo natural, pero no afecta a la salud y por lo tanto no hay razón para intentar corregirla. Siempre se habla de anomalía genética. ¿Por qué no decir *característica* genética? En este caso no habría necesidad de corregirla. Es sólo una cuestión semántica.

---

[55]   Auguste Forel. *La cuestión sexual.* 1931

En 1933 hay médicos homófobos que se dan cuenta de la inconsistencia de sus teorías, pero lejos de cambiar de opinión, se reafirman alegando que aún hay mucho que investigar sobre el tema para poder demostrar sus teorías indemostrables. ¿Herencia de defectos físicos y psicológicos? No es posible si sus padres y abuelos no padecen estos defectos. ¿Herencia de intoxicaciones e infecciones, como por ejemplo el alcoholismo o la sífilis? En este caso una gran mayoría de la sociedad sería homosexual. Aunque no sabe muy bien el porqué, otro autor, Martín Lucenay, apuesta por que los hijos con padres alcohólicos o con sífilis tienen muchas posibilidades de "heredar" el defecto de la homosexualidad. Para este médico, está sobradamente demostrado que todos los degenerados de distinta índole derivan hacia la homosexualidad, pero ¿quién ha demostrado esta afirmación? ¿dónde están esos estudios médicos? Se insiste en una estructura física femenina, es decir, algunas partes del cuerpo del homosexual son estructuralmente como las de la mujer, aunque el homosexual intenta ocultarlas: caderas anchas, pechos desarrollados, pene pequeño, escasez de vello corporal…

Los libros de medicina se llenan de extraños relatos de hombres heterosexuales que tras ser castrados se convierten en homosexuales pasivos o donde los uranistas[56] afeminados pueden llegar a tener "seudo menstruaciones", con dolor de riñones, jaquecas, etc. cada 28 días e incluso homosexuales femeninos que son incapaces de silbar o escupir (costumbres que no practicaban las mujeres de la época y que se atribuyeron a los homosexuales como demostración de sus cuerpos femeninos).

Se disculpa a los presidiarios, marineros o soldados que por falta de mujeres o por conseguir un sobresueldo se acuestan con otros hombres. Ellos no son homosexuales, luego no son enfermos. Caso aparte son los prostitutos callejeros, a ellos sí hay que condenarles por cometer delito de prostitución. Durante siglos se han condenado jurídicamente las prácticas homosexuales con condenas de cárcel (cadena perpetua, trabajos forzados, pena de muerte) y ahora, que se diferencia entre prácticas homosexuales y homosexuales de nacimiento, se disculpan las prácticas y se

---

[56]   Homosexuales

condena al homosexual de nacimiento. ¿La "perversión" es disculpable, la "enfermedad" es condenable? Incluso en estos libros científicos se disculpa la violación de niñas menores de trece años, alegando que estas muchachas pueden estar muy desarrolladas psicológicamente e incitar al hombre a realizar actos que no desea hacer. Incitando al descontrol del instinto varonil del hombre con sus insinuaciones y vestimentas provocativas, convirtiéndose el hombre en víctima de su instinto ante la incitación de la lasciva niña, condenando a la joven de su propia violación y disculpando al violador por no poder reprimir sus instintos naturales.

"Cuando el homosexual ha luchado estérilmente contra sus tendencias adquiriendo la convicción de que no tiene remedio, puede llegar hasta el suicidio, hecho que se ha comprobado, fatalmente, en numerosos casos. Esta resolución extrema es el resultado de la doble vida que se ven obligados a llevar en un ambiente reducido y de moralidad llena de restricciones" [57]

Otros homosexuales se defienden en sus convicciones y luchan por su aceptación en la sociedad.

"La incultura, la incomprensión colectiva y muchas veces la maldad y la hipocresía, han causado más estragos que la misma homosexualidad, que en innumerables aspectos es legítimo considerarla completamente inofensiva" [58]

El hecho de que históricamente la homosexualidad proliferara en ejércitos de los pueblos más viriles y belicosos tales como los cartagineses, normandos, dóricos, escitas, tártaros y celtas, no se puede considerar homosexualidad, es sólo una costumbre cultural. No eran verdaderos homosexuales. A lo largo de toda la historia los heterosexuales, ya sea por falta de mujeres, por necesidad de dinero, por cultura o por disfrute, han practicado el sexo con otros hombres incluso cuando más prohibido, y castigado legalmente, estaba. Contradictoriamente, en la actualidad, en pleno siglo XXI,

---

[57]   A. Martín Lucenay. *Homosexualidad.* 1933
[58]   Ibíd.

que se vuelve a mirar la homosexualidad con más libertad, es cuando los heterosexuales reniegan del sexo con otros hombres.

"El homosexual activo es un degenerado por sus inclinaciones viciosas; el pasivo es, por regla general, un verdadero invertido" [59]

Los homosexuales pasivos de nacimiento *"tienen, por regla general, aun cuando pasen los veinte años, unos órganos genitales que no rebasan en tamaño de los de un niño de seis o siete. La erección del pene es poco duradera y no completa. [...] Son, pues, hombres frustrados y mujeres sin vulva ni vagina [...] ¿Es curable el homosexualismo? Cuando no procede de un vicio de conformación, cuando el que a él se entrega no lo hace obedeciendo a una fuerza superior, es curable; pero no en todos los casos, pues cuando el aquejado de tal enfermedad mental y orgánica tiene arraigada la costumbre de entregarse a prácticas contra naturaleza, es casi imposible y en muchos casos imposible del todo punto obtener la curación deseada.*

Es evidente, para quien ha estudiado la cuestión, que el homosexualismo se desarrolla allí donde a todas las horas del día están en contacto continuo personas del mismo sexo; en pensionados, cuarteles, cárceles, conventos de frailes y seminarios; allí donde viven hombres que sólo por casualidad ven alguna mujer y no tratan jamás con ellas, es donde cunde esa fea y desdichada pasión.

En los internados de niñas, en los grandes talleres donde las muchachas pasan diez o doce horas diarias, en las cárceles, en los conventos de monjas, es donde las mujeres, privadas del trato y proximidad del hombre, se entregan al trato íntimo con sus compañeras.

Nótese también que muchas veces son los profesores y profesoras los que pervierten a sus discípulos; y lo que arraiga a edad temprana, es imposible de desarraigar o poco menos.

Los padres harán perfectamente en no encerrar dentro de un internado a sus hijos e hijas si no tienen absoluta necesidad de ello. Así evitarán ciertamente la posibilidad de contagiar a un niño normal la anormalidad de unos desgraciados.

---

[59]   Ernst Baum. *Las funciones sexuales.* 1933

Hace algunos años un doctor francés, el señor Berillon, aconsejó el tratamiento de esa dolencia por medio del hipnotismo y parece que obtuvo buenos resultados en algunos enfermos.

La anosmia o falta de olfato se observa siempre en todos los invertidos, aún cuando no lo sean todos los anósmicos, y de ahí deduce también el doctor Berillon que es posible curar la homosexualidad masculina cuidando de regularizar las funciones olfativas.

Entiéndase bien, sin embargo, que tal remedio no puede producir efecto alguno en aquellos que tienen atrofiados los órganos genitales o que padecen otros vicios de conformación que les impiden entregarse a las funciones sexuales como ordena la naturaleza" [60]

* * *

No puedo resistirme a cerrar este capítulo sin incluir una curiosa teoría del laureado y franquista científico español Gregorio Marañón donde se indica que los zurdos tienen muchas posibilidades de ser homosexuales. Su argumentación es sorprendente y simple: la derecha es masculina y la izquierda femenina. Un importante descubrimiento que ningún otro científico ha señalado. Reproduzco íntegramente la comunicación que sobre su hallazgo mandó a la Real Academia Nacional de Medicina el 20 de febrero de 1932.

"ASIMETRÍA DE LOS CARACTERES SEXUALES

En una de las sesiones del pasado curso inicié en esta Academia una comunicación acerca del tema de la sexualidad unilateral; es decir, **la presencia en individuos de diversas especies animales y también en la humana, en los cuales existen caracteres intersexuales, es decir, del sexo opuesto, pero colocados en media parte del organismo.** *Esta comunicación dio lugar a una animada discusión; pero, no obstante, hemos seguido nuestros estudios y, en efecto, observaciones ulteriores han confirmado nuestros puntos de vista; es decir, que en*

---

[60]   Ibíd.

determinados individuos de la especie humana los caracteres sexuales no se distribuyen de un modo simétrico, sino a un lado los de un sexo y al otro los del sexo contrario. **Nuestra comunicación se refería a ocho casos de ginecomastia, cuya casuística se ha aumentado después de llegar a reunir veintiséis casos de ginecomastia unilateral.** *También hemos estudiado esta cuestión en otros caracteres sexuales, alguno muy fácil para la investigación, como es la forma de distribuirse el vello. Y así, hemos podido ver que este vello, carácter sexual extraordinariamente neto en cuanto a dignificación, no se distribuye de la misma manera, sino que predomina en la mitad derecha o izquierda, como veremos después. En la mujer se observan igualmente estos fenómenos tomando la mama y el vello como caracteres de estudio. La mama no se presenta morfológicamente idéntica, sino que predomina, con una gran frecuencia, en un lado o en otro. Y sobre todo, los caracteres del vello se presentan con una asimetría notoria, más aún en aquellas mujeres intersexuales, en las que los caracteres tricóficos predominan en uno o en otro lado.*

Ahora bien: lo interesante no es el hecho de que en la especie humana se presenten los caracteres sexuales con esta distribución asimétrica, sino el hecho curioso de que esta asimetría se realiza con arreglo a un plan perfectamente uniforme, a saber: **los caracteres viriles al lado derecho y los femeninos al izquierdo y esto de un modo casi exclusivo.**

Hemos sido inducidos a este hallazgo por el estudio de la ginecomastia; en los veintiséis hombres vimos que se presentaba casi siempre en el lado izquierdo. Pero, **a pesar de ser un hecho tan importante y que se da con tal constancia, no habían señalado los autores esta particularidad en la especie humana.** *Siguiendo nuestros estudios hemos podido ver cómo se confirma esta ley en diversas especies animales, gracias a las publicaciones de varios naturalistas, que han patentizado el hecho en el pinzón real, el avefría, los cobayos, algún caso de ratón intersexual, etc.*

La parte masculina corresponde, pues, al lado derecho, en tanto que la femenina se localiza al lado izquierdo. E igual sucede en las gónadas; la gónada femenina se localiza en el lado izquierdo, y la masculina en el derecho. Y aparte de los casos de ginecomastia y de la observación común en mujeres normales del

109

mayor desarrollo de la mama derecha, también hemos podido ver cuatro casos de hipertrofia unilateral de la mama, con galactorrea, en mujeres solteras, que correspondían, asimismo, al lado derecho.

En cuanto al estudio de los caracteres pilosos, nos lleva a la misma conclusión: hemos encontrado sesenta y nueve hombres con un mayor predominio del vello en el lado derecho. De quince casos de mujeres viriloides, en nueve era más marcado el vello en el lado derecho.

Es evidente, pues, que los caracteres sexuales no se distribuyen de un modo arbitrario, sino que guardan una relación constante, colocándose los caracteres masculinos al lado derecho y los femeninos al izquierdo. ¿Puede esto ser un hecho casual? En modo alguno, ya que hasta en el mito popular se ve que el sentido del lado derecho corresponde a la masculinidad y el lado izquierdo a lo femenino. Hasta en Hipócrates encontramos antecedentes de esta cuestión. En efecto, el aforismo 38 del libro V dice así: "Si a una mujer embarazada de dos gemelos se le disminuye un pecho, abortará uno de los dos; el aborto será del varón si fuese el pecho derecho, de la hembra si fuese el izquierdo." Esto es, naturalmente, disparatado; pero ya corresponde a este sentido de la localización. El aforismo 48 del mismo libro se refiere a la distribución de los gemelos dentro del útero, y dice así: "El feto masculino ocupa por lo regular el lado derecho, y el femenino el izquierdo". Aunque estas afirmaciones sean inexactas, no por eso tienen menos valor aplicadas a nuestro tema.

Los estudios de Pasteau sobre el distinto volumen de los testículos, le hacen a este autor llegar a la conclusión de que el testículo izquierdo es menos capaz funcionalmente que el derecho; en tanto que la tesis de Pier respecto a la simetría de la capacidad funcional de ambos ovarios nos lleva a la conclusión inversa, es decir, que el derecho es menos capaz que el ovario izquierdo. Pero lo que nos da, sobre todo, la razón es el estudio que hemos llevado a cabo en los casos de hermafroditismo alternante. En estos casos se encuentran unidas las dos gónadas, formando lo que se llama ovariotestes; pero en el llamado hermafroditismo alternante, el ovario está completo en un lado y el testículo al otro; pero se observa el hecho sorprendente de que el ovario suele estar al lado *izquierdo, y el testículo al derecho.* **Es extraordinariamente curioso que a ninguno de estos autores se le haya ocurrido relacionar estos fenómenos y deducir estas claras consecuencias.** *Si examinamos las otras especies animales vemos que sucede igual que en la especie humana. Hay varios autores, y entre nosotros Sacristán se ha ocupado de este asunto, cuyos trabajos demuestran que en la gallina, y sobre todo en determinadas especies, los dos ovarios no tienen igual capacidad funcional; solamente el izquierdo es ovario puro y, por lo tanto, si se le extirpa este ovario se convierten en gallos, puesto que el derecho tiene gran parte de tejido masculino. La contraprueba está en que suprimiendo el ovario derecho no se verifica esta transformación. Y además, el ovario viriloide está siempre al lado derecho, mientras el ovario, propiamente tal, lo está al izquierdo.*

No cabe duda, pues, que esta asimetría corresponde a un tipo estructural biológico bien definido. Como quiera que hoy entendemos el origen de la intersexualidad en la especie humana como un fenómeno de origen cromosomar, podemos concluir que es evidente que la suma de los cromosomas no se realiza de un modo uniforme en la célula hija, sino que esta suma se hace de un modo incompleto, quedando los que corresponden al macho al lado derecho y los de la hembra al izquierdo.

Es, por último, interesante señalar cómo estos datos científicos y absolutamente seguros corresponden con los conocimientos populares y empíricos que decíamos antes, y no sólo coinciden ellos, sino hasta en los hechos tan patentes como la fuerza muscular que corresponde a la virilidad y que se halla localizada en el lado derecho, **y en los individuos zurdos se ha observado que tienen los caracteres viriles menos marcados, observándose entre ellos muchos casos de homosexualidad.**

Por todas estas razones hemos pensado que podía tener este asunto algún interés biológico, y es la razón por la cual nos hemos permitido traerlo a la consideración de la Academia."

Quisiera resaltar que según el propio Gregorio Marañón estos datos son producto de su propia observación y que las conclusiones son científicas y absolutamente seguras.

Voces discrepantes: Sigmund Freud.

Pese a lo que los analistas y estudiosos de la obra de Freud puedan decir, Sigmund Freud nunca consideró la homosexualidad como una enfermedad. Para él era una variante del instinto sexual, en algunos casos podría clasificarla de desviación del instinto normal causada por el estancamiento en el desarrollo del instinto sexual. Las psiconeurosis, histerias, depresiones, psicopatologías, etc. que otros psicólogos imputan a los síntomas de la enfermedad homosexual, Freud aducía que eran la consecuencia de la represión social. La voz del padre del psicoanálisis fue ignorada y transgiversada porque no se adecuaba a lo que los poderes político-sociales deseaban oír. Y los médicos y científicos siguieron estudiando y tratando la enfermedad homosexual ignorando lo que Freud publicaba desde 1905.

*"Nuestra cultura descansa totalmente en la coerción de los instintos. Todos y cada uno hemos renunciado a una parte de nuestro poderío, a una parte de las tendencias agresivas y vindicativas de nuestra personalidad, y de estas aportaciones, ha nacido la común propiedad cultural de bienes materiales e ideales. La vida misma, y quizá también muy principalmente los sentimientos familiares, derivados del erotismo, han sido los factores que han movido al hombre a tal renuncia, la cual ha ido haciéndose cada vez más amplia en el curso del desarrollo de la cultura. Por su parte, la religión se ha apresurado a sancionar inmediatamente tales limitaciones progresivas, ofrendando a la divinidad, como un sacrificio, cada nueva renuncia a la satisfacción de los instintos y declarando "sagrado" el nuevo provecho así aportado a la colectividad. Aquellos individuos a quienes una constitución indomable impide incorporarse a esta represión general de los instintos, son considerados, por la sociedad, como "delincuentes" y declarados fuera de la ley, a menos que su posición social o sus cualidades sobresalientes les permitan imponerse como "grandes hombres" o como "héroes". [...]
Aún se nos abren nuevas perspectivas al atender al hecho de que el instinto sexual del hombre no tiene originariamente*

como fin, la reproducción, sino determinadas formas de la consecución del placer. [...]

Una de las más evidentes injusticias sociales es la de que el "Standard" cultural exija de todas las personas la misma conducta sexual, que, fácil de observar para aquellos cuya constitución se lo permite, impone a otros los más graves sacrificios psíquicos. Aunque claro está, que esta injusticia queda eludida en la mayor parte de los casos, por la trasgresión de los preceptos morales. [...]

El número de individuos fuertes que habrán de situarse en franca rebeldía contra las exigencias culturales, aumentará de un modo extraordinario, e igualmente, el de los débiles que en su conflicto entre la presión de las influencias culturales y la resistencia de la constitución, se refugiarán en la enfermedad neurótica. [...]

Aprendiendo a penetrar en la condicionalidad de las enfermedades nerviosas, se adquiere pronto la convicción de que su incremento en nuestra sociedad moderna, procede del aumento de las restricciones sexuales. [...]

A todos aquellos que ya son homosexuales por su organización o han pasado a serlo en la niñez, viene a agregarse un gran número de individuos de edad adulta, cuya libido, viéndose obstaculizado su curso principal, deriva por el canal secundario homosexual." [61]

Si esto es cierto, ¿Por qué los heterosexuales actualmente sienten rechazo ante el sexo homosexual?

"Hacia aquel período de la vida individual que designamos con el nombre de "periodo de latencia", o sea desde los cinco años a las primeras manifestaciones de pubertad (hacia los once años) son creados en la vida anímica, a costa precisamente de estas excitaciones aportadas por las zonas erógenas, productos de reacción, o por decirlo así, anticuerpos, tales como el pudor, la repugnancia y la moral, que se oponen en calidad de diques, a la ulterior actividad de los instintos sexuales. Dado que el erotismo

---

[61]   Sigmund Freud. *La moral sexual cultural y la nerviosidad moderna.* 1908

anal pertenece a aquellos componentes del instinto, que en el curso de la evolución y en sentido de nuestra actual educación cultural resultan inutilizables para fines sexuales, no parece muy aventurado reconocer en las cualidades que tan frecuentemente muestran reunidos los individuos cuya infancia presentó una especial intensidad de este instinto – el cuidado, la economía y la tenacidad – los resultados más directos y constantes de la sublimación del erotismo anal. " [62]

La sociedad nos enseña a rechazar las sensaciones eróticas que no se corresponden con las normas morales impuestas ¿Qué sucedería si no existieran estas normas?

"Uno de los requisitos de la elección normal de objeto es el de recaer precisamente en el sexo contrario. Como hemos visto, no llega a efectuarse así sin alguna vacilación. Los primeros sentimientos subsiguientes a la pubertad aparecen –sin que ello constituya una falta duradera- como totalmente erróneos. Dessoir ha llamado muy justificadamente la atención sobre la exagerada inclinación que aparece regularmente entre adolescentes por sus compañeros del mismo sexo. El poder más importante entre los que se oponen a una inversión duradera del objeto sexual es, ciertamente, la atracción que manifiestan los caracteres sexuales opuestos, unos por otros. La explicación de este fenómeno no encuentra lugar apropiado dentro de nuestro estudio; pero sí haremos constar que tal atracción no alcanza por sí sola a excluir totalmente la inversión, siendo necesario que aparezcan otros factores auxiliares. Ante todo, el obstáculo autoritario de la sociedad. En aquellos países en que la inversión no es considerada como delito, puede verse que corresponde por completo a la inclinación sexual de un considerable número de individuos." [63]

La heterosexualidad es considerada como una evolución normal pero no natural del instinto sexual, pues para llegar a ella hace falta la influencia de la sociedad.

---

[62]   Sigmund Freud. *El carácter y el erotismo.* 1908
[63]   Sigmund Freud. *Tres ensayos sobre teoría sexual.* 1905

La siguiente traducción es una carta de Freud a una madre preocupada por la posible homosexualidad de su hijo escrita en 1935.

Estimada señora:

Deduzco, por su carta, que su hijo es homosexual. Lo que más me impresiona es el hecho de que usted haya omitido este término cuando me ha hablado de él. ¿Puedo preguntarle por qué lo evita? La homosexualidad, desde luego, no es necesariamente una ventaja, pero tampoco es nada de lo que haya que avergonzarse. No es un vicio, ni un signo de degeneración, y no puede clasificarse como una enfermedad. Más bien la considero una variación de la función sexual, originada en una detención del desarrollo sexual.

Muchas personas sumamente respetables, tanto de la antigüedad como del presente, han sido homosexuales. Entre ellos están algunos de los más grandes: Platón, Miguel Ángel, Leonardo da Vinci, etc. Es una gran injusticia perseguir la homosexualidad como si fuera un crimen. Y una gran crueldad también. Y si no me cree, lea los libros de Havelock Ellis.

Cuando me pregunta si puedo ayudarla, supongo que quiere decir si puedo acabar con la homosexualidad de su hijo y reemplazarla por la heterosexualidad. La respuesta es, en términos generales, que no podemos asegurar ese resultado. En cierto número de casos hemos logrado despertar los gérmenes frustrados de las tendencias heterosexuales que están presentes en todo homosexual, pero en la gran mayoría de los casos esto no es posible. Es cuestión de la edad, personalidad y autodefinición que tenga el individuo. Los resultados del tratamiento no pueden predecirse.

En verdad lo que el psicoanálisis podría hacer por su hijo es algo muy diferente. Si se siente infeliz, neurótico, desgarrado por los conflictos, inhibido en su vida social... el análisis puede traerle armonía, paz mental y plena eficiencia. Independiente de que cambie o no cambie. Si usted se decide, yo podría encargarme de hacerle el análisis. Él tendría que trasladarse a Viena, pues mis trabajos me retienen aquí. Sin embargo, no deje de darme alguna respuesta.

Atentamente, y con mis mejores deseos,

Sigmund Freud.

Década 1940. ¿Enfermedad genética?

Las innovaciones de la década:
Se crea la primera computadora. Esta máquina ocupaba toda una
planta del edificio.
En 1945 se crea la primera bomba atómica.

Europa está inmersa en la 2ª Guerra Mundial que duró hasta 1945. Al final de la guerra, los políticos empezaron a ver el mundo de una manera global, se dieron cuenta de que lo que sucedía en un país, afectaba a los demás. Se crea el Banco Mundial, el Fondo Monetario Internacional, la ONU y se impone el dólar como moneda internacional. EEUU y la URSS se establecen como las dos grandes potencias mundiales, dejando en segundo plano a las antiguas potencias europeas.

En Alemania Hitler arremete contra la homosexualidad en un discurso pronunciado el 18 de febrero de 1937.

"Si admito que hay de uno a dos millones de homosexuales eso significa que un 7 u 8% de los hombres son homosexuales. Y si la situación no cambia, significa que nuestro pueblo será infectado por esta enfermedad contagiosa. A largo plazo, ningún pueblo podría resistir a tal perturbación de su vida y su equilibrio sexual... Un pueblo de raza noble que tiene muy pocos niños posee un billete para el más allá: no tendrá ninguna importancia dentro de cincuenta o cien años, y dentro de doscientos o quinientos años

estará muerto. La homosexualidad hace encallar todo rendimiento, destruye todo sistema basado en el rendimiento. Y a esto se añade el hecho de que un homosexual es un hombre radicalmente enfermo en el plano psíquico. Es débil y se muestra flojo en todos los casos decisivos... Nosotros debemos comprender que si este vicio continúa expandiéndose en Alemania sin que lo combatamos, será el final de Alemania, el fin del mundo germánico."

De un discurso de Hitler del 16 de noviembre de 1940

"Hay que abatir esta peste mediante la muerte"

Se calcula que fueron enviados a campos de concentración por delitos de homosexualidad de 5.000 a 15.000 hombres, otras fuentes aumentan estas cifras en 60.000 personas. Los presos eran marcados con un triángulo rosa y formaban la casta más baja dentro de los campos de concentración, lo que implicaba que tuvieran la tasa de mortandad más alta.

"Allí se les veía distinguiéndose de otras categorías de preso por el color de la estrella de tela cosida en el uniforme carcelario y también por ser sólo ellos los que durante todo el tiempo que permanecían de pie debían estar "marcando el paso sobre el propio terreno", lo cual hacía doblemente trabajosa su tarea.

En nuestra visita oficial al campo de Orianemburgo preguntamos cuál era el motivo de aquella diferencia en el trato que resultaba en mayor castigo para el pederasta que para los demás presos, incluidos judíos y comunistas, los más odiados por el hitlerismo.

Nuestros acompañantes nos informaron de que, reglamentariamente, se les suministraba en la comida a todos los prisioneros cierta dosis de un anafrodisiaco, a fin de adormecer en ellos los instintos sexuales, y para que así no se viesen empujados, careciendo de mujeres, a las perversiones sexuales. Pero, habiendo llegado a observar a poco de haber establecido aquel régimen medicinal anafrodisiaco, que resultaba inoperante con los pederastas, porque su tendencia era de origen cerebral, debieron

118

de recurrir a cansarlos físicamente con exceso para lograr que, rendidos de fatiga, sólo tuvieran deseos de dormir en las horas de descanso y no buscasen corromper a sus compañeros de prisión."[64]

Tras perder Alemania la 2ª Guerra Mundial, las potencias aliadas vencedoras liberaron a todos los presos de los campos de concentración y ordenaron la eliminación de todas las leyes contaminadas por la ideología nazi. En el caso del artículo 175, sobre delitos homosexuales, inicialmente se mantuvo la versión de 1935 redactada por el gobierno de Hitler. La homosexualidad continuó siendo un delito. Los homosexuales que habían sido detenidos, encarcelados o enviados a campos de concentración fueron tratados como criminales y no como víctimas. Los que se encontraban en la cárcel tuvieron que terminar sus condenas. Incluso algunos de los liberados de campos de concentración fueron detenidos de nuevo e ingresados en cárceles, independientemente del tiempo que hubiesen pasado en "detención preventiva". La asociación de perseguidos por el régimen nazi se negó a reconocer a los homosexuales como víctimas del nazismo.

En España, el dictador Francisco Franco emprende la reeducación de los españoles fomentando la hombría y el valor de los machos y relegando a las mujeres al hogar subyugándolas de nuevo al dominio del hombre. Una esclava sin voz ni voto, enseñadas desde niñas a obedecer y satisfacer al marido. El hombre ha de sentirse orgulloso de serlo, ha de demostrar en todo momento su virilidad, él es superior a la mujer. El objetivo de Franco era recuperar la fortaleza de la raza, pero tuvo un efecto inesperado.

Niñas y niños se educaban por separado. A ellas se las enseñaba a coser y a bordar. Tenían que ser virtuosas y tímidas. El sexo era un pecado atroz solo admisible dentro del matrimonio. No se les enseñaba en qué consistía ni sus consecuencias, llegando a pensar que incluso un beso o una caricia impúdica podían dejarlas embarazadas. El lesbianismo no existía. No se enseñaba ni se censuraba. Las mujeres que se sentían atraídas por otras mujeres, no sabían lo que estaban sintiendo. No sabían si eso era bueno o

---

[64]   Mauricio Kart. *Sodomitas*. 1956

malo, si era normal o desviado. El desconocimiento sobre estos sentimientos era total.

Las mujeres no podían ir solas a los bares, era indecoroso. Tenían que protegerse de los hombres. Estos, veían a las mujeres como algo deseado pero lejano, no sabían cómo tratarlas. Los hombres solteros, deseosos de mantener relaciones sexuales, se encontraban con la imposibilidad de acceder a la mujer y se desahogaban con las prostitutas, pero había también otro tipo de desahogo, escondido, callado y negado. En los bares, por la noche, solo había hombres. El alcohol y las ansias provocaban el contacto sexual. En algunos casos era un homosexual incitando al heterosexual, pero en otros casos era el acto irreflexivo de dos heterosexuales. No había sentimientos, era sólo una descarga de adrenalina.

La doble moral empezó a predominar en la esfera social española. Por un lado se ensalzaba a la mujer que llegaba virgen al matrimonio y por otro se envidiaba a los hombres que tenían esposa y amante. La hombría se medía por la cantidad de mujeres con las que se había mantenido relaciones sexuales y por el número de hijos.

Esta doble moral también se impuso en los cuarteles militares. La homosexualidad estaba presente en ellos pese a la vigilancia y los castigos. Se ordenó que no hubiera habitaciones dobles, había que incluir una tercera cama para evitar tentaciones. A los soldados se les castigaba con penas de seis meses a seis años de prisión, pero los tribunales militares eran muy condescendientes con los altos cargos militares, esgrimiendo atenuantes como el estar bajo los efectos del alcohol.

Con el clero la cuestión no es distinta, por un lado imponen una doctrina de castidad, atacando ferozmente los instintos homosexuales y por otro disculpan y protegen a los miembros del clero que mantienen relaciones sexuales con otros hombres. En los monasterios y conventos, las relaciones estables entre religiosos eran habituales y sabidas por todos. Estas relaciones eran consentidas mientras se mantuvieran con discreción.

*   *   *

Por primera vez se demuestra que los cromosomas determinan que nazca un niño o una niña y que la herencia genética configurará el aspecto físico de la persona, pero también investigan sobre la posibilidad de que las hormonas del óvulo puedan influir en el carácter del futuro hombre o mujer, pudiendo ser un factor fundamental para que el futuro ser vivo sea un hombre o mujer normal, un hombre muy varonil o mujer muy femenina y un hombre femenino o mujer masculina.

Según los experimentos realizados se llega a la conclusión de que la genética determina si nacerá un hombre o una mujer pero son los órganos genitales los que impulsan los caracteres propios del sexo tanto físicamente como psicológicamente. Aunque genéticamente se predispone a una serie de cualidades, el medio en que se desenvuelve el ser vivo, condiciona su desarrollo. La alimentación, el clima, la convivencia, la educación, etc. son factores fundamentales para el desarrollo de su potencial genético.

Hay tres factores fundamentales en el desarrollo de un ser vivo: La herencia genética, el medio en el que vive y la educación.

La herencia genética: Define la especie, sus rasgos y su capacidad morfológica, fisiológica y psíquica. La herencia define lo que el nuevo organismo puede llegar a ser desde el mismo momento de la fecundación.

El medio: El clima, el alojamiento, la alimentación, las ayudas recibidas y los obstáculos que tiene que vencer, son el mundo particular en el que el individuo vive y que determinará el buen desarrollo de la herencia genética.

La educación, intelectual y física, fomentan el potencial del ser vivo. Una persona con una capacidad genética muy inteligente, no podrá desarrollarla si no se la instruye. Lo mismo sucede con la fortaleza del cuerpo y la salud.

Tanto la educación como el medio solo sirven para desarrollar plenamente la capacidad genética, no para aumentarla ni para modificarla. Por mucho que entrenemos y por mucha entrega que pongamos, la mayor parte de nosotros nunca ganaremos en una gran competición de natación o atletismo. Ya que genéticamente nuestros músculos y nuestros huesos nunca llegarán al nivel de la alta competición.

Con estas investigaciones genéticas se anulan las creencias de que un homosexual es el producto de una familia desestructurada con un padre alcohólico. Puesto que si genéticamente se está predispuesto a la homosexualidad, un ambiente familiar agradable, en un clima idílico y una educación exhaustiva potenciarán que la constitución natural se desarrolle plenamente y por lo tanto la homosexualidad. Por el contrario, una alimentación deficiente en un entorno hostil podría provocar que esta faceta de la biología no se desarrollara adecuadamente inclinándole hacia la heterosexualidad y a la inversa. El mismo entorno familiar puede tener distintas consecuencias según el fondo genético de cada uno, no siempre un entorno hostil perjudica el desarrollo genético del sujeto. Por ejemplo, si genéticamente se está predispuesto a la violencia, un entorno hostil puede favorecer la agresividad natural del sujeto. Realmente no hay un entorno bueno o uno malo para el desarrollo de nuestra base genética, ambos entornos pueden favorecer o perjudicar nuestras características.

En esta época, sumida en la guerra, se repiten las mismas teorías de las décadas anteriores dándoles una imagen de actualidad y omitiendo las investigaciones que las desestimaron. El poder y la censura de las dictaduras influyen en los libros que han de publicarse. Se eliminan las subvenciones a las investigaciones que no se adapten a las doctrinas de los gobernantes. Las ciencias sufren un retroceso. La moral religiosa vuelve a imponerse modificando, deliberadamente, los resultados de las investigaciones.

En España, inmersos en la dictadura de Franco, se mezcla la moral cristiana en los libros de medicina, algunos de forma vedada, otros invocando claramente las enseñanzas de Cristo y las normas de la Iglesia Apostólica. Demonizar el sexo con tintes seudo científicos para evitarlo. Con esta intención se entremezclan frases moralizantes, destinados a los jóvenes, en los libros de medicina.

De esta forma nos encontramos advertencias a los adolescentes donde se les avisa que si se exceden en el sexo desgastarán el cuerpo y les llegará antes la impotencia senil. Si desean disfrutar de este placer de adultos han de abstenerse de jóvenes. De adultos, no más de una vez por semana y a partir de los cuarenta y cinco años es mejor renunciar al sexo para poder vivir más años.

"FÓRMULA DE CONJUNTO: Casto hasta los veinticinco años; discreto hasta los cuarenta y cinco; prudente hasta los cincuenta; avaro hasta los sesenta. De esta edad en adelante hazte cuenta que vuelves a ser niño y has de ser en absoluto casto". [65]

Un exceso de sexo no solo envejece sino que además se puede enfermar: la enervación, el enflaquecimiento, la tuberculosis, las poluciones nocturnas, la impotencia, el reblandecimiento de la médula espinal, la apoplejía, las aneurismas de aorta, etc. son solo algunas de las consecuencias por abusar del placer.

"Todo lo digno y humano que es el amor con todas sus violencias, con todas sus alegrías y tristezas, con todos sus excesos, entre dos seres del sexo opuesto; es vil y repugnante, cuando ese amor (perturbación o aberración sexual) se da entre dos individuos del mismo sexo, dando lugar al homosexualismo.

Estos seres son leprosos sexuales, y aún siendo unos enfermos, en su corazón anida la perversión de sentimientos, que les hace cometer a veces los mayores crímenes.

Al correr la pluma, recordamos dos procesos que hace años llenaron de pavor a España entera por la brutalidad de ambos crímenes. En los dos andaba por medio la homosexualidad.

El primero fue el que se llamó el "crimen del expreso de Andalucía". Como autores figuraban un tal Navarrete y su compañero Donday. Los dos eran invertidos, homosexuales para los cuales, la mujer no llenaba ningún papel en sus vidas. Estos dos, no tuvieron reparo alguno, en unión de un asesino vulgar llamado Teruel, en entrar alevosamente en el coche correo

---

[65]   José Algora Gorbea. *Educación sexual: Sexualidad, Venereología y penicilina.* 1948

expreso, donde vigilaban dos compañeros suyos y asesinarlos traidora y cruelmente.

El otro crimen, en que también figuraba como actor un invertido, fue el que se llamó "la muerte de Pablo Casado". En este proceso, figuraba como figura principal y único asesino un tal Ricardito. Era homosexual, demostrándolo hasta en el acto del juicio oral, en el cual se ventilaba su vida. A las sesiones acudió atildadísimo, con trajes llamativos y distintos cada día. Seguramente no fue con los ojos y las uñas pintadas (como acostumbraba a hacerlo), porque en la prisión no se lo consintieron. Pues este ser afeminado, tuvo el valor (si a lo que hizo puede llamársele así) de cometer el crimen más inaudito y premeditado. Consistiendo en matar a quien siempre fue su protector y le daba el pan, descuartizándolo, y poniéndole dentro de una caja de embalaje, lo remitió como una mercancía cualquiera a un lugar distante.

Como dice Maudsley, "entre el crimen y la locura existe una zona fronteriza en que se encuentra por un lado una pequeña dosis de locura y una gran porción de crimen, y por otra parte, una ligera mezcla de crimen y una gran porción de locura". Repitamos con Brieux: "También el vicio es una miseria". [66]

¿Qué tienen estos dos crímenes que ver con la medicina o la sexualidad? ¿Intenta decirnos el autor que si estos personajes no hubieran sido homosexuales no los hubieran cometido? ¿Acaso no existen criminales heterosexuales? ¿Qué valor científico tiene esta afirmación? La intención del escritor es clara, intenta criminalizar la homosexualidad. Incentivar en la sociedad el miedo hacia esta tendencia sexual para acentuar el rechazo y la repulsa social.

La moral del escritor se mezcla con falsas investigaciones médicas para poder afirmar que los hombres viejos o jóvenes han de abstenerse de procrear porque sus vástagos nacerán débiles, mal constituidos, y enfermizos. Donde se afirma que los hijos de una esposa infiel nacerán con tara, (serán seres inferiores, carne de manicomio o de presidio), ese hijo será un degenerado. Donde se considera que un hombre adúltero puede seguir siendo un buen padre y esposo pero que la mujer amancebada nunca será una

---

[66]   Ibíd.

buena madre. Todo esto en una sociedad donde los hombres eran absueltos judicialmente al matar a una esposa adúltera por considerarlo "Crimen pasional".

Voces discrepantes: Informe Kinsey

Alfred Kinsey se propuso realizar un estudio estadístico sobre las prácticas sexuales del hombre. Él era consciente de que la imagen que se tenía sobre este tema no se correspondía con la realidad. Entrevistaron a 12.000 personas de distintas edades, razas y niveles sociales. Les preguntaron sobre su desarrollo sexual, orgasmos, comercio con prostitutas, estado civil y actividades sexuales variadas. Tenía que ser un informe amplio, minucioso y objetivo pues era consciente de que sería criticado por la sociedad más moralista. Pero hubo un dato que no se esperaban y que convertía al informe en una bomba a punto de estallar. El resultado sobre las prácticas sexuales con otros hombres del ciudadano medio era demasiado elevado.

"Nosotros tampoco sospechábamos incidencia tan elevada al iniciar la investigación. A lo largo de varios años nos vinieron asaltando serias dudas acerca de si estaríamos encuestando realmente a un corte transversal fidedigno de la población total o si la selección adoptada estaba tergiversando los resultados. Pero lo cierto es que cada nuevo grupo encuestado nos proporcionaba sustancialmente los mismos datos" [67]

Había que tener en cuenta que, en esta década, la homosexualidad estaba perseguida y reprimida por el gobierno, la iglesia y la sociedad. Por lo tanto, sería lógico esperar unos resultados inferiores a los reales, ya que habría personas que no se atreverían a confesar sus contactos homosexuales ante el miedo al escándalo, a la ley o a sus propias esposas. Los resultados eran muy elevados, pero indudablemente inferiores a los reales.

El escándalo que este informe iba a ocasionar sería considerable, todos los estamentos se pondrían en contra e

---

[67]   Kinsey, Alfred C. *Conducta sexual del hombre.* 1967

intentarían denostarlo. Había que estar preparado. Repasaron los datos y se utilizaron doce varemos estadísticos distintos. Los resultados seguían siendo los mismos. Había que atar todos los cabos, no dejar nada al azar. La sociedad científica podría revolverse, pero no podrían negar los resultados. Tras más de diez años analizando y corrigiendo hasta el más mínimo detalle, decidieron publicar el informe y la bomba estalló:

JUEGOS INFANTILES

-   Alrededor de la mitad (el 48%) de los adultos, y casi los dos tercios (el 60%) de los que estaban aún en la preadolescencia al ser entrevistados, recordaban haber practicado actividades homosexuales en su preadolescencia.

    1° Exhibición genital el 99,8%
    2° Masturbaciones mutuas el 67,4%
    3° Coito anal o simulaciones el 17%
    4° Felaciones el 16%

-   Casi la mitad de estos preadolescentes continuaron con sus juegos homosexuales en la adolescencia.

ADOLESCENTES

-   Del total de la muestra de adolescentes estudiados, alrededor del 8% del total de los orgasmos provienen de contactos homosexuales.
-   En el grupo más joven de solteros, más de la cuarta parte (el 27,3%) ha practicado en algún momento la homosexualidad con orgasmos. La incidencia en estos varones solteros aumenta en sucesivos grupos de edades, hasta alcanzar un máximo del 38,7% entre los 36 y 40 años de edad.
-   El contacto homosexual como actividad extramatrimonial se registra en alrededor del 10% de los casados hasta los 20 años de edad. A los 50 años, sólo el 1% de los que siguen casados la practicarían, pero esta última cifra es

126

indudablemente falsa e inferior a la real, ya que el número de jóvenes solteros que han mantenido contactos homosexuales con casados de 50 años es muy superior (el 28,3%), posiblemente estos casados ocultan estos contactos por miedo a perder su estatus social o a la reacción de sus esposas.

- La incidencia más alta de contactos homosexuales se encuentra entre los universitarios, curiosamente este es el grupo que más rechaza, critica y amenaza a los homosexuales entre los adolescentes. Estos sujetos son capaces de negar enérgicamente que sus contactos sexuales con otras personas de su mismo sexo tengan algo que ver con la homosexualidad, pero el análisis completo de sus declaraciones indica que sus reacciones psíquicas hacia individuos de su mismo sexo son más fuertes de cuanto están dispuestos a admitir.
- Entre los universitarios el 45% de los que tuvieron una sexualidad temprana tuvieron algún contacto homosexual, reduciéndose al 25% entre los que tuvieron una sexualidad más tardía.

ADULTOS

- El 40% de los hombres que pertenecen a las Fuerzas Armadas, Marina Mercante, Guardas Forestales y organizaciones parecidas, mantienen contactos homosexuales ocasionalmente.
- Los solteros de la clase social baja (jornaleros de baja cualificación) dependen principalmente del sexo heterosexual, pero son el grupo social que más se entrega a contactos homosexuales ocasionales pese a ser el que más rechaza a este colectivo en el grupo de los adultos. Sucede lo mismo que con los universitarios y Kinsey no pudo dar una explicación lógica a esta circunstancia.
- El 37% de los adultos llega a tener alguna experiencia homosexual en su vida, es decir, un hombre de cada tres con quienes te cruzas por la calle, conoce la homosexualidad por experiencia propia.

- De los hombres que permanecen solteros hasta los 35 años, casi exactamente el 50% de los adultos han mantenido algún contacto sexual con otros hombres. Algunas de estas personas sólo han tenido una única experiencia y otras llevan toda su vida con relaciones homosexuales, pero al menos todas tienen alguna experiencia culminada en orgasmos. Hay que tener en cuenta que en esta estadística no se han separado a los hombres heterosexuales de los homosexuales porque se pretendía conocer las actividades sexuales del hombre medio norteamericano.

"Los hombres no pueden dividirse en dos sectores discretos: el heterosexual y el homosexual. Las cosas no son ni todas negras ni todas blancas. Es axiomático en taxonomía que la naturaleza rara vez presenta categorías discretas. Es la mente humana la que inventa categorías y se empeña en encasillar los hechos en comportamientos estancos. El universo vivo es un "continuum" en todos y cada uno de sus aspectos. Cuanto más pronto nos convenzamos de la existencia de ese continuo en la conducta sexual humana, tanto más pronto llegaremos a la compresión cabal de las verdades del sexo" [68]

CONCLUSIONES

- El 37% del total de la población masculina adulta tiene al menos alguna experiencia homosexual con orgasmo (2 de cada 5)
- El 63 % nunca tuvieron episodios homosexuales físicos, pero el 13% de estos reacciona eróticamente a estímulos sexuales de otros varones sin tener prácticas homosexuales físicas, es decir, en algún momento de sus vidas se han sentido estimulados psíquicamente por otro hombre.
- Lo cual nos da un resultado del 50% de la población masculina que nunca ha sentido ninguna estimulación homosexual después de la adolescencia.

---

[68]   Ibíd.

- El 18% de los hombres ha ejercido cuanto menos tanta actividad homosexual como heterosexual durante al menos tres años de su vida.
- El 13% de la población ha sido más homosexual que heterosexual durante al menos tres años de su vida.
- El 10% ha sido casi exclusivamente homosexual durante al menos tres años de su vida.
- El 8% ha sido exclusivamente homosexual durante al menos tres años de su vida.
- El 4% son exclusivamente homosexuales durante toda su vida.

CONCRETANDO

El 50% de la población adulta es exclusivamente heterosexual. El 4% de la población adulta es exclusivamente homosexual. El 46% de los adultos han tenido alguna reacción física o psíquica hacia las prácticas homosexuales en algún momento de sus vidas. En una sociedad donde se criminaliza la homosexualidad y se rechaza socialmente, la mitad de la población ha sentido esta inclinación en algún momento de su vida adulta. Seguir alegando un defecto genético es lo mismo que seguir alegando que las mujeres son producto de un defecto genético.

La bomba había estallado, las reacciones y las críticas se sucedieron desde todos los estamentos sociales, pero la comunidad científica se vio imposibilitada de denostar los resultados. La metodología utilizada era impoluta. Ante la incapacidad de rechazar los datos decidieron lanzar un grito de alarma ¡EL CONTAGIO DE LA ENFERMEDAD HOMOSEXUAL ESTABA MÁS EXTENDIDA DE LO QUE SE CREÍA! Había que reforzar las medidas coactivas para evitar la autodestrucción de la humanidad. Y los gobiernos hicieron lo propio: declararon la guerra abierta a los homosexuales. A partir de este momento los enemigos de la patria serían los comunistas y los homosexuales.

Unos años después del polémico informe Kinsey, la fundación que él creó antes de morir, realizó una encuesta entre los homosexuales de San Francisco en la década de 1970. La encuesta fue realizada en este lugar por ser una ciudad socialmente liberal donde la represión policial era mínima.

Al igual que el informe sobre hombres heterosexuales, esta encuesta también ayudó a desmentir las opiniones que sobre el mundo homosexual tenían los heterosexuales e incluso las opiniones que tenían los gays sobre ellos mismos.

"Hasta ahora, la gente en general, al igual que las personas mencionadas, han manifestado, casi sin excepción, miedo, escándalo o desesperación ante la homosexualidad, debido a los estereotipos que sobre este tema mantenían. No sólo se ha creído que todos los homosexuales eran iguales, sino también que esta similitud implicaba necesariamente una conducta sexual irresponsable, fomentaba la decadencia social, y, por supuesto, suponía sufrimientos e inadaptación psicológica. Dado tal estereotipo, no es de extrañar que a la mayoría heterosexual le haya parecido justo presionar contra la aceptación de la homosexualidad, penalizando las conductas homosexuales y persiguiendo a las personas que las practicaban, rehusando emplear a homosexuales, negándoles los derechos civiles que disfrutaba la mayoría de la población y un número cada vez mayor de otros grupos minoritarios, intentando curarles su "aberración", y sintiendo dolor o vergüenza cuando descubrían que un ser querido "sufría" de una propensión hacia la homosexualidad. Las reacciones de este tipo que se dan en Norteamérica y en otros lugares ante los millones de hombres y mujeres homosexuales, resultan comprensibles si tienen en cuanta las ideas populares sobre lo que realmente significa ser homosexual.

La presente investigación demuestra, sin embargo, que son relativamente pocos los hombres y mujeres homosexuales que responden al horrible estereotipo que la mayoría tiene de ellos." [69]

Actividad sexual:

---

[69]   Alan P. Bell y Martin S. Weinberg. *Homosexualidades: Informe Kinsey*. 1979

Aunque 3/4 partes de los hombres homosexuales se consideran exclusivamente homosexuales, 2/3 partes afirman haber mantenido relaciones sexuales heterosexuales y la mayoría confiesa haberse excitado con una mujer o haber tenido sueños eróticos con ellas. Con respecto a las mujeres 2/3 partes se consideran exclusivamente lesbianas, pero la mayoría han mantenido sexo heterosexual y la mitad confiesa haberse excitado pensando en un hombre o haber tenido sueños eróticos con ellos.

A raíz de estas investigaciones se puede apreciar un fuerte componente heterosexual en la tercera parte de los gays y en la mitad de las lesbianas.

Pese a la fama de pervertidores que tienen los homosexuales, de adictos al sexo y de intentar mantener relaciones con hombres heterosexuales, pues "ellos buscan hombres y no a otro marica", la realidad demuestra otra vez que los estereotipos no son reales.

La mayoría de los homosexuales afirma mantener relaciones sexuales 2 o 3 veces por semana y las lesbianas 1 vez por semana. Esto indica que sexualmente los homosexuales no son más activos que los heterosexuales.

Los gays ligan mayoritariamente en bares, saunas y locales homosexuales, y en menor medida en la calle, los parques o la playa. La mayoría afirma esperar a que el otro dé el primer paso por miedo o timidez. Sus mayores preocupaciones son (por este orden): ser rechazados, mantener una conversación, contraer una enfermedad venérea, satisfacer los deseos sexuales de su compañero y ser detenidos por la policía, robados o maltratados. Esto indica que los homosexuales buscan a otros homosexuales, que no son agresivos y que pese a las leyes represoras y las palizas de las autoridades, los homosexuales tenían más miedo a no saber mantener una conversación interesante con su nuevo ligue que a caer en una redada policial y ser fichado o detenido.

Las mujeres lesbianas se muestran más seguras que los hombres gays. Ligaban principalmente en el trabajo o entre sus amistades y eran ellas las que daban el primer paso.

Con respecto a la promiscuidad sexual, los gays afirman haber tenido alrededor de 500 compañeros sexuales, con la mitad de ellos solo mantuvieron un contacto y no se conocían anteriormente. La mayoría de los homosexuales mantuvieron su

131

primera relación estable cuando contaban con veinte años y la diferencia de edad con sus parejas no aumentaba de los cinco años. Los pocos homosexuales que llegaron a convivir junto a su pareja en el mismo piso, reconocen que compartieron las tareas del hogar equitativamente sin existir un rol femenino o masculino entre ellos. Las lesbianas se han revelado mucho menos promiscuas, 10 compañeras de sexo a lo largo de su vida, las conocían antes de mantener la primera relación sexual y se confiesan más fieles que los gays.

Las preferencias sexuales de los homosexuales son muy diversas. El 50% se confiesa activo y el otro 50% pasivo, pero todos habían practicado en ambas posiciones encontrando satisfacción y no rechazan volver a practicarlas en un futuro.

Pese al estigma social y legal que supone su propia homosexualidad, la mitad de los encuestados se declara contenta con su orientación sexual. Una cuarta parte hubiera deseado ser heterosexual, principalmente por el rechazo social. El 40% habría intentado en una o dos ocasiones reprimir sus instintos eludiendo las amistades y los locales de ambiente gay. En menor medida lo intentaron manteniendo relaciones sexuales con mujeres o con ayuda profesional. El 70% de las lesbianas no tienen ningún problema interno por su lesbianismo y solo el 20% considera que es algo malo.

Adaptación social:

- **Trabajo:** Los homosexuales son tan estables en el trabajo como los heterosexuales. Su homosexualidad no influyó a la hora de elegir una carrera profesional. Los homosexuales que trabajan en profesiones liberales (peluqueros, decoradores, escaparatistas, etc.) reconocen que su orientación les ha favorecido laboralmente. El resto sienten tensión y nerviosismo en el ambiente laboral, cuando los hombres heterosexuales alardean de sus últimas conquistas sexuales y ellos han de callar, disimular o mentir. Una pequeña parte de ellos afirman haber perdido su puesto de trabajo tras descubrirse su homosexualidad o haber sufrido las burlas y abusos de sus compañeros.

- **Religiosidad:** La mitad de los homosexuales no son religiosos. El 25% se considera moderado o muy religioso, prácticamente el mismo porcentaje que los hombres heterosexuales. Reconocen no ir a las ceremonias religiosas, pero el rechazo de la Iglesia no afecta a sus sentimientos religiosos. Las lesbianas no se diferencian en gran medida de los gays, aunque sí de las mujeres heterosexuales que se reconocen mayoritariamente religiosas y asisten asiduamente a las ceremonias religiosas.
- **Matrimonio:** El 20% de los homosexuales y un porcentaje mayor de lesbianas reconocen haber estado casados en alguna ocasión con el sexo opuesto. Los gays casados mantuvieron relaciones sexuales con su cónyuge de dos a cuatro veces por semana durante el primer año de matrimonio. La duración media de estos matrimonios es de tres años. La mitad de ellos tuvieron uno o más hijos.
- **Extorsiones:** El 24% de los homosexuales ha sido fichado por la policía por homosexual y el 10% ha sido amenazado o chantajeado con revelar su condición sexual a cambio de dinero, sexo u otras exigencias. Esto en la ciudad de San Francisco, una de las más liberales del mundo en la década de los 70.

Adaptación psicológica:

La adaptación psicológica al entorno es similar entre heterosexuales y homosexuales, pero la presión social soportada por estos últimos ocasiona que el 58% de los homosexuales hubieran entrado en contacto con especialistas médicos por causas emocionales. Entre estos, 1/4 fue para dejar de ser homosexuales, mayoritariamente por presiones de su entorno: padres, ejército, arrestos, etc. La mayoría tenía alrededor de 25 años. Las terapias no ayudaron en sus problemas de homosexualidad.

El 20% de los homosexuales habían intentado suicidarse cuando tenían 20 años.

Pasados estos primeros años de crisis emocionales, la mayoría de los homosexuales manifiestan estar contentos con su condición sexual y con ellos mismos, pero siguen lamentando el rechazo social y la clandestinidad a la que se ven sometidos.

Década 1950 ¿Depravación sexual?

Las innovaciones de la década:
En 1955 se inventa la fibra óptica.
En 1956 se inventa la fregona.
En 1957 la Unión Soviética lanza al espacio el primer satélite
artificial.

El desarrollo armamentístico de las dos potencias mundiales, EEUU y la URSS, hace temblar al mundo. Empezó la llamada "guerra fría". Dos países enfrentados políticamente, sin relaciones diplomáticas y con suficiente armamento nuclear como para destruir a todo el planeta.

Tras la caída de Hitler se descubren las tácticas de extorsión empleadas por el régimen nazi para adquirir los secretos de estado internacionales. Una de estas prácticas era la creación de prostíbulos de alto nivel para políticos, diplomáticos y empresarios, donde se incitaba a los clientes a dar rienda suelta a sus más atrevidas fantasías sexuales. Estas escenas eran grabadas y fotografiadas por el servicio secreto de la S.S. y utilizadas para chantajear a los autores con la amenaza del escándalo público si esas imágenes llegaban a los periódicos. Se sospecha que la URSS hace lo mismo, pero con políticos y diplomáticos homosexuales. Les tienden una trampa y tras fotografiarles le obligan a ejercer de espías de su propia patria, vendiendo los secretos de estado a cambio del silencio del estado comunista. Con esta excusa en EE. UU. comenzó una caza contra elementos llamados "subversivos", que según la convicción de Joseph McCarthy y muchos otros conservadores, se habían infiltrado en el gobierno estadounidense a todos los niveles para entregar el país a los comunistas. A los subversivos, además de otros grupos marginales, se les unieron pronto el conjunto de los homosexuales. McCarthy declaró que había una homosexualidad clandestina que hacía el trabajo preparatorio para la conspiración comunista. Esta teoría de la conspiración se basaba en un rumor que circulaba por Washington que decía que Hitler había estado en posesión de una lista de homosexuales extranjeros para chantajearlos, lista que habría caído en 1945 en manos de la estalinista Unión Soviética. El planificador de la campaña antihomosexual fue Roy Cohn. Irónicamente, McCarthy contrató a un consejero jefe de su subcomité del Congreso que era homosexual, aunque en el armario. Juntos, McCarthy y Cohn fueron responsables de despedir a más de cuatrocientos hombres homosexuales, que eran funcionarios, acusados de "riesgo para la seguridad nacional"; algunos llegaron a perder sus casas y sus familias, otros llegaron a suicidarse. En 1953 el presidente estadounidense Eisenhower firmó la orden ejecutiva N° 10450 que, entre otras cosas, decía que el gobierno no podía dar trabajo a ningún homosexual en interés de la seguridad nacional. La prohibición de entrar en el funcionariado para los homosexuales se mantuvo hasta 1975.

El famoso Informe Kinsey, de finales de la década anterior, tuvo una gran repercusión social y mediática. La exhaustividad de la encuesta y el rigor demostrado en ella, no dejaban lugar a la duda: la homosexualidad estaba mucho más extendida de lo que se imaginaban. Lejos de contribuir a la normalización del colectivo, provocó la reacción contraria. Datos tan escandalosos como que un tercio de los jóvenes habían mantenido prácticas homosexuales, alarmaron a la gente y las clases políticas intensificaron la persecución, endurecieron las leyes y recrudecieron las consignas.

Un grito de alarma, una advertencia, de un policía hacia los padres:

"Si tú, madre, o tú padre, habitaseis rodeados por la selva tropical, plagada de fieras feroces y pérfidos reptiles, en acecho día y noche para devorar o estrangular a vuestros hijos, estaríais

135

en desvelo y alarma día y noche; vuestras advertencias contra esos peligros serían continuas, y no permitirías de ningún modo que salieran los mayores sin ir armados y a los pequeñuelos no les permitiríais abandonar la casa sin ir acompañados de quien pudiera defenderlos. Todo antes que hallar sus sangrientos despojos en cualquier espesura, encontrar su cuerpo yerto, hecho un trapo, después de haber sido estrangulado por los viscosos anillos de un reptil, o exánime, envenenado por la mordedura de una cobra...

No seríais padres verdaderos si descuidados y estúpidos permitieseis vagar a vuestros hijos por la selva, despreciando sus horribles riesgos; no lo negaréis...

En cambio, solos, ignorantes, indefensos, los dejáis adentrarse por esta selva petrificada que es vuestra ciudad, como si por ella no vagasen fieras mucho más temibles que las alimañas tropicales... fieras capaces también de matar su cuerpo; pero mucho más feroces y temibles, pues buscan matar sus almas...

La manada de fieras sodomitas, por millares, se lanza a través de la espesura de las calles ciudadanas en busca de su presa juvenil... Disfrazada de persona, la fiera pederasta ojea entre el matorral ambulante de las aceras su pieza preferida, el cándido muchacho, más grato a su ávida pupila cuanto más inocencia lleva retratada en su fisonomía... La alimaña sodomita, valiéndose de su apariencia humana, una vez elegido al joven, se le aproximará, entablará conversación con cualquier pretexto, lo invitará en un bar, lo llevará al cine... desarrollará su "conquista" con todo el arte y las tretas de un Don Juan... ¡para qué detallar más!

Vuestro hijo puede volver a casa corrompido, guardando su bochornoso secreto, que nada delatará; la monstruosa relación continuará y, dada su edad, su instinto sexual se torcerá y será para siempre un invertido...

La tragedia será espantosa para él, porque la conciencia y la vergüenza lo atormentarán ya para siempre, y a medida que su perversión aumente y se haga cerebral y, por tanto, insaciable, su desesperación será infinita y buscará descarado y como sea la satisfacción plena de su torpe apetito, que no hallará jamás ni en las más inmundas porquerías.

Y un día estallará el escándalo; las amistades huirán del pervertido señalándolo, hasta que, por fin, la espantosa verdad llegue a vuestros oídos de padres.

Desde luego, rechazaréis airados la "vil calumnia", pero el áspid de la duda morderá en vuestras entrañas paternales; recordaréis detalles, actitudes, cosas inexplicables delatadoras... hasta que lo fatal os llegue y la última duda se disipe ante la realidad irrefutable.

¡Mejor muerto!... gritaréis desesperados

Sí; mejor muerto vuestro hijo... Mejor devorado por cualquier alimaña. Mejor para él, para vosotros y para Dios. Ningún tormento mayor para él y vosotros, ni mayor abominación para con Dios.

Y sabiéndolo ¿seguiréis dejando a vuestros hijos inadvertidos e indefensos adentrarse por esta selva petrificada de la ciudad en cuya espesura la más vil y temible alimaña los acecha?..." [70]

En España, a principios del régimen del general Francisco Franco, este se centró en perseguir y eliminar cualquier tipo de disidencia política, pero cuando pasó el tiempo y estas amenazas contra el franquismo se redujeron, se empezó a perseguir a la homosexualidad de una forma más clara, los llamados "violetas", especialmente a partir del 15 de julio de 1954, cuando la Ley de Vagos y Maleantes fue modificada y muchos homosexuales fueron ingresaros en los llamados *Establecimientos de trabajo* y *Campos agrícolas*. Estos establecimientos eran auténticos campos de concentración. Un total de unas 5.000 personas fueron detenidas por tener un comportamiento homosexual durante el franquismo. La Iglesia y la medicina colaboraron con el régimen en eliminar cualquier espacio de dignidad para los homosexuales.

El cambio de esta ley en España, que fue impulsada con la excusa de un aumento de la prostitución masculina entre los jóvenes, conllevaba verdaderos peligros para el homosexual, si no explícitamente sí implícitamente. Una ley que en apariencia hacía difícil el castigo de la homosexualidad pero que en la práctica el castigo podía ser mayor que el de un asesinato.

---

[70] Mauricio Kart. *Sodomitas.* 1956

Para que un homosexual pudiera ser enjuiciado por la ley de Vagos y Maleantes había que incurrir en los siguientes preceptos:

- Ejecución de actos de ayuntamiento carnal, perineales activos o pasivos de masturbación, manoseo, tocamientos mutuos u onanismo bucal.
- Realización continuada y repetida de estos actos de aberración. Aunque la ley no lo requiera, la Sala Especial de Apelaciones y Revisiones exige la habitualidad del hecho para determinar el estado de peligroso.

Esto significaría que o bien le pillaban en *In fraganti* delito al homosexual o tenían que mantener un fichero de varias detenciones por encontrarle en locales o zonas habitualmente frecuentados por homosexuales y haber sido detenido en las habituales redadas de la época. Pero la cuestión se complica...

"Antes de la vigencia del artículo de la ley de Vagos y Maleantes de que se trata, tan sólo el Derecho Penal militar castigaba los actos de homosexualidad. Para que pudiera serlo por el Derecho Penal común era condición indispensable que estos actos dieran lugar a la comisión de un delito de escándalo público, abusos deshonestos o corrupción de menores. [...] Ahora bien, no todos los homosexuales en quienes se den las circunstancias apuntadas deberán ser objeto de la medida de internamiento en instituciones especiales a que se refiere el artículo 6º de la ley, porque cuando se trata de verdaderos casos de perturbación mental, a pesar de haberse demostrado su peligrosidad, lo procedente será decretar su absolución e internamiento en establecimientos adecuados, de los cuales no podrán salir sin la autorización judicial correspondiente. En cambio, es esencial la medida de seguridad referida para los homosexuales auténticos, dada su altísima peligrosidad y necesidad de tratamiento para su curación." [71]

Ingresar en una institución mental, significaba la castración y recibir tratamientos de electroshock sin posibilidad de defensa o

---

[71]   Antonio Sabater. *Gamberros, homosexuales, vagos y maleantes.* 1962

apelaciones, pues al ser declarado un enfermo mental se perdía todos los derechos como ser humano.

La modificación de esta ley, que tanto daño hizo a los homosexuales españoles, se produjo el 15 de julio de 1954 pero las sentencias más flagrantes se produjeron en la década de los 60.

"LEY DE 15 DE JULIO DE 1954. VAGOS Y MALEANTES. Se modifican los artículos 2º y 6º de la ley de 4 de agosto de 1933.

La producción de hechos que ofenden la sana moral de nuestro país por el agravio que causan al tradicional acervo de buenas costumbres, fielmente mantenido en la sociedad española, justifican la adopción de medidas para evitar su difusión. Las establecidas por la presente ley, mediante las que se modifican los artículos 2º y 6º de la ley de Vagos y Maleantes de 4 de agosto de 1933, no son propiamente penas, medidas de seguridad, impuestas con finalidad doblemente preventiva, con propósito de garantía colectiva y con la aspiración de corregir a sujetos caídos al más bajo nivel moral. No trata esta ley de castigar, sino de proteger y reformar. [...] En su virtud, y de conformidad con la propuesta elaborada por las Cortes Españolas, dispongo:

[...]

2º A los homosexuales, rufianes y proxenetas, a los mendigos profesionales y a los que viven de la mendicidad ajena, exploten menores de edad, enfermos mentales o lesionados, se les aplicarán, para que las cumplan todas sucesivamente, las medidas siguientes:

> *a) Internado en un establecimiento de trabajo o Colonia agrícola. Los homosexuales sometidos a esta medida de seguridad, deberán ser internados en instituciones especiales y, en todo caso, con absoluta separación de los demás.*

139

b) Prohibición de residir en determinado lugar o territorio y obligación de declarar su domicilio.

c) Sumisión a la vigilancia de los Delegados." [72]

Se crearon en España campos de concentración donde se castigaba a los homosexuales a trabajos forzados para "su reeducación", en La Colonia Agrícola Penitenciaria de Tefía en Fuerteventura, se pasaba tanta hambre que se comían los excrementos de las cabras y las palizas eran constantes, por cualquier motivo y sin motivos también. A estos campos no iban todos los homosexuales, solo los reincidentes, los pobres, los excesivamente afeminados o los transexuales. Al no haber instalaciones suficientes la mayoría de los homosexuales condenados fueron destinados a las cárceles con presos comunes. Aunque debían estar separados del resto de los presidiarios, en la realidad se facilitaba el contacto fomentando las violaciones. Los homosexuales se convirtieron en el desahogo sexual del resto de los presos. Esta situación se agravará en la década de los setenta.

En las redadas policiales no todos pasaban a disposición judicial. Si te mostrabas sumiso, presentabas tu documentación y alegabas que estabas en ese sitio por equivocación, posiblemente no pasaras por comisaría. Si mirabas desafiante o con desprecio a la policía, si no tenías documentación o si eras afeminado, te llevaban para ficharte por homosexual. Una vez en comisaría, si estabas casado y con hijos o tenías un contrato estable de trabajo, te dejaban marchar. Si eras reincidente, la policía te propinaba una paliza para obligarte a delatar a otros homosexuales. En caso de no ceder ante las presiones, te mandaban a disposición judicial para tu ingreso en prisión. Legalmente se necesitaba demostrar la reincidencia para el ingreso en prisión, pero en la práctica esto no fue así. Un informe policial donde indicara que eras asiduo de los locales frecuentados por otros homosexuales era suficiente.

En las cárceles de todo el mundo, que hasta ahora estaba prohibido el sexo con mujeres (el conocido como bis a bis[73]), se

---

[72]   Ibíd.

empieza a cuestionar esta medida. Las teorías aducidas durante mucho tiempo, sobre todo entre los médicos creyentes, en las cuales se establece que la abstinencia ayuda a desarrollar el intelecto y la formación física, caen desprestigiadas por la realidad social. Cada vez con más frecuencia son diagnosticados desarreglos nerviosos y neurosis en personas obligadas a la abstinencia. Estos mismos síntomas son los detectados en los homosexuales que no practican por miedo, imposición social o religiosa.

Observando a los presos de esta época, se llega a la conclusión de que la abstinencia sexual impuesta fomenta la homosexualidad:

"¡Cuántos continentes verdaderos se ven sumidos en la demencia, en el delirio y en otras muchas afecciones cerebrales por el "stimulus" que se apodera de sus sistemas nerviosos! [...] No se discute, ya, la naturaleza bisexual del embrión [...] todos los hombres son capaces de una elección homosexual, que casi siempre se realiza en el subconsciente, sin que llegue a manifestarse en la conciencia, ni lo lleven a cabo en forma práctica" [74]

La homosexualidad, en las cárceles, es notoria en todas las épocas, pero en las prisiones donde está prohibido el bis a bis, llegan a equiparar estas parejas con las heterosexuales, como lo demuestra el testimonio de un presidiario en Lima:

"Entre activos y pasivos llegan a formarse verdaderos matrimonios, en los que reina un enorme afecto. Se reparten el dinero, los alimentos, etc. Delante de los demás reclusos se celan o se besan. [...] El activo defiende al pasivo en las luchas y actúa en igual forma que el hombre respecto a la mujer en la vida diaria.

El acto sexual lo realizan en cualquier sitio. [...] Muchas veces delante de todos, quienes callan y aun los cubren con sus cuerpos para que no sean vistos por los guardias. [...] Los

---

[73]   Salas carcelarias donde los presos pueden mantener sexo con sus mujeres cada cierto tiempo

[74]   Julio Altmann Smythe. *El problema sexual en las prisiones.* 1954

141

matrimonios homosexuales son respetados como los normales que conocemos en la vida" [75]

Estas relaciones idílicas que hemos visto en décadas anteriores, empiezan a escasear, pero se ponen como ejemplo para fomentar la implantación del *bis a bis*. El aumento de la violencia sexual en las cárceles por la reeducación de la sociedad es el verdadero motivo para impulsar esta medida. Los presidiarios de décadas anteriores no eran homosexuales, en cuanto salían de la cárcel volvían a enamorarse de mujeres. Este hecho que sigue sucediendo hoy en día y que todos sabemos y conocemos, demuestra que cualquier hombre puede excitarse y enamorarse de otro hombre cuando la situación lo requiere. Esto se ha intentado explicar como el dominio de un hombre sobre otro. La necesidad de demostrar la supremacía y la fuerza con la humillación y sumisión del prójimo. Esta argumentación explica las violaciones, pero carece de valor cuando entre los dos hombres hay sentimientos de protección y ternura.

*   *   *

En los libros de medicina algunos médicos reconocen que la masturbación no produce locura ni ninguna otra enfermedad. Este hecho ya se conocía en la década de 1920, pero en los años 30 y 40 volvieron a ocultar la verdad. Puede parecer absurdo pero, una década después de la invención de la bomba atómica, los médicos reconocen que la masturbación es una práctica habitual entre los jóvenes y no conlleva ninguna de las enfermedades que los estudios médicos de otras décadas vaticinaban. Como por arte de magia, esas teorías que estaban escritas en los libros de medicina se han convertido en "creencias populares".

Y otro gran descubrimiento: se ha detectado que, en las ranas, los cromosomas X e Y que se encuentran en el macho son los causantes de que nazcan hembras o machos. Aún no se ha relacionado si sucede lo mismo con los hombres, pero no tardarán en hacer esta relación. Estamos en la década de 1950 y la humanidad ha sufrido las consecuencias de dos guerras mundiales,

---

[75]   Ibíd.

pero es ahora cuando los científicos empiezan a descubrir el funcionamiento del cuerpo humano. Ante estos descubrimientos "tan importantes para la medicina moderna" están en disposición de poder seguir afirmando que la homosexualidad es una enfermedad.

"La mayoría de los seres humanos, si no la totalidad, tendrían una aptitud primaria para la homosexualidad que, más tarde, puede o no desarrollarse. Es entonces cuando intervendrían los factores psíquicos" [76]

Los homosexuales ya no se distinguen entre invertidos y pervertidos (nacidos y depravados). Ahora se empiezan a distinguir por su conducta: los "normales" que por alguna causa psicológica se acuestan con su mismo sexo pero que su conducta y apariencia son normales y los "invertidos sexuales" aquellos cuya tendencia es la de vestirse o comportarse como el sexo opuesto (lo que actualmente llamaríamos transexuales). Por desgracia, estas ideas no impiden seguir llenando los libros de medicina de absurdas teorías:

"En el hombre, el homosexualismo resulta a menudo del complejo de castración. Después de haber deseado que su padre no se acercara a su madre, ni la fecundara, el niño se castiga a sí mismo prohibiéndose la función viril que ha odiado en el padre".

"Para otros hombres, el homosexualismo es un modo de evitar el amor normal concebido en la infancia como sádico, cruel, dañino."

"Una particularidad de los homosexuales, que se ignora y que es necesario conocer, es la tendencia a colocar entre ellos y su amigo, una mujer que sirva de intermediaria para ese comercio carnal que ellos no se atreven a afrontar. Esos amigos van juntos a un prostíbulo y se acuestan con la misma mujer. Hay homosexuales casados que hacen lo posible porque sus mujeres se entreguen a sus amigos, para después hacerles escenas de celos".[77]

---

[76]   René Allende. *Las concepciones modernas de la sexualidad.* 1950

Y con respecto a las lesbianas:

"En la base de las fijaciones homosexuales hay una fuerte bisexualidad que proviene de que la mujer no ha podido aceptar su feminidad. Esta negación está condicionada por la idea de castración y el deseo de tener pene" [78]

Un cirujano, preocupado por la identidad sexual que ha de dar a sus pacientes hermafroditas, hace una reflexión importante: después de analizar a distintos hermafroditas y teniendo en cuenta los fracasos de los estudios realizados inyectando hormonas femeninas a los hombres y hormonas masculinas a las mujeres, ha llegado a la conclusión de que independientemente de lo que digan los análisis efectuados a sus pacientes (tras una exploración encuentra que personas que física y analíticamente son hombres han crecido y se sienten mujeres, y mujeres que, tras una exploración más minuciosa, resultan ser hombres) Lo mejor es dejar al paciente con el sexo con el que se sienten identificados y no trastocar esta identidad porque unos análisis demuestren lo contrario.

"Nuestra opinión, en esta materia, es que el instinto sexual en la especie humana, tiene muy poco que ver con las hormonas y mucho, en cambio, con factores educacionales y sociales. Forma parte de la "personalidad" y se desarrolla paralelamente a esta. El homosexualismo debe ser considerado como patología psíquica, pero no como una anomalía endocrina o somática." [79]

Aunque las intenciones del cirujano eran buenas, esto no es del todo cierto. Existe el caso documentado del niño recién nacido que al hacerle la circuncisión, por razones religiosas, al médico se le fue la mano y le cortó el pene. Los médicos recomendaron a los padres realizar una operación de cambio de sexo y educarle como si hubiera nacido "niña". Esta "niña" tuvo problemas psicológicos

---

[77] Ibíd.
[78] Ibíd.
[79] José Botella Llusiá. *Los hermafroditas.* 1953

y estuvo en tratamiento psiquiátricos desde la pubertad. No se sentía lesbiana, pero le gustaban las mujeres. Sentía que su cerebro no se correspondía con su cuerpo (por esta época aún no estaba catalogada la transexualidad). De adulta, descubrió la verdad y se suicidó.

(Siempre se ha cometido el error de confundir "identidad de género" y "orientación sexual". Recientemente Alemania a decidido eliminar la obligación de los padres de inscribir al recién nacido como "niño" o "niña" en la documentación a rellenar en la partida de nacimiento en los casos de hermafroditismo. No serán los padres, ni los médicos, ni la ley la que determine el sexo del recién nacido. Será la propia niña o niño el que, en la pubertad, decida dentro de qué género se siente identificado y entonces se practicarán las debidas operaciones quirúrgicas para adaptar cuerpo y mente. De esta forma se evitarán casos como el anteriormente descrito, pues en la actualidad, se obliga a los padres a determinar un sexo para el niño hermafrodita con el consejo de los médicos y esta decisión puede ser errónea. Es cierto que el niño se sentirá traumatizado en sus años de adolescencia, pero la adolescencia dura cuatro o cinco años, la edad adulta cuarenta o cincuenta años. Es una medida innovadora y muy humanitaria que deberían emular los demás países.)

Por desgracia en esta época aún no nos libramos de los libros médico-religiosos donde la lógica y las investigaciones brillan por su ausencia. En estos libros también encontramos una novedad. Ya no intentan hundir directamente a los homosexuales como pervertidos y amorales, ahora fingen defender a un tipo específico de homosexuales que intentan "curarse" para después atacar su conducta.

"Conozco a este respecto varios ejemplos concretos, como el de un homosexual que recuerda lo que constituyó su perturbación así como el vergonzoso estigma de que se sintió tildado cuando, a los quince años, un compañero a quien escribía versos y a quien amaba castamente respondió a esto explicándole sentenciosamente que todo ello era de muy mal augurio y que era invertido, pues le decía a un chico que le amaba. Fue para él un

145

choque terrible y tuvo la impresión de que se lo comparaba (y precisamente por aquel a quien consideraba como a un semidiós) con esos seres tarados cuya existencia conocía, pero con los que jamás hubiera pensado que se le podía parangonar. Se me dirá que el tiempo confirmó que la brutalidad del camarada era justificada. Pues no, no lo era, puesto que este homosexual busca con mucho ardor su curación y prueba de este modo que no es un perverso, sino un neurótico. Indudablemente su neurosis le orienta hacia la homosexualidad." [80]

En este mismo libro, mezcla los últimos avances médicos con la moralidad más rancia para darle un tono más verídico.

"No se olvide tampoco que lo que los psicoanalistas llaman homosexualidad latente no tiene nada que ver con la perversión, antes bien, representa una especie de inadaptación a la realidad sexual."

Se refiere a que una cosa son los que nacen homosexuales, que son los perversos y otra los que por trastornos psicológicos y desorientación sexual se hacen homosexuales. A estos jóvenes con homosexualidad latente por un complejo de Edipo hay que tratarlos con dulzura, no castigarlos ni reprimirles, pero hay que llevarles urgentemente al médico o al psicólogo para que les curen su desviación.

El complejo de Edipo es una teoría de Freud que en este libro se pervierte para crear, de una verdadera falacia, una ilusión de contexto científico. Este complejo se refiere al amor que el niño siente hacia el padre de distinto sexo, es decir, el niño ama a la madre y la niña ama al padre. Este sentimiento se descarta de forma natural al llegar a la pubertad y se traslada el amor por el progenitor, hacia un joven con el cual, además del sentimiento amoroso, se incluye el sexual.

Para que el niño se desarrolle con normalidad y su inteligencia emocional no se quede estancada en esta etapa han de darse tres condiciones:

---

[80]   Barbe. *Medicina y sexualidad.* 1958

1º El padre objeto del amor ha de responder con cariño. No ha de rechazar al niño pero tampoco exagerar la reciprocidad fraternal.

2º El padre del mismo sexo que el niño, y por lo tanto rival en su amor, no ha de mostrar celos ni rechazo hacia los sentimientos del menor.

3º Los padres han de quererse y llevarse bien, pues, cuando la mujer es burlada por el marido, esta le profesa demasiado cariño al niño, tratándole más que como un hijo como un amante y este de mayor no querrá ser igual al padre maltratador, prefiriendo comportarse e identificándose personalmente como la madre. Además la falta de una figura viril con la cual identificarse reafirmará sus tendencias desviadas.

En resumen, la mezcla que se hace de las teorías de Freud con la moralidad cristiana da como resultado que la homosexualidad es el resultado del desequilibrio afectivo de los padres.

En esta década las investigaciones y estudios sobre la homosexualidad siguen sin estar demostrados pero sus teorías se hacen más complejas, al mezclar investigaciones reales con invenciones, y por lo tanto más difíciles de reputar. La mejor forma de demostrar la falsedad de estas teorías es jugar a su mismo juego:

Yo afirmo que los niños que nacen en noches de luna llena tienen muchas posibilidades de ser homosexuales y para demostrar esta teoría puedo presentar a varios homosexuales que nacieron en este momento. ¿Cómo demostrar lo contrario?

- *Perdone usted, pero en esas fechas nacen muchos otros niños que son heterosexuales.*
- *Esos "Heterosexuales" tienen la homosexualidad latente y cualquier estímulo social podrá provocar su activación.*
- *Oiga ¿Y los homosexuales que nacen cuando la luna está decreciendo?*
- *Eso es otra patología que aún está por estudiar.*

147

Esta es la forma de desmontar tanta mentira "científica". La mayoría de los niños que nacen de familias desestructuradas o con desigualdades afectivas, nacen heterosexuales y hay homosexuales que nacen en familias cuyos padres son un ejemplo de amor y fraternidad. ¿En qué se basan para afirmar que hay una predisposición hacia la homosexualidad en familias desestructuradas, si no hay un mayor volumen de homosexualidad entre estas familias en contraposición con las familias "ejemplares"?

Para que teorías tan absurdas no sean tan patentes, se disfrazan con un leguaje grandilocuente:

"A primera vista puede parecer extraño el suponer que una desviación sexual sea, en su origen, una culpabilidad (culpabilidad de realidad mórbida, es decir, irreal). Sin embargo, así es como lo decía hace un momento: el perverso sexual es un individuo sensible a las primeras influencias contradictorias de sus conductas instintivas, que no habiendo sido capaz de superar las más categóricas y las más poderosas prohibiciones, y particularmente las provisiones relativas al padre, por lo que respecta a la niña, y a la madre, por lo que toca al niño, han conservado en sí mismas. En estado de aptitud negativa, el horror sagrado de la sexualidad adulta" [81]

Aunque no siempre funciona, existe un tratamiento físico que consiste en estimulantes sexuales químicos (para que se excite con una mujer) pero hay que tener cuidado ya que pueden usar estos estimulantes para seguir con sus perversiones.

El tratamiento psíquico tampoco funciona siempre y su tratamiento dura muchos meses. El autor de este libro se vanagloria de haber conseguido resultados incompletos pero apreciables con sus técnicas. *"Este tratamiento es indicado cada vez que el sujeto, joven e inteligente, y sin otra tara psíquica que su desviación (más o menos impregnada de neurosis), desea sinceramente curarse. Esta última condición es, empero, rigurosa.*

---

[81]   Ibíd.

Por mi parte, yo he proporcionado a cierto número de desviados sexuales la posibilidad de una vida sexual de carácter normal, obteniendo de ellos la renuncia sincera a toda cultura perversa. Mas el homosexual, por ejemplo, que se somete al psicoanálisis esperando al mismo tiempo continuar encontrando, en la práctica de su perversión, las satisfacciones sensuales a los que está aficionado, ya con el fin de casarse y así crearse una fachada social honorable, ya a veces incluso por gustar sinceramente de las alegrías de la paternidad, no curará. El tratamiento, al desembarazarle más del sentimiento neurótico de culpabilidad (que nunca falta enteramente), ofrecería simplemente el riesgo de alentarle más a la practica perversa." [82]

El tratamiento psicológico que nos propone este "doctor" es un tratamiento que durará "muchos meses" y que consiste en convencer al "enfermo" de que él no tiene la culpa de su condición. Los culpables son sus padres. Que con el rechazo social, siempre tendrá que vivir su amor a escondidas y con temor a ser denunciado, se sentirá desgraciado y deprimido, y por lo tanto, nunca podrá disfrutar plenamente de su amor homosexual, y que, manteniendo relaciones sexuales con mujeres, no tendrá que esconderse, la sociedad que le rodea aplaudirá su "normalidad" y tendrá muchos más amigos. Indudablemente para que esto funcione, lo primero, antes de empezar con el tratamiento, es que rechace volver a mantener relaciones sexuales con hombres. ¿Si tan deprimidos y tan desgraciados son, según su terapia, por qué tienen que prometer no continuar con su desagradable vida? La respuesta nos la da el propio psicólogo. Una vez que eliminamos su sentimiento de culpa se corre el riesgo de que persevere en sus amores homosexuales, pero esta vez sin la desazón producida por un sentimiento de culpabilidad.

España, sumida en la censura del dictador Franco y el gran poder de la iglesia católica, es ajena a cualquier avance sobre la medicina sexual. Los libros que aquí se publican son tan restrictivos y arcaicos a cualquier síntoma de libertad sexual que

---

[82]   Ibíd.

consiguen hacer de las relaciones amorosas un deporte de alto riesgo:

- En el coito con una mujer, intentar retardar la eyaculación es peligroso para el hombre, que lo deja exhausto físicamente, fatigado cerebralmente e incapaz para rendir en el trabajo. Por no hablar de los graves peligros que conlleva para la Humanidad en mayúsculas.

"Habiendo triunfado el hombre de los escrúpulos, sentimientos o impulsos morales, refrenadores de la mujer, se entrega a la unión carnal y trata por todos los medios a su alcance, especialmente el hombre, de prolongar el coito lo más posible, para exagerar, si es factible, la intensidad del orgasmo. La fatiga cerebral que ha determinado la angustia mental constante anterior al coito, se acompaña después de verificada la cópula de intensa laxitud física, que repercute lenta y gradualmente sobre la capacidad y rendimiento del individuo para el trabajo. [...] Esta activa hipererotización, tanto de hombres como de mujeres, es muy perjudicial para la Humanidad." [83]

- Hay que tener mucha precaución al practicar el acto sexual, pues es una práctica sumamente arriesgada y peligrosa, pudiendo incluso ocasionar la muerte si no se tienen en cuenta las debidas precauciones. Sólo es aconsejable la postura del misionero, es decir, la mujer tumbada en la cama y el hombre encima. El acto ha de ser rápido y eyacular pronto, no es sensato exponerse a este peligro más de lo necesario para la procreación. Cualquier forma de sexo que no esté vinculada con la unión de los genitales masculinos y femeninos (sexo oral, sexo anal, etc.) perjudica notablemente la excitación y, a la larga, conlleva a la impotencia del hombre.

"El hecho de efectuar el acto sexual en plena digestión constituye un abuso que puede resultar de funestas

---

[83] José Algora Gorbea. *Sexo y vida.* 1952

consecuencias. El coito efectuado en estas circunstancias puede desencadenar muy graves trastornos orgánicos del aparato digestivo, del corazón y hasta la muerte. El mecanismo de este fenómeno es fácil de comprender si se tiene en cuenta que el requerimiento de sangre a los genitales durante el acto sexual, produce una anemia del aparato digestivo, con la consecutiva interrupción de la digestión [...] Otra de las circunstancias que hay que tener en cuenta al tratar del abuso genital es la práctica repetida del coito en posiciones anormales, de las cuales la más frecuente es la de a pie.

Después de tales prácticas se suele experimentar intensa fatiga, lumbalgias, cefaleas y palpitaciones, que suelen durar hasta varios días. Es preciso recordar que el orgasmo físico se manifiesta por una brusca detención de los movimientos. Al estar el individuo de pie, a estos fenómenos se les agrega el trabajo de los músculos del tronco para mantener el equilibrio. Por otra parte, después de la eyaculación el tono de la musculatura disminuye notablemente; el individuo se ve obligado a reposar en decúbito, y el hecho de mantenerse erguido significa un esfuerzo mayor.

Además, al coito de pie, el trabajo circulatorio es mayor para mantener el aflujo de sangre al cerebro." [84]

- Las perversiones sexuales: homosexualidad, sadomasoquismo, fetichismo, masturbación, etc. son consecuencia de una degeneración genética hereditaria, ya que muchos de estos viciosos tienen como ascendentes a padres epilépticos, paralíticos generales o degenerados de todas formas, por no hablar de las consecuencias para un hijo de padres alcohólicos, estos, cuyos genes estarán destruidos por el alcoholismo de sus padres, serán raquíticos, perversos, amorales y delincuentes.
- El exceso de sexo en la adolescencia es la principal causa de la esterilidad en el hombre. Para asegurar la descendencia, el hombre ha de abstenerse hasta los veinticinco años de cualquier desperdicio de su fluido viril.

---

[84]   Ibíd.

"Existen en la actualidad médicos que creen y atribuyen a veces la esterilidad a un desperdicio excesivo de esperma, suponiendo además que la impotencia es un castigo a la excesiva actividad sexual de la juventud.

El descubrimiento de las hormonas ha apoyado estas ideas, y en América millones de jóvenes son advertidos en ediciones médicas populares de que para conservar la virilidad hay que evitar toda pérdida de fluido vital en la infancia y adolescencia" [85]

-   Cuidado con la masturbación, sus consecuencias para el organismo son devastadoras. Y si eres millonario, es aún más grave.

"A propósito de las graves consecuencias que ocasiona el onanismo, el Dr. Ritchie, en uno de sus últimos libros, escribe lo siguiente:

*La masturbación, ese azote de la especie humana, es más a menudo de lo que se piensa causa de la locura, **sobre todo en los ricos**. A veces, es preludio de la manía, de la demencia y hasta de la demencia senil; da origen a la melancolía y a veces conduce al suicidio, siendo este hecho más corriente en los hombres que en las mujeres.*

***Los casos clínicos demuestran** que los sujetos a quienes los vicios solitarios arrastran a la locura habían practicado casi siempre una vida moral y una educación estrictamente religiosa. Estos onanistas son ajenos a las diversiones. Viven mejor solos, escogiendo para su solaz y recreo los sitios menos frecuentados; con nadie conversan y con nadie se unen; solos se pasean y solos se sientan con un libro como compañía.*

El andar del masturbador es tardío, su mirada está desviada, nunca mira de frente; si le dirigen la palabra, contesta con perplejidad en el habla, evitando la mirada fija. Su musculatura es tenue y su ted pálida." [86]

---

[85]   Ibíd.
[86]   Ibíd.

Esto, que hoy en día puede parecer absurdo, ocasionó que muchos padres consintieran que los médicos castraran a sus hijos, afectados por la enfermedad masturbatoria, por temor a que se volvieran locos de mayores[87]. Estos genios de la medicina moderna, cuyos estudios clínicos pasarán a la posteridad, no dudaban en calificar a los homosexuales de enfermos, degenerados, viciosos, pervertidos, anormales, desviados, etc. Y lo más grave es que hoy en día muchas personas de renombre siguen calificándonos de la misma forma en prensa o en la televisión repitiendo las "enseñanzas" de estos sabios.

Estos inteligentes doctores se atreven a dar consejos para determinar el sexo del futuro hijo (insisto, estamos en la década de 1950 y en la próxima década el hombre pisará la luna):

"De esta exposición de nuestros conocimientos por el determinismo del sexo, parece deducirse que en el estado actual de la ciencia, los únicos consejos que puede dar el médico a una mujer que desee tener un niño o una niña son los siguientes: para tener quizá, más probabilidades de tener un niño, hacer mucho ejercicio físico: tenis, bicicleta, marcha, etc. comer poco, practicar cada día uno o dos inyecciones hipodérmicas de un miligramo de adrenalina; finalmente, cuando hayan perdido mucho peso, escoger para el momento de la concepción el tercer día después de la menstruación y los siguientes. De esta manera ábranse aumentado las posibilidades de tener un niño, pero sin que por ello pueda darse ninguna garantía de conseguir el resultado deseado.

Por el contrario, si se desea una niña, comer mucho y sustancias muy alimenticias. Evitar las fatigas, practicar cada día una inyección hipodérmica de clorhidrato de colina o lecitina; cuando se hayan aumentado algunos kilos de peso, esperar para la concepción los días que preceden a la menstruación y continuar las relaciones conyugales durante ella: de esta manera aumentarán las probabilidades de tener una niña, pero sin que se pueda tampoco asegurar el éxito." [88]

[87]   Thomas S. SAS. *La fabricación de la locura*. 1974
[88]   José Algora Gorbea. *Sexo y vida*. 1952

Voces discrepantes: Donald Webster Cory

El nombre de Donald Webster es un seudónimo de un homosexual que vivió en Norteamérica en 1950. No quiso dar su verdadero nombre para no implicar a su familia y conocidos, pero tuvo la valentía de escribir un libro biográfico sobre las condiciones de vida de un homosexual en esta época. Cansado de leer artículos de psiquiatras basados en pacientes depresivos o los artículos penales relacionando a los delincuentes homosexuales con la violencia del homosexual, decide escribir un libro sobre la vida de los homosexuales normales, los que día a día conviven en una sociedad heterosexual anónimamente sin ser enfermos ni delincuentes. Decide contar la vida de la mayoría de los homosexuales. Los analistas fundan sus teorías, estudiando a una minoría y estos no son representativos de la homosexualidad.

"Mi primer despertar fue la encendida inclinación que sentí hacia un joven pocos años mayor que yo. Nadie me había enseñado que hay hombres que son atraídos por otros hombres; nadie había intentado seducirme. Sólo sabía que sentía un impulso, de carácter vago y turbador, hacia el goce con otra persona. Quería estar cerca de él, abrazarlo." [89]

En los últimos años de su adolescencia se investigó a sí mismo. Buscó una explicación en los libros. Se sentía profundamente avergonzado y se despreciaba por no ser igual que los demás. En un principio intentó luchar contra sus instintos e incluso se castigaba si se sorprendía pensando en otro hombre. Todo intento fue inútil. Se relacionó con otros homosexuales y desesperaba pensando en el desasosiego continuo que sufriría toda su vida por miedo a que algún día le descubrieran. Sus relaciones sexuales duraban poco tiempo, no había amor. A los veinticinco años se casó con una mujer y tras una terapia en secreto con un psicólogo, llegó a tener hijos. El tratamiento médico consiguió convertirle por algún tiempo en bisexual. Aunque no se arrepiente de su vida de casado, no puede seguir negándose a sí mismo. Él es homosexual.

---

[89] Donald Webster Cory. *El homosexual en Norteamérica.* 1951

En 1950 la sociedad está muy sensibilizada en la protección de las minorías: negros, judíos, comunistas, etc. pero se olvidan de la minoría homosexual. Es tanta la presión mediática sobre la inferioridad del hombre homosexual, sobre su defecto genético y su enfermedad, que los homosexuales llegan a creérselo y no son capaces de decir "Soy gay" ni siquiera entre otros homosexuales, pues es lo mismo que reconocer su inferioridad. Las demás minorías pueden sentirse orgullosas de su condición, los negros o los judíos tienen una familia y unos amigos iguales que ellos, que les apoyan y animan en su lucha por la igualdad. Los homosexuales no tienen ningún apoyo. Sus familias les quieren por lo que no son. Están obligados a llevar siempre una máscara y cuando un amigo cuenta alguna broma insultante hacia los homosexuales, están obligados a sonreír aunque esta broma les esta humillando a ellos mismos.

"¿Por qué condena la sociedad? ¿Por qué el homosexual es un proscrito entre los hombres? ¿Cuáles son las razones sociales y psicológicas de esta hostilidad, sus fuentes, sus justificaciones? ¿Es necesaria para la conservación de nuestra estructura social? ¿Es eficaz como instrumento para contrarrestar las prácticas homosexuales?"[90]

¿Por qué esta aversión irracional hacia la homosexualidad? Existen varias razones:

El sentimiento de superioridad:
El hombre necesita sentirse superior a los demás para dar sentido a su vida. Un hombre blanco de vida miserable, al ver a un hombre negro de vida miserable, se sentirá superior y su vida será menos miserable. El hombre necesita ver que hay alguien en peores condiciones que él para poder darle un sentido a su sufrimiento. Rechazar a los homosexuales es crear una minoría en la que todos los heterosexuales pueden sentirse superiores.

La negación a algún instinto libidinoso hacia otro hombre:

---

[90]   Ibíd.

La mayoría de los hombres, por no decir todos, han tenido, en algún momento de su vida, alguna atracción o contacto homosexual. Muchas veces, reacciones inocentes (una desconcertante erección al contemplar el torso desnudo de otro hombre, en la pubertad un deseo por ver al amigo desnudo, en la adolescencia masturbaciones mutuas entre dos muchachos). Los heterosexuales tienden a negar que estos hechos les hayan ocurrido a ellos y rechazando la homosexualidad abiertamente alejan los miedos internos a ser también homosexuales.

Miedo a lo desconocido:

Desde que el hombre es hombre, a lo largo de toda la historia, ha temido todo aquello que no podía explicar. En la Edad Media se quemaba a los brujos. La homosexualidad, es una incógnita que todavía no ha podido comprender y las prohibiciones hacen que sean aún más desconocidos para los heterosexuales. Miedo al contagio, miedo a que les fuercen sexualmente, miedo a que perviertan a sus hijos.

Desmarcarse de las minorías para no sentir el rechazo social:

Un hombre blanco puede expresar su opinión hacia la igualdad de derechos de los hombres negros, puede mostrar su simpatía hacia este colectivo y puede luchar por los derechos de los negros que nadie pensará que es negro. Unos pensarán que sus ideas están equivocadas, otros que está en lo cierto. La mayoría opinará que es un hombre noble de gran corazón preocupado por las desgracias de unos pocos. Si un hombre heterosexual habla a favor de los homosexuales, enseguida se encienden las sospechas, no habla la nobleza de su corazón, habla su perversión escondida. Ningún hombre defenderá los derechos de los homosexuales por miedo a que se le tache de homosexual. Ningún homosexual hablará de los derechos de los homosexuales, por miedo al rechazo social.

Las ideas estereotipadas:

A la sociedad mayoritaria le es muy fácil inducir ideas denigrantes estereotipadas sobre las minorías, aumentando el temor y el rechazo. Si un homosexual mata a su amante, todos los homosexuales son violentos. Si un homosexual se maquilla, todos los homosexuales son mariquitas. Si un homosexual seduce a un joven, todos los homosexuales son unos pervertidos pederastas. Pero si un heterosexual mata a su amante, no todos los heterosexuales son violentos. Ni todos los heterosexuales son pederastas porque un hombre haya seducido a una jovencita.

Estas son las únicas razones que pueden explicar un artículo publicado en la revista *Live*, número 12 de septiembre de 1950.

"Los explotadores del trabajo de los negros en el África del Sur, según el autor de la información, no tienen el menor escrúpulo en enviar a las minas a sus trabajadores-esclavos al precio de una pobre ración, en obligarlos a trabajar desde la mañana hasta la noche y a dormir en las minas para que empiecen a trabajar así que amanece, y en encerrarlos durante la noche amontonados en barracones, lejos de sus mujeres y de sus familias, durante nueve, doce o dieciocho meses. La revista se muestra alarmada porque aquel sistema "engendra y estimula la homosexualidad"[91]

Unos hombres que son explotados como animales a cambio de una ración de comida para que el hombre blanco se pueda enriquecer y la revista se escandaliza porque este trato inhumano puede fomentar la homosexualidad entre los esclavizados.

Tres cuestiones se plantea Donald Webster:

1°.- ¿Son antinaturales las prácticas homosexuales? Para un homosexual lo antinatural sería acostarse con una mujer. ¿La naturaleza creó el sexo para la procreación? La naturaleza acopló el placer en las relaciones sexuales, pero también le dio al macho un mayor deseo sexual. Si nos fijamos en la naturaleza, sería fácilmente observable, que la naturaleza atribuyó el placer al sexo para fomentar la procreación, pero también creó el sexo

---

[91]   Ibíd.

homosexual para permitir al macho desfogarse en las etapas en que la hembra no es fértil.

2º.- ¿Son menos antinaturales las prácticas heterosexuales, generalmente aceptadas? ¿Es menos antinatural la felación entre un hombre y una mujer que entre dos hombres? ¿Es menos antinatural el coito anal entre un hombre y una mujer que entre dos hombres? Las leyes prohibitivas hablan de sodomía y relaciones antinaturales por inmorales y automáticamente se hace una persecución hacia los homosexuales. Si la intención de estas leyes es el fomento de la natalidad ¿Por qué no perseguir a las parejas heterosexuales que no tengan hijos? Un solo fabricante de preservativos hace más daño al fomento de la natalidad que todos los homosexuales juntos ¿Por qué no perseguirles a ellos?

3º.- Aun cuando se concediese el carácter antinatural de la homosexualidad ¿Constituiría esto un argumento contra estas prácticas y justificaría que fuesen declaradas fuera de la ley por la sociedad? Las leyes se redactan para conseguir una buena convivencia en la sociedad. Se prohíben todas aquellas prácticas que puedan perjudicar al resto de la población: el robo, la violación, el asesinato, el desfalco, etc. ¿Qué daño le hace al vecino que en el piso de enfrente dos hombres mantengan relaciones homosexuales? Esta incongruencia es reputada con las teorías de contagio mental y perversión de menores. ¿Porque un hombre pervierta a un menor de edad hay que perseguir a todos los homosexuales? Por esta misma lógica habría que perseguir a todos los heterosexuales cada vez que un hombre pervierta a una jovencita.

La presión mediática contra la homosexualidad provoca el rechazo social y ocasiona que a los homosexuales no se les contrate en ningún trabajo. Tienen prohibido trabajar como funcionarios por miedo al espionaje. Un homosexual estaba fuera de la ley y por lo tanto era factible que una potencia extranjera chantajeara al delincuente con denunciarle si no le entregaba los secretos de estado. Esto no era más que una excusa para expulsarles del gobierno ya que tampoco se les permitía trabajar en las áreas gubernamentales donde no se trabajara con material sensible a la seguridad del estado. En las empresas privadas también eran expulsados ante la más mínima sospecha de homosexualidad. Incluso después de muchos años de realizar eficazmente su trabajo, una sospecha, y estaban automáticamente despedidos.

"Estos lo aceptan tranquila y gustosamente, felices si se les evita la humillación del escándalo. Lo aceptan, con la cabeza inclinada – irritados, dolidos, desamparados -, y frecuentemente con cierta sensación de que su suerte está en cierto modo justificada. Porque el homosexual no está completamente seguro de que sea injusto practicar la discriminación contra él."[92]

Aunque las leyes de los distintos estados penaban la sodomía con 2 a 30 años de cárcel, estas leyes apenas se aplicaban, quedando en una multa administrativa, una noche en el calabozo y una ficha policial donde se resaltaba la homosexualidad. Aun así, la existencia de estas leyes pesaba como una losa sobre los homosexuales. Temían que una denuncia malintencionada podía invocar la aplicación de estas leyes. Los policías, de incógnito, se infiltraban en los lugares de ligue homosexual para detener y fichar a los homosexuales.

"En la ciudad de Nueva York, en un periodo de tres años, 15.000 individuos acusados de conducta desordenada fueron transferidos a un centro de rehabilitación dirigido por los cuáqueros. La mayor parte de los 15.000 acusados eran homosexuales, y su delito consistió en proponer a un desconocido una cita en un parque o en un bar, por ejemplo."[93]

Una situación que aprovechaban los policías corruptos para conseguir un sobresueldo.

"El área principal de la disputa entre el homosexual y la ley se centra en torno a faltas como las que se cubren con el título de "conducta desordenada" u otro semejante. Comprende el caso

---

[92]   Ibíd.
[93]   Ibíd.

de dos personas que hablan en la calle, y una de ellas invita a otra a acompañarle a su casa o a un hotel; o una conversación análoga que puede tener lugar en un bar o en un parque, o en algún sitio semipúblico, como una casa de baños. De pronto alguien presenta una insignia, y una de las personas queda detenida. Algunas veces, con una propina de cinco o diez dólares, el asunto no pasa adelante."

En los bares de ambiente gay de esta época, no estaba permitido que los clientes se emborrachasen ni que bailaran juntos dos hombres. Los dueños sabían que su clientela era homosexual y estaban satisfechos pues eran un buen negocio, pero la ostentación equivalía a que le cerraran el local por permitir conductas deshonestas. El homosexual femenino era mal visto incluso por otros homosexuales. Eran considerados una deshonra para la causa gay, una vergüenza que les vean juntos y la excusa que usaban los heterosexuales para continuar con las prohibiciones y el rechazo. Los homosexuales viriles abogaban por la aceptación del heterosexual alegando que eran iguales que ellos. La ostentación de los afeminados perjudicaba sus apelaciones. Solo en el caso de las fiestas de disfraces, los homosexuales podían relajarse, bailar juntos e incluso besarse.

Los homosexuales, en su juventud, tienen muchas relaciones homosexuales. Todas efímeras. Según avanzan los años, desean un gran amor, pero las circunstancias lo hacen difícil, aunque no imposible. Una vida destinada a ocultar los instintos sexuales, el remordimiento inconsciente de estar actuando mal, el miedo a ser descubierto. Una pareja estable es demasiado complejo. Se dice que los homosexuales son más promiscuos que los heterosexuales. Seguramente sean más promiscuos a la hora de realizar el acto sexual pero no en el deseo de realizarlo. Todo joven heterosexual desearía mantener tantas relaciones sexuales como los gays pero la reminiscencia de la mujer disminuye la cantidad de relaciones sexuales de los heterosexuales. La mujer heterosexual no se comporta, en este caso, de forma distinta a la mujer lesbiana, también entre ellas disminuye la promiscuidad dándole más relevancia a los sentimientos de pareja que al sexo. Incluso, los hombres, siendo adultos, si desean satisfacer sus ímpetus han de pagar a alguna prostituta. Según Donald Webster, cuando los hombres heterosexuales rechazan y denigran a los homosexuales masculinos por su promiscuidad, lo único que están haciendo es mostrar su envidia, pues ellos harían lo mismo si las mujeres heterosexuales les dieran la oportunidad. Solo se relacionan con personas de su misma raza, la misma religión, la misma posición social y una edad similar. Se juntan con los que son como ellos, pero en el mundo gay todo se mezcla. Ricos con pobres, blancos con negros, cristianos con judíos. Todos son homosexuales y eso les hace iguales, todos soportan el mismo rechazo social y eso les hace cómplices.

Con respecto a la curación de la homosexualidad, todos los tratamientos han resultado ser un fracaso. Ya hay psiquiatras que reconocen la incapacidad de curación y optan por ayudar al homosexual a que aprenda a vivir su condición sexual sin autorechazarse. Existen varios libros de psiquiatría donde proclaman la curación. Tras muchos meses de tratamiento, en aquellos homosexuales que realmente desean su conversión, lo único que han conseguido es que el homosexual aprenda a reprimir su deseo pero no lo elimina. Les enseñan a aceptar a una mujer pero no a amarla. Con el tiempo, lo único que consiguen estos psicólogos, es crear una persona deprimida y neurótica con tendencias violentas o suicidas. Por ello, algunos psicólogos, han aceptado que es más positivo para el paciente y para la sociedad, enseñarle a aceptarse a sí mismo y darle fuerza moral para sobrellevar la exclusión social.

Década 1960 ¿Enfermedad social?

Las innovaciones de la década:
En 1961 se logra la primera fecundación de óvulos humanos en
una probeta
Se generaliza el uso de electrodomésticos en los hogares
En 1969 el hombre llega a la luna

El mundo vive bajo el miedo de que se inicie una Tercera Guerra Mundial. La consecuencia de esta guerra, tras el desarrollo de las armas nucleares, significaría el fin de la humanidad. La Crisis de los misiles en Cuba es como se denomina al conflicto entre los Estados Unidos, la Unión Soviética y Cuba en octubre de 1962, generado a raíz del descubrimiento por parte de Estados Unidos de bases de misiles nucleares soviéticos en territorio cubano. El presidente John F. Kennedy, fue asesinado en 1963 en oscuras circunstancias. Se inicia la guerra de Vietnam, 1964-1975, cuyas consecuencias socioculturales directas aún se sienten actualmente. La "carrera espacial" dio como vencedores a los EEUU, que lograron colocar al primer ser humano sobre la superficie lunar en 1969.

En el siglo XVIII Catalina Linchen, en Alemania, se casó con otra mujer y fue condenada a muerte por sodomía. La ejecutaron en 1721 a la edad de 27 años. En Francia, en 1750, los homosexuales eran quemados vivos en la plaza de Grève. En Inglaterra las penas variaban desde la castración hasta la pena de muerte. En EEUU eran enviados a la horca y en España también se les quemaban vivos incluso con el gobierno absolutista del rey Carlos V. En 1962 las penas no son tan severas pero siguen siendo desmesuradas. En Alemania entre 3 meses y 10 años de prisión. En Austria entre 1 y 5 años de cárcel. En Suiza sólo se castigaba la pederastia. La homosexualidad femenina solo está castigada en Austria, Grecia, Finlandia, Suiza y en Nueva York. Australia se desmarca del resto de los países instaurando el matrimonio homosexual.

Una década que por ser muy reciente ha sido poco analizada históricamente, pero que representó un punto culminante en la evolución de la sociedad. A partir de estos años, la industria, la tecnología, las ciencias y las investigaciones aceleran sus descubrimientos e innovaciones a un ritmo vertiginoso. Velocidad que se perpetúa hasta nuestros días, donde cada mañana nos levantamos con un nuevo artefacto tecnológico o un nuevo descubrimiento científico. ¿Tendrá un final este desarrollo? ¿habrá una desaceleración? Los expertos afirman que esta velocidad seguirá aumentando.

El consumismo se impone, haciendo creer a los ciudadanos que cuanto más posean más importantes serán, pero su verdadero objetivo será amansar y controlar a las masas mientras se fortalecen las empresas y los poderes sociales. Las nuevas tecnologías se venden a precios asequibles para el pueblo, aumentando las ventas y enriqueciendo a las empresas que invertirán en nuevas investigaciones aumentando de esta forma el ritmo de los descubrimientos. La psicología será un actor importante en esta transformación social. La investigación del comportamiento humano es asumida por las empresas creando el "Marketing". Un departamento cuyo objetivo será descubrir los comportamientos inconscientes del consumidor para potenciar y aumentar las ventas.

La mentalidad de los poderes fácticos va más lenta, un mayor desarrollo significa un menor poder, el ejemplo lo tienen en la iglesia católica o el feudalismo. Para perpetuar el poder han de controlar y manipular a las masas. El poder del pueblo es el verdadero enemigo de los poderosos. Necesitan tiempo para analizar las nuevas tecnologías, augurar su potencial peligro y

163

contraatacar utilizándolo en su provecho. Estas tácticas se utilizaron con la invención del cine y la televisión. Se emplearon para manipular el inconsciente de las masas y actualmente lo están intentando con Internet. Por regla general el esclavo considera que su enemigo es el amo, el obrero el patrón y el pueblo su gobierno. Los poderosos no aprenden la lección y siguen ofreciendo al pueblo a un culpable de su opresión. Un enemigo para distraer su atención. En la Edad Media los brujos y los demonios; con Hitler los culpables del hambre de los alemanes eran los judíos y las otras naciones; en esta década, el enemigo impulsado por los potentados fueron los comunistas y los homosexuales. La propaganda gubernamental en contra de la homosexualidad sigue desarrollándose:

- **El homosexual sigue considerándose peligroso judicialmente** porque se estipula que estas personas que no saben dominar sus instintos y no dudan en emplear la violencia o engaños para satisfacerlos. También influye la "natural" tendencia violenta de los homosexuales, son sujetos celosos, sádicos, brutales, con manías persecutorias, que castigan, van armados, son impulsivos, amenazan de muerte y a veces matan.
- **Es considerado contagioso.** Hay muchas personas que ignoran su predisposición congénita a la homosexualidad y que viven felizmente con su esposa e hijos. Los homosexuales pueden despertar la predisposición de este honrado padre de familia y convertirlo en otro invertido.
- **La prostitución y la drogadicción son actitudes propias de los homosexuales.**
- **Los continuos chantajes a los que son sometidos, crean una inestabilidad social**. No dudan en vender los secretos del estado a las naciones enemigas a cambio de una noche de sexo o por miedo a que se desvele su orientación. Los poderosos, para acallar el escándalo, han de pagar grandes sumas de dinero y en ocasiones han de pedirlo prestado a amigos y familiares que luego no devuelven porque la presión les supera y acaban suicidándose. Estas personas, de clase social elevada y grandes influencias, al suicidarse crean una alarma social poco deseable para la normal convivencia.

En EE.UU. se inicia un movimiento social de rebeldía que involuntariamente ayudó a los homosexuales: los *hippies* y su revolución sexual. Sus consignas eran "amor libre" y "paz para todos". Este grupo consiguió cambiar la mojigata moralidad sexual imperante. Para los homosexuales, esta década, significó el primer paso en su lucha por la aceptación y la igualdad legal. La semilla se había plantado, pero aún le queda mucho camino hasta su floración.

Los grandes cambios en la mentalidad de los ciudadanos, asumiendo una mayor liberalidad sexual y moral, permitieron a los expertos plantearse cuestiones filosóficas y discutir hasta qué punto las ideologías religiosas, éticas y los análisis médico-científicos deberían influir en las leyes penales. *No hay que confundir la anormalidad sexual metafórica, que es la que la sociedad, religión, política, etc. marcan y la anormalidad médica que es la que la biología demuestra.* Una conducta sexual puede ser anormal con respecto a determinada época y determinada moral; pero no implica, necesariamente, una anormalidad del instinto, aunque puedan parecer anormales sus manifestaciones. Las leyes han de regular la protección material de las personas y sus pertenencias, pero ¿hasta qué punto han de regular la protección moral de las personas si esta es variable dependiendo de las épocas y las sociedades? Según el pensamiento de la sociedad de los 60, los homosexuales son violentos, contagiosos y pervertidores de menores, luego ¿las leyes en contra de la homosexualidad estarían justificadas aunque un homosexual concreto no fuera violento, contagioso o pederasta? Si las leyes no debieran interferir en las cuestiones puramente morales ¿se debería permitir a cualquier persona que desee ir desnudo por la calle? ¿Se podría permitir que un maestro diera lecciones a sus alumnos, completamente desnudo? Tendríamos que admitir que las leyes regularan aquellos actos morales que escandalicen a la mayoría social, entonces ¿se podría permitir la homosexualidad, pero sólo en la intimidad de un domicilio particular? ¿Coartar la libertad de una minoría para evitar el escándalo moral de la sociedad o reeducar a la sociedad para que no se escandalice? ¿Hasta qué punto ha de permitirse que las ideas de un gobierno (liberal o conservador) se impongan en los valores de la sociedad? ¿No estaríamos hablando de un gobierno manipulador y dictatorial?

Esto nos plantea otras cuestiones:

¿Podemos criticar, con nuestra moral actual, las acciones cometidas históricamente por una sociedad con una moral distinta? ¿Podemos juzgar la persecución y ejecución de las brujas en una sociedad netamente supersticiosa y religiosa? ¿Podemos juzgar la persecución y ejecución de los judíos por los nazis en una sociedad reprimida e influenciada por los últimos avances científicos sobre la pureza de las razas y de la humanidad? ¿Podemos censurar la opresión ejercida sobre los homosexuales durante siglos si este era el sentir de la sociedad? ¿Podemos rechazar, desde la moral occidental, las costumbres aceptadas por la sociedad oriental? ¿Debemos permitir la discriminación de las mujeres en esas sociedades, aunque ellas mismas apoyen esta discriminación? ¿Es más censurable la auto-sumisión de estas mujeres árabes que la sumisión en una relación sadomasoquista? ¿Se ha de permitir que las mujeres árabes que no acepten esta sumisión puedan elegir libremente otro estilo de vida aunque esto vaya en contra del sentir de la mayoría de la sociedad? ¿Se ha de permitir que el profesor desnudo ejerza su profesión aunque esto vaya en contra del sentir de la mayoría de la sociedad?

Se puede alegar que en épocas históricas o en determinadas sociedades no se deja decidir libremente al pueblo, se le educa para aceptar las doctrinas imperantes. La solución sería, como sucede en los países democráticos, permitir la libre información en periódicos, televisión, libros, etc. de distintas opciones para que el pueblo pudiera decidir su propia posición. Obviando el hecho de que la información que recibe el pueblo no es neutral, ya que los distintos estamentos y organizaciones se encargan de dar publicidad y financiar los textos acordes con su ideología, y por lo tanto, los entes más poderosos tienen más facilidad para manipular a la opinión pública ¿Tendríamos que aceptar que una sociedad decidiese la expulsión de una etnia determinada solo por el hecho de que a esta sociedad se la informó neutralmente y decidió libremente? ¿Hasta qué punto la moral de una sociedad ha de imponerse a la moral de otra sociedad? ¿Hasta qué punto la moral

166

de una persona ha de imponerse sobre la moral de otra? La moral es algo abstracto que va modificándose a lo largo de los años y, en la mayoría de los casos, no son compatibles unas con otras. La moral de una familia devotamente cristiana se vería seriamente dañada si, durante un paseo con sus hijos, se encontraran en mitad de la calzada, a dos personas totalmente desnudas copulando. Por mucho que la moral de esta pareja librepensadora alegara la naturalidad inherente en todo ser humano y animal del sexo. Aunque argumentaran estar siguiendo sus instintos sexuales, genéticamente demostrados, y que su comportamiento, al hacerlo en público, es tan natural y tan acorde con las leyes de la naturaleza que todos los animales van desnudos y copulan delante de la manada ¿Sería lícito prohibir legalmente un comportamiento natural que daña la conciencia de otras personas? Si ante la alegación de los padres religiosos sobre el posible trauma psíquico de sus hijos, la amante pareja adujera que los animales adultos copulan delante de los cachorros y estos no sufren ningún trauma psicológico, si estos enamorados, declararan que los posibles traumas psicológicos producidos en la infancia son, en la mayoría de los casos, consecuencia de la educación recibida o de la influencia social y no del hecho en sí mismo ¿Habría que permitir que siguieran copulando en público? ¿Sería lícito prohibir la homosexualidad actualmente porque daña moralmente a la misma familia devota y creyente? Si tu pensamiento es que habría que separar la religión de la moral, te vuelvo a preguntar ¿Permitirías que un profesor, completamente desnudo, enseñara a tus hijos con el argumento de que él es naturista? No dañaría ni a tu persona, ni tus propiedades, ni a tus hijos, pero dañaría tu moral ¿Qué moral? ¿La actual? ¿Tus valores morales son iguales a los 20 años, a los 40 o a los 80 años? Según van pasando los años y las responsabilidades la moral se va volviendo más conservadora ¿A que periodo de tu moralidad han de adecuarse las leyes restrictivas? Si piensas que habría que separar lo sexual de la moral, te pregunto ¿Son menos censurables la mentira, la hipocresía y la falsedad por el hecho de que la mayoría de la sociedad las aplique? ¿Estamos capacitados para crear leyes morales? ¿Podemos permitirnos una sociedad sin leyes morales?

Las leyes morales son la legitimación legal de los tabúes de la sociedad. La educación recibida nos hace mirar con recelo a una persona desnuda en público y el sexo sigue siendo algo íntimo y privado. Estos tabúes son el resultado de la represión de las distintas religiones. No se crean leyes contra la hipocresía. En lugar de crear leyes morales habría que mostrarle a la sociedad las cadenas que aún les atan, mostrarles que siguen siendo esclavos de su educación y de la educación de sus padres. Una vez que consigamos ver las cadenas, podríamos plantearnos si queremos seguir siendo esclavos o preferimos la libertad.

En esta década otra ciencia se suma al estudio de la problemática homosexual: la sociología. Con masivas encuestas y estadísticas intentaron plasmar una visión en conjunto de la situación, convirtiéndose, sin pretenderlo, en un bastión que hizo cambiar la mentalidad de la sociedad y de los propios médicos sobre el enfoque del homosexualismo:

La presión social y el sentimiento de culpabilidad influyen en algunos homosexuales que intentan reprimir su tendencia mediante la abstinencia, principalmente ingresando dentro de la teología cristiana, transformando sus deseos sexuales en deber cristiano, son pocos los que consiguen mantener controlada su libido. Una gran mayoría de los que siguen este camino sucumben a sus impulsos, que son superiores a su fe, y a escondidas mantienen relaciones sexuales con otros hombres dentro de la propia congregación. Otras personas, al detectar sus impulsos homosexuales, e incluso después de haber tenido alguna experiencia en el ejército o en algún internado, deciden reprimir estas inclinaciones casándose y teniendo hijos. Aunque en un principio consiguen sobrellevar esta carga, sus verdaderos deseos siempre están presentes y poco a poco sus relaciones maritales se van enfriando y surge el miedo de que sus propios hijos hayan heredado su homosexualidad. Estos individuos terminan apáticos, depresivos e irritables. Al no dar salida a sus sentimientos, de forma obsesiva, se fijan en los hombres por la calle anhelando el contacto físico, pero se reprochan a sí mismos esta actitud. Culpan a su propia esposa de sus males. Su comportamiento neurótico y sus sentimientos de culpabilidad les llevan a la autodestrucción. Muchos de estos homosexuales son el resultado "exitoso" de los tratamientos psicológicos. Estos tratamientos para la curación de la homosexualidad se contabilizaron por los psicólogos como un éxito al conseguir una disminución de los instintos "desviados" y la aceptación del matrimonio con una mujer, pero lo único que conseguían era retrasar el problema e involucrar negativamente a esposa e hijos que junto con el homosexual reprimido terminaban con desordenes nerviosos y neuropatías. En otras ocasiones, el homosexual terminaba rindiéndose a la evidencia y le era infiel a su mujer manteniendo regularmente alguna relación sexual con otro hombre, consiguiendo de esta forma, disminuir la tensión acumulada en su interior, transformando la frustración al observar la belleza de otro hombre en deseo y admiración. Los tratamientos psicológicos no hacían un seguimiento del "enfermo" después del tratamiento y sus resultados, en un principio positivos, eran un fraude.

Se calcula que un 60% de la población ha mantenido algún contacto homosexual a lo largo de su vida. Estas relaciones suelen ser esporádicas y sin mantenimiento en el tiempo: prisioneros que aceptan les practiquen el coito anal con un guardia a cambio de una mayor ración de comida, prostitutos masculinos, en su mayoría heterosexuales, que aceptan el sexo con otro hombre a cambio de una retribución pecuniaria, jóvenes de la misma edad cuya única disposición es la descarga sexual ante la dificultad de hacerlo con una mujer... además hay una reacción de los heterosexuales cuando consumen alcohol que merece una especial atención. Diversos analistas están intentando hacer una relación entre el alcohol y la homosexualidad. Se ha detectado que bajo los influjos de estas bebidas, los heterosexuales se muestran más perceptivos a la posibilidad de mantener sexo homosexual, por lo que es muy posible que el alcohol fomente la homosexualidad (realmente lo único que sucede es que el alcohol desinhibe nuestras normas morales, nuestra educación, dejando paso con más normalidad a los deseos del cuerpo). Estos comportamientos suelen ser puntuales y no se manifiesta en estos sujetos un deseo sexual hacia otros hombres cuando las circunstancias han cambiado, quedando demostrado, con los estudios sociológicos, que la teoría psicológica del contagio mental de la homosexualidad no se corresponde con la realidad social.

Dentro de la homosexualidad existe también otro grupo de hombres que se casan y tienen hijos, son felices en su vida familiar pero buscan cualquier excusa coyuntural para mantener sexo con otros hombres. Rechazan denominarse como homosexuales pues a ellos les gustan las mujeres y consideran el sexo con otros hombres como circunstancias extraordinarias que no volverán a repetirse. No tienen un sentimiento de culpa, ni se reprochan a sí mismos cuando "por otras circunstancias" vuelven a tener sexo homosexual.

Según las estadísticas el 20% de los homosexuales no muestran ningún interés por las relaciones estables, las causas varían desde los motivos familiares al deseo de nuevos estímulos, pero la mayoría afirma no encontrar ninguna necesidad de este tipo de relaciones. Aun así, el 70% reconoce haber mantenido alguna relación duradera a la largo de su vida. Un tercio de estas parejas tuvieron que romperse por causas ajenas a los partícipes.

Los sentimientos de auto rechazo del individuo se hacen notorios en la práctica sexual que conciben como algo sucio y depravado, como una debilidad de sus emociones. Las personas que así sienten tienden a la violencia dentro del acto, tanto infligirla a su pareja como a que se la inflijan. Estos casos extremos y aislados, no representan la mayoría del colectivo, pero son estos los que acuden al médico y estos basan sus estadísticas entre las personas que acuden a sus consultas y no en la mayoría del colectivo. Desvirtuando considerablemente todas las estadísticas de los psicoanalistas. Las encuestas realizadas anónimamente en los propios lugares de alterne y diversión de los homosexuales dan como resultado unos hechos mucho menos traumáticos y un mayor volumen de homosexuales que, aceptándose a sí mismos, viven con relativa normalidad sus contactos sexuales. La no existencia del matrimonio homosexual y la falta de necesidad de un largo noviazgo para llegar al sexo, como sucede con los heterosexuales, son las principales causas de la promiscuidad. Los lugares donde habitualmente se dirigen para conocer y mantener relaciones esporádicas son los baños públicos, en la calle o en los locales frecuentados por otros homosexuales. Un 20% recurre a anuncios insertados en revistas homosexuales. A diferencia de la mayoría de la sociedad homosexual, los médicos, los maestros y los consejeros de orientación profesional, encuentran estas relaciones esporádicas dentro de su actividad profesional. En las relaciones esporádicas se evita mezclar la vida privada de la sexual, evitando llevar a las conquistas al domicilio particular, principalmente por miedo a los chantajistas. La mayoría acude a esta forma de sexo entre una y cuatro veces al mes.

Las alegaciones contra la homosexualidad que inciden en la protección de los jóvenes inocentes ante los pervertidores homosexuales, también quedan descartadas con las estadísticas sociológicas. El 65% de los homosexuales que siendo menores de 21 años tuvieron su primera experiencia sexual con un adulto, manifestaron que la iniciativa la tuvieron las dos partes y un 35% de los jóvenes reconocen, que aunque el primer paso lo dio el adulto, ellos estaban deseando esta seducción. En ningún caso se puede relacionar la seducción del adulto con la posterior homosexualidad del joven, ya que estos admiten poseer instintos homosexuales antes de la seducción. De la misma forma se puede comprobar que los jóvenes heterosexuales seducidos por un homosexual adulto, en un momento concreto de su vida, no cambiaron su tendencia sexual en el futuro. Las relaciones sexuales de un joven heterosexual con un adulto homosexual, no convirtieron al joven en homosexual ni les crearon ningún trauma adicional. Los jóvenes heterosexuales mantienen su atracción hacia las mujeres, asumiendo sus contactos homosexuales como un paso más en el aprendizaje del sexo o como un error de juventud.

Aquellos homosexuales que mantienen relaciones estables de pareja rara vez van al médico. Estas relaciones suelen tener una duración entre uno y diez años y es más frecuente entre personas de 30 a 40 años. El 45% de estas parejas se conocieron por casualidad en un medio ambiente normal (conciertos, teatros, invitaciones, etc.) El 51% se conocieron en locales gays o por medio de anuncios en revistas. El 72% no viven juntos por miedo a intervenciones judiciales, rumores mal intencionados o porque alguno de los dos está casado con una mujer o cuida de su anciana madre. Un 12% no desea la convivencia y un 9% tienen proyectado convivir en un futuro pero nunca encuentra el momento más adecuado.

El 29% de los que mantienen relaciones estables desearían un tratamiento que curara la homosexualidad, este porcentaje va disminuyendo a medida que la relación se hace más duradera:

38% entre los homosexuales que no tienen pareja estable.

33% entre las parejas de 1 a 2 años de duración.

31% entre las parejas de 3 a 5 años de duración.

20% entre las parejas de 6 a 10 años de duración.

12% entre las parejas de más de diez años de duración.

Sorprende el gran número de homosexuales, que aun siendo felices con una relación estable, desearían un tratamiento eficaz contra la homosexualidad para evitar la presión social. Entre los que rechazan el tratamiento, el 52% alegan aversión hacia el sexo femenino y el 48% el rechazo a considerar la homosexualidad como una enfermedad.

La mayor parte de los que tienen relaciones durante cinco o seis años viven juntos. Al tomar esta decisión pesa sobremanera en la pareja el miedo a la vecindad y las denuncias, pues se hace más evidente la relación homosexual. Un 30% afirma que los vecinos están al corriente de esta situación, un 33% no están seguros y un 37% han dado respuestas negativas.

El 40% no admite la infidelidad en la pareja, un 27% podría admitir una infidelidad puntual y el 24% acepta las relaciones fuera de su pareja por consentimiento mutuo. Se observa que en las parejas fieles que viven juntos es mayor el grado de visibilidad con la vecindad, mientras que en las parejas liberales procuran ocultar su relación por miedo a las denuncias de los vecinos.

Según los estudios sociológicos, los comportamientos y vivencias de los homosexuales no se diferencian de los heterosexuales y por ello algunos calificativos aplicados por la psicología debieran revisarse:

- El concepto de "perversión", referida a los homosexuales, ha de suprimirse, pues aunque en el mundo homosexual haya perversos, no son mayoría, ni en número superan a los perversos que puede haber en el mundo heterosexual. No se puede generalizar afirmando que con el acto sexual los homosexuales buscan la destrucción, la negación y la violencia. Al contrario, es la aceptación y la fusión lo que buscan. La necesidad de ocultar su verdadero ser y las estratagemas para conseguirlo, llegan a realizarse por costumbre y acaban siendo asumidos por el propio homosexual con normalidad. La vida en pareja de los homosexuales estables en nada se diferencia de las heterosexuales.

- El concepto de "anormalidad" solo puede apreciarse desde el punto de vista cualitativo en los comportamientos homosexuales ya que la práctica homosexual está tan extendida, incluso en los heterosexuales, que el concepto "anormalidad" no es aplicable.
- La patología psicológica de homosexualidad, no existe. Los homosexuales con comportamientos autodestructivos son una minoría y por lo tanto los psicólogos deberían dejar de rellenar capítulos enteros en los libros destinados a los homosexuales en general y centrarse en estas patologías concretas de estas minorías.
- El calificativo de "aberrante" se podría aplicar actualmente a muchas de las conductas sexuales de los heterosexuales. Según los conceptos psicológicos y religiosos actuales, cualquier acto sexual que no este destinado a la procreación es "aberrante" y por lo tanto "aberrantes" son muchas de las prácticas sexuales de los heterosexuales, incluido la simple posición del "misionero" donde se practique la "marcha atrás", el sexo oral, o el uso de anticonceptivos. Este calificativo solo se puede aplicar en el concepto temporal actual, debido precisamente a los informes psicológicos y a las creencias religiosas dominantes. Si analizamos distintos momentos históricos y geográficos, este calificativo estaría fuera de lugar.

Con respecto a los tratamientos médico-jurídicos para evitar o curar la homosexualidad, la sociología indica:

- Las sanciones judiciales sólo tienen sentido en el caso de la protección de menores ante abusos sexuales.
- La hormonoterapia y la castración. Con estos tratamientos se puede disminuir la libido sexual pero no modificar el objeto del deseo. Es cierto que si reduces la apetencia sexual (inyectando hormonas femeninas en el hombre o

castrándolo) le resultaría más fácil al homosexual reprimir sus impulsos, pero esto no es una "curación" de la homosexualidad, sino un medio para que los homosexuales no puedan practicar sus instintos naturales.

- Con respecto a los tratamientos psicológicos, sus datos son demasiado ambiguos:

"La "Sociedad Alemana de psicología profunda y psicoterapia" comunica que en un periodo de tiempo bastante largo, de 511 hombres homosexuales tratados, 341, a sea, el 67% "podrían ser considerados como curados" [...] Los éxitos oficiales de la psicología analítica tienen que ser comprobados de nuevo. El grupo de las personas tratadas debería, en primer lugar, ser clasificado desde el punto de vista del diagnóstico diferencial, habría que averiguar si no se trata de simples reacciones homosexuales, que pueden en general corregirse espontáneamente; después habría que ver, entre otras cosas, si la actitud opuesta a la vivencia originaria es persistente a largo plazo. Hay que examinar asimismo con mucha atención las catamnesis."[94]

Es decir, ¿a que homosexuales curaron? ¿A los que sienten y practican el deseo hacia otros hombres de forma habitual, a los que ocasionalmente tuvieron algún contacto homosexual, a los que sienten deseos pero nunca han practicado? Y esta curación en qué consistía ¿Han perdido sus inclinaciones homosexuales o han aprendido a reprimirlos? Y lo más importante ¿se ha hecho un seguimiento temporal de los pacientes para verificar la continuidad en el tiempo de la "curación"? ¿Se consideran las recaídas en sus antiguos hábitos como un fracaso en el tratamiento? Son demasiadas las preguntas que estos informes médicos no responden.

- Aunque las parejas estables entre homosexuales son una minoría, el 93%, la mayoría, considera este tipo de uniones como algo posible y positivo. En lugar de intentar corregir

---

[94] Hans Giese. *El homosexual y su ambiente*. 1962

la homosexualidad, cosa hasta ahora imposible, el médico debería fomentar las relaciones estables entre los homosexuales, evitando la promiscuidad y los conflictos patológicos que esto conlleva. Se conseguiría una mayor estabilidad emocional y una mayor aceptación social, eliminando, de esta forma, los traumas psicológicos achacados a la homosexualidad.

La psicología se expande en esta década y se inmiscuye en otras áreas: la empresarial, militar, política, sociología, biología, etc. Sus conclusiones divergen dentro de cada materia, incluida la sexual donde se dividen entre los psicólogos que apoyan las teorías iniciales, los que siguen la escuela de Sigmund Freud y los que buscan una nueva perspectiva psicológica más acorde con los tiempos de aquella cambiante sociedad.

En lo que respecta a la sexualidad, muchos psicólogos critican las teorías de Sigmund Freud y prefieren las hipótesis que Krafft-Ebing concibió a finales del siglo XIX, aunque evitan aludir al estado de "indefinición sexual" con la que Krafft-Ebing apelaba a la normalidad de la bisexualidad en la mayoría de los adolescentes hasta los 20 o 23 años.

Si al analizar la *psicopatología sexual* teníamos que sonreír ante la ingenuidad de los médicos que consideraban como una prueba del cuerpo físico femenino en los homosexuales masculinos el hecho de que no pudieran escupir o silbar, no podemos dejar de asombrarnos al encontrar una relación parecida sobre las lesbianas en la década de los 60 al considerar que conducir un coche o una moto es un síntoma de la excesiva virilidad en la mujer.

"También aquí existen varios grados: es decir, que existe un tipo de mujer que tiene tan sólo una alterada forma de sentir que puede manifestarse más o menos imperiosamente, según que exista o no una hipersensibilidad; la mujer que además de esta sensibilidad tiene tendencias por todo lo viril (juegos, deportes, trabajo) y, finalmente, la mujer que, además de tener una sensibilidad viril, se comporta y actúa como un hombre. Estas mujeres tienen los genitales de tipo femenino, pero en lo restante son verdaderos varones. Tienen aptitud para el mando, son imperiosas, llevan los cabellos cortos, fuman, visten con

abandono, hacen trabajos de hombre, van en coche e incluso en moto. No se debe creer que todas las mujeres que guían el automóvil o la moto tengan estas tendencias, ya que casi siempre es cierto lo contrario; pero si además de conducir un coche se añade un discreto número de movimientos y actitudes marcadamente masculinos, es lícita la sospecha." [95]

Estos profesionales, seguidores de la antigua psicología siguen considerando el alcohol como un desencadenante de la homosexualidad. Esta vez, tras las investigaciones realizadas, dan la explicación de la causa-efecto:

"El alcohol está ahí para atestiguarlo. El verdadero drama reside en el hecho de que los primeros vasos calman un trastorno afectivo verdadero, y dan una tranquilidad interior que es legítimo a todo hombre desear y exigir" [96]

Los hombres casados con mujeres dominantes se refugian en la tranquilidad que ofrece el alcohol y en esta relajación física y moral cae fácilmente en el homosexualismo. Perciben el sexo con otro hombre como un desahogo fisiológico entre iguales, sin la tiranía de su mujer, sin el miedo a defraudar.

Otros psicólogos seguidores de Krafft-Ebing, prefieren no ignorar la bisexualidad juvenil promulgada por este y apoyada por el irrefutable informe Kinsey. Alegan que el simple contacto sexual no es suficiente para diagnosticar la enfermedad homosexual, hay que incluir el factor psicológico del sentimiento amoroso. Se lamentan estos especialistas de que tras tantos años de investigaciones aún no se haya podido aunar una definición común de lo que científicamente se considera homosexualidad. Esta falta de criterio sobre la verdadera homosexualidad está dificultando la coherencia de las investigaciones sobre la enfermedad homosexual: ¿Una experiencia sexual con una persona del mismo sexo es suficiente para diagnosticar la enfermedad? ¿Cuántos contactos sexuales son necesarios para diagnosticarla? ¿Es

---

[95]   Lucio Wald. *Desviaciones sexuales*. 1969
[96]   VV.AA. *La sexualidad.* 1965

necesario el contacto carnal o es suficiente sólo con el deseo? Son tantos y tan variados los factores que los psicólogos han de determinar que no se puede generalizar y habría que tratar los casos individualmente para poder determinar si el paciente está afectado de la enfermedad homosexual y ha de ser ingresado en un hospital psiquiátrico o es simplemente un pervertido que ha de ser ingresado en la penitenciaría. La jurisprudencia y la biología prefieren no adentrarse en este intrincado asunto. La mejor forma de asegurar que un paciente está aquejado de esta enfermedad es cuando el propio enfermo se considera así mismo homosexual. En este caso estaremos hablando de un verdadero enfermo.

Los psicólogos que siguen la escuela de Sigmund Freud, consideran que las distintas enfermedades psicológicas que padecen los homosexuales son fruto de la presión social, pero la homosexualidad sigue siendo una enfermedad a tratar. Estos psicólogos abogan por eliminar la discriminación para mejorar la vida de los homosexuales y así poder "curar" su homosexualidad más eficazmente al disminuir las interferencias de otros trastornos psicológicos.

Aunque la mayoría de los seguidores de Sigmund Freud, prefieren ignorar que el maestro rectificó sobre sus primeras teorías relativas a la homosexualidad y acabó aceptando que es una opción sexual, ni mejor ni peor que la heterosexual, otros psicólogos prefieren defender las experiencias finales del famoso psicoanalista, no sin antes determinar en la introducción o en prólogo del libro que ellos, aunque aparentemente defiendan la normalidad de la situación homosexual, no son ni han tenido contactos homosexuales. Son heterosexuales y felices padres de familia que no desean que se les confunda con el execrable submundo homosexual. Una cosa es defender una ideología y otra muy distinta pertenecer a ese grupo de indeseables.

El fracaso de todas las teorías psicoanalíticas y la imposibilidad de demostrar las tesis esgrimidas durante décadas, obligan a los psicólogos a cambiar sus discursos. Muchos de ellos aceptan el error y dejan de considerar la homosexualidad como una enfermedad, otros psicólogos adaptan sus doctrinas a las nuevas tendencias sociales achacando la homosexualidad como el producto de la relajación de las normas morales, la permisividad de la sociedad, la educación igualitaria entre hombres y mujeres, y la rebeldía innata del ser humano ante las imposiciones: *Si la homosexualidad no estuviera prohibida, perdería todo su atractivo para los rebeldes y por lo tanto habría menos homosexuales.* Los psicólogos que apoyan esta nueva teoría la explican de la siguiente manera: la sociedad inculca a la persona, desde su niñez, un sentimiento de vergüenza hacia los órganos sexuales, en la adolescencia un sentimiento de culpabilidad hacia su libido sexual y a los adultos se les aterroriza con la posibilidad de enfermedades sexuales y embarazos no deseados. Es lógico suponer que cada vez más personas opten por el sexo homosexual, como mal menor, para satisfacer sus deseos sexuales. Según Robert Lindner:

"Dada esta imagen de una sociedad que repudia y reprime el sexo, la inversión debe ser forzosamente una forma de orientación sexual adoptada por ciertos individuos como solución de su conflicto entre las exigencias de sus instintos sexuales y los esfuerzos represivos que gravitan sobre la expresión sexual por obra de la moralidad reinante acerca del sexo"[97]

El homosexual es solamente un rebelde que lucha contra las imposiciones morales del sexo heterosexual, la prohibición solo enaltece a este grupo haciéndole sentir parte de un club de reformistas, enalteciendo su ego y aumentando sus impulsos revolucionarios. Eliminando las prohibiciones y fomentando el "amor libre" heterosexual, la homosexualidad dejaría de tener sentido reivindicativo y por lo tanto poco a poco desaparecería por sí sola.

Es en esta década cuando los psicólogos se dan cuenta de que los homosexuales no siguen un patrón de comportamiento característico a su condición sexual y que las test analíticos para determinar la personalidad de un paciente no podían demostrar la homosexualidad de este.

"También en Bieber y otros hallamos confirmación de la tesis de que los homosexuales abiertos exhiben una amplia variedad de

[97]   Ibíd.

estructuras de personalidad, aunque las evidencias sean indirectas. El diagnóstico psiquiátrico de los dos grupos de pacientes sometidos a tratamiento psicoanalítico – homosexuales y heterosexuales – no mostró diferencias significativas. En ambos grupos había individuos diagnosticados como esquizofrénicos, maniaco-depresivos, psiconeuróticos, y con trastornos de carácter, y las diferencias entre los grupos en cada categoría diagnóstica no eran importantes. En realidad, los autores señalan que "las teorías que postulan que la homosexualidad es un fenómeno que acompaña a un proceso psicopatológico más amplio, recibe muy poco apoyo de nuestra parte". Si "en ninguna edad es la homosexualidad un síntoma, como dicen los autores (y esto es discutible), es plausible suponer que la descripción de ese sólo "síntoma" define muy poco al individuo que lo exhibe, y que además las personas que lo muestran pueden tener poco más en común" [98]

Es decir, como ya vimos en la introducción, la psicología se da cuenta en la década de los 60, tras setenta años negándolo, que la conducta social de los homosexuales en nada difiere de la conducta heterosexual. Y que entre los homosexuales hay tanta variedad de actitudes sociales que se podría decir que lo único que les une es el hecho de su atracción hacia personas de su mismo sexo. No existe una personalidad gay ni ningún trastorno psicológico común a todos ellos.

Una curiosidad. Desde 1900 hasta mediados de siglo se podía considerar a un homosexual activo cuando disfruta siendo penetrado y pasivo cuando penetra pues este no es más que un objeto utilizado por el verdadero homosexual, el activo, para obtener placer. A partir de 1950 se considera pasivo al penetrado porque recibe el placer y activo al que penetra porque da placer. Considerándose actualmente al activo como el que penetra por que es el que habitualmente más se mueve a la hora del coito.

Los biólogos se empiezan a cuestionar algunos datos de sus investigaciones, pues son los resultados de unas bases que se

---

[98]   VV.AA. *Biología y sociología de la homosexualidad.* 1967

creían inamovibles y que ahora pudieran estar desvirtuando las investigaciones. Uno de estos datos era la consideración de la predisposición, genéticamente heredada, hacia la heterosexualidad.

"Pero se pueden oponer dos argumentos contra la probabilidad de esa conducta en los seres humanos, por lo menos en la sociedad occidental moderna. El más frecuentemente esgrimido señala que la heterosexualidad es la "norma biológica" y que, por lo tanto, la homosexualidad no puede presentarse si no se ha producido alguna inhibición de la heterosexualidad, provocada por la ansiedad. Me parece que este argumento no resiste un examen atento. Todos los datos de la zoología comparada indican que, por el contrario, la norma biológica es la bisexualidad o "ambisexualidad", y que la heterosexualidad exclusiva es una restricción impuesta por la cultura. Por ejemplo, los primates exhiben normalmente conductas homosexuales, aun en el caso de que dispongan de oportunidades para la actividad heterosexual. La homosexualidad exclusiva, en cambio, es también rara en el mundo animal, de modo que su relativa frecuencia en el hombre tiene que provenir de rasgos específicos de la vida humana." [99]

Otra cuestión de dudosa interpretación es la relativa a las hormonas. La mayoría de los científicos están de acuerdo en que las hormonas femeninas son determinantes sobre todo para el desarrollo del cuerpo, y tienen menos influencia en la conducta del sujeto y las hormonas masculinas masculinizan el cuerpo. Una mayor o menor cantidad de esta última hormona afecta a la conducta. Un aumento de la testosterona desarrolla la agresividad y la libido. Hasta ahora se había aceptado que este hecho aumentaba la virilidad del sujeto, pero ¿Es lícito considerar la agresividad como una característica masculina? ¿Los hombres poco agresivos son menos viriles? Una mayor libido significa un mayor deseo de "conquista" sexual ¿los hombres han de ser conquistadores y las mujeres sumisas? ¿Esto es una cuestión biológica o educacional? Bajo esta nueva perspectiva se empieza a dudar sobre la influencia de las hormonas en la elección del objeto sexual. Las

---

[99]   VV.AA. *Biología y sociología de la homosexualidad.* 1967

investigaciones con hormonas en animales demuestran que un aumento de la testosterona aumenta la agresividad y la necesidad de copular, pero este hecho también ocasiona que los animales objetos de este estudio manifiesten una menor diferenciación entre hembras o machos. Su deseo es desfogarse. Una disminución de la testosterona ocasiona un sujeto menos interesado por la copula y una mayor sumisión ante sujetos con la testosterona más elevada. Definir la testosterona como una hormona masculina es un error ya que esta aumenta la libido tanto en hembras como en machos ¿Es menos femenina una hembra con mayores deseos de copular?

No faltan los libros de biología destinados a adoctrinar cristianamente al pueblo, en donde se asegura que la biología del ser humano no predispone al sexo, como comúnmente se cree, sino a la abstinencia, el largo noviazgo, el matrimonio y la monogamia.

"No debe oponerse una naturaleza biológica más o menos común entre animal y hombre, y una sobrenaturaleza espiritual. La sexualidad específicamente humana radica en la dirección cerebral del sexo. Muchos comportamientos que se consideran naturales son, de hecho, contra natura, no solamente los diversos tipos de inversión, incluidos los de raíz no neurótica, sino también todas las uniones sensuales accidentales. La biología humana confirma la norma del matrimonio monogámico permanente basado sobre el amor. La relación sexual humana debe ser primero, una relación social personalista. Todo estudio comparativo con la sexualidad animal, desde las especies inferiores a las superiores, permiten ver la sexualidad específicamente humana, en la que lo psicológico tiene predominio sobre lo genital puro" [100]

Voces discrepantes: Stonewall

Stonewall era el nombre de un bar de Nueva York de ambiente homosexual. Como muchos otros bares homosexuales, era frecuentemente asaltado por las redadas policiales. Lo habitual era que en estas redadas los homosexuales intentaran huir por la

---

[100]   VV.AA. *La sexualidad.* 1965

puerta trasera, pero, una vez atrapados, se mostraban sumisos ante la autoridad, soportando las humillaciones y las chanzas de los policías. Si conseguías "esconderte entre el grupo" y no llamar la atención, todo podía quedar en un "mal trago", demasiado habitual últimamente, pero aceptado como una posibilidad. El homosexual solía estar al tanto de este acoso. Había locales donde las redadas eran más habituales y se procuraba evitarlos. Todo dependía del dinero que los dueños de los bares pagaran a los policías. Si había demasiadas redadas, los clientes se marchaban a otros locales y los dueños sobornaban a los policías para intentar evitarlas. Los opresores seleccionaban a algunos clientes y los mandaban al furgón policial para llevarlos a comisaría y ficharlos. Los homosexuales subían a la furgoneta sin escándalos, temerosos de recibir alguna bofetada. En el fondo, eran esclavos de su propia educación. Eran conscientes de haber cometido un delito y asumían el castigo con civismo. Un sentimiento parecido a cuando te para la policía por conducir a mayor velocidad de la permitida, asumes la infracción con sumisión y aceptas la multa. No te cuestionas el porqué permiten construir coches con velocidades ilegales.

El 28 de junio de 1969, algo cambió en Stonewall. Probablemente un ataque de histeria de un homosexual que se enfrentó a la policía. Seguramente un homosexual acosado policialmente que no pudo soportar más humillaciones. Posiblemente alguien devolvió la bofetada al policía, pillándole desprevenido. Algo estalló en ese momento. Los homosexuales dejaron de ver a los opresores como todopoderosos intocables y se dieron cuenta de que eran seres humanos vulnerables. Los homosexuales atacaron ante el asombro de la autoridad que se vieron indefensos ante la muchedumbre. Pidieron refuerzos, pero ya era tarde. Los clientes habían tomado el control y apresado a los policías como rehenes. En los alrededores del local, se acumulaban los coches policiales con sus sirenas, rodeándolo y amenazando con entrar a la fuerza.

El bloqueo policial y la resistencia homosexual duró tres días, durante los cuales los medios de comunicación no dejaron de informar a los ciudadanos. Mayoritariamente, las noticias denigraban a los homosexuales y exaltaban la peligrosidad de este colectivo que se había atrevido a secuestrar a unos "inocentes" policías comportándose como vándalos. La sociedad, por una vez, no se dejó manipular y se sucedieron las manifestaciones callejeras a favor de los secuestradores.

Este hecho, involuntario y espontáneo, de homosexuales defendiéndose violentamente y heterosexuales apoyando esta violencia marcó un antes y un después en la lucha por la igualdad social. También fue el punto de partida de las manifestaciones internacionales del Orgullo Gay. Estos disturbios deben una parte de su influencia a que fueron en una época llena de cambios sociales y culturales, una transformación de los valores y una liberalización de la sexualidad. En los últimos años, las lesbianas y los gays de zonas rurales emigraron a las grandes ciudades que vivieron una explosión como centros de una cultura abiertamente homosexual. Un ejemplo de esto, una década después, la encontramos en España con la famosa "movida madrileña".

Stonewall marca una ruptura en la historia de los homosexuales en todo el mundo. A partir de este momento, proliferaron las organizaciones creadas para la defensa de los homosexuales y las conexiones entre estas organizaciones para luchar con una mayor fuerza. Los homosexuales dejaron de sentirse culpables por su orientación sexual, dejaron de esconderse y empezaron a mostrar con orgullo un estilo de vida diferente. Las manifestaciones del Orgullo Gay, que se celebran en todo el mundo en torno a esta fecha, recuerdan al homosexual que, pese a las presiones sociales, no hay ningún motivo de que avergonzarse.

Los asaltos policiales no terminaron con los disturbios de Stonewall, pero ahora la prensa estaba muy pendiente de estas redadas y exaltaba cualquier incidente ocasionado por la presión policial, y las organizaciones homosexuales cambiaron sus mensajes de lucha por la aceptación social por el de la defensa del homosexual y el ataque ante la discriminación.

Década 1970 ¿Enfermedad biológica?

Las innovaciones de la década:
En 1971 sale a la venta el primer microprocesador comercial
En 1975 Bill Gate y Paul Allen fundan la empresa Software
Microsoft
En 1977 se crean las primeras conexiones entre ordenadores, lo
que en 1990 se convertirá en Internet

Una década fundamental para la vida política española, pues tras cuarenta años de dictadura franquista, se instaura la democracia. La Casa Blanca es escenario del escándalo Watergate que llevó a que el presidente Richard Nixon renunciara a su cargo. El intervencionismo del gobierno de EEUU ayuda a instaurar dictaduras militares en varios países de América Latina. El bloque comunista que la Unión de Repúblicas Socialistas Soviéticas logró conformar durante varias décadas, empieza a dar señales de desintegración. El mercado del petróleo se ve sacudido por las disposiciones de la Organización de Países Exportadores de Petróleo que arrastra a los países industrializados a una crisis en el sector energético y por ende a toda la industria y la sociedad. Se da un bloqueo en el suministro del petróleo y ahora son las naciones productoras las que fijan los precios del combustible.

En una década en la que el mundo heterosexual se vestía con la moda unisex y admiraba a ídolos ambiguos, como por ejemplo a David Bowie, los gays, por el contrario, seguían un

184

patrón de "masculinización" de su imagen, que se caracterizaba por llevar botas de cuero, vaqueros muy ajustados, chaqueta de cuero y bigote, además de ir regularmente al gimnasio. Este ambiente de cuero y vaqueros era extremadamente promiscuo, un hecho que reconocieron a partir de los años setenta los dueños de bares gays abriendo habitaciones o cuartos oscuros habilitados para la practica del sexo.

La prohibición de la sodomía no era la única ley que discriminaba a los homosexuales en EE. UU. Innumerables leyes, ordenanzas y reglamentos federales, estatales y locales aseguraban que los homosexuales se mantuvieran fuera de determinadas profesiones y del servicio militar. Los homosexuales se veían desfavorecidos por las leyes de alquiler, trabajo y en la obtención de seguros; la primera aseguradora estadounidense que vendió seguros de vida a parejas homosexuales bajo las mismas condiciones que a parejas casadas, fue en 1976. Parejas homosexuales tenían a menudo problemas para ser enterrados juntos. Debido a que el término "homosexual" mantenía connotaciones negativas provenientes de la psiquiatría, fue rechazado por muchos homosexuales de los años setenta, en su lugar se reivindicó la palabra "gay".

En España, en los bares clandestinos gays, el comportamiento de los homosexuales era muy reservado. Aunque los dueños de los bares sabían el tipo de clientela que poseían, no permitían besos ni caricias en público por miedo a que les cerraran el local. Los gays, se miraban entre ellos, si encontraban afinidad con algún otro cliente, les invitaban a una copa para entablar conversación, en ocasiones podían salir a la pista para bailar y luego se trasladaban a la vivienda de uno de ellos para manifestar su deseo sexual en la intimidad. Las saunas gays, tenían cuartos habilitados para el contacto carnal de sus clientes, pero los dueños tenían especial cuidado de que no entraran los heterosexuales. En cuanto sospechaban que la persona que deseaba entrar al local no era homosexual, le ponían excusas para impedir su acceso. Las luces tenues y los cuerpos desnudos fomentaban el contacto entre distintas clases sociales y distintas edades.

Algunos urinarios públicos, los parques, o algunas calles, eran lugares de ligue rápido donde conseguir una felación sin compromiso.

"Así fue como empecé a frecuentar los lavabos de Londres. Y a despreciarme a mí mismo por haber caído tan bajo. Los lavabos: tan tristes, tan deshumanizados, tan solitarios." [101]

Aquellos homosexuales que estaban casados con una mujer o que no deseaban mantener una relación estable con otro hombre, acudían a estos lugares, muy frecuentados también por los chaperos[102]. Eran lugares muy arriesgados, donde se acudía por una imperiosa necesidad de desahogo sexual. Las trampas policiales, las denuncias, los chantajistas y los ladrones se aprovechaban de la indefensión de los homosexuales, que no podían denunciar un robo o una paliza, pues el agresor solo tenía que alegar que la víctima era homosexual y le había tocado para que la policía se olvidase del agresor y se ensañase con la víctima.

Con la nueva ley de Peligrosidad Social, (aprobada en 1970) dos cárceles se especializan en los homosexuales: la de Huelva y la de Badajoz. Pese a cuarenta años de dictadura y de persecución policial, la mayoría de los homosexuales no pasaron por prisión, todo lo más alguna noche en comisaría. Los homosexuales españoles optaron por la discreción y los contactos furtivos, eludiendo la persecución con diversas tácticas.

La educación machista impuesta por Franco ha dado sus frutos. Los niños de antes son los adultos actuales y la homosexualidad es considerada la mayor de las vergüenzas. Los padres prefieren a un hijo muerto o asesino antes que un hijo homosexual. El hijo homosexual lo sabe. Si su padre lo descubriese, le pegaría una paliza y lo echaría de casa o lo ingresaría en un psiquiátrico para que le curasen de su mal. En las cárceles la brutalidad de las violaciones aumentaba. Había que demostrar la hombría incluso con el sexo con otro hombre para que

---

[101] Antonio Roig. *Todos los parques no son un paraíso.* 1977
[102] Prostitutos masculinos

no te confundicran con un *marica*. Solo violentas violaciones. Ningún sentimiento. Los homosexuales ingresados en las penitenciarías con la nueva ley de Peligrosidad Social, se veían indefensos. Eran sometidos a continuas torturas y los demás presos los tenían como juguetes sexuales. Tenían una única solución, conseguir la atracción de uno de ellos, uno de los fuertes para que este le quisiera de su dominio en exclusiva y que fuera él quien le defendiera de los otros presos a cambio de sexo. Para conseguir esto los homosexuales buscaban rudimentarias formas de maquillarse, intentando ser femeninos y atractivos, sometiéndose voluntariamente a la tiranía sexual de uno de ellos para evitar las continuas agresiones. Psicológicamente destrozados, emocionalmente anulados, no dudaban en intentar el suicidio en los momentos de lucidez. No todos tuvieron que soportar estas torturas, otros pasaron por las cárceles con cierta normalidad. Las terapias reeducativas solían consistir en trabajos en los talleres fabricando algún artículo porque no existían médicos especializados en la reeducación de estos presos. También los hubo que tuvieron la desgracia de caer en alguna cárcel preparada para la recuperación del preso y tuvieron que sufrir los electroshock y las lobotomías que les causaban la demencia o la muerte. Dentro de la "Dirección General de Instituciones Penitenciarias" existía el "Departamento de homosexuales de la central de observación" donde los psicólogos determinaban el estudio y tratamiento de los homosexuales en presidio. La opinión de Fernando Chamorro Gundín, uno de los psicólogos clínicos dedicados a esta tarea, sobre la homosexualidad pasiva era:

"El homoerótico subjetivo se imagina, desde su niñez, en la situación de su madre y no en la del padre, manifestando, incluso, un Complejo de Edipo invertido: desea la muerte de su madre para así ocupar su lugar respecto del padre y gozar de todos los derechos de ella, anhelando poder vestir sus ropas y soñando con dar a luz niños, jugando con muñecas, etc.; es celoso de su madre y reclama las ternuras y caricias del padre"

Con respecto al homosexual activo comenta:

187

"Los homoeróticos objetivos suelen ser obsesivos típicos, en los que, además de compulsión, se encuentra la duda torturadora. Analíticamente investigando, el historial lejano de los homoeróticos objetivos traduce que fueron muy precoces sexualmente, y heterosexuales agresivos, y sus fantasías elípticas fueron normales, manifestando, no obstante, deseos de violación de la madre y de muerte del padre, al que juzgaba como un obstáculo." [103]

En la España de los 70 se observan los primeros síntomas de apertura política, por un lado las represiones sociales y legales, las cárceles, las torturas y las humillaciones y por otro la normalidad del sentimiento homosexual, abriéndose cada vez más locales de ambiente homosexual, aunque aún clandestinos y sometidos a diversas redadas. La afluencia del turismo hacia nuestras costas, iniciada en la década de los 60, provoca una relajación por parte de las autoridades hacia la homosexualidad en estas zonas, pues son más importantes las divisas que estos extranjeros, algunos homosexuales, aportan al estado. El homosexual nacional se aprovecha de esta tranquilidad. Aun así, la policía seguía deteniendo a los homosexuales españoles, a muchos ni siquiera los fichaban, los obligaban a limpiar la comisaría, desnudos, se burlaban de ellos e incluso les obligaban a realizarles felaciones. La muerte de Franco, la esperada libertad, dan alas a los homosexuales españoles para luchar por el reconocimiento social. Algunos viviendo su homosexualidad con una relativa normalidad, otros luchando activamente para conseguir el cambio de las leyes. En esta época de transición e incertidumbre, aún se encuentran casos en los cuales un joven es detenido por pillarle la guardia civil haciéndose una masturbación con otro joven en un parque. Estos jóvenes eran metidos directamente en la cárcel, sin mediación de juicio, al existir el consentimiento de los padres. Se convencía a los progenitores para ingresarles en un centro donde les "curarían" de su enfermedad. Una vez firmada la autorización, eran encarcelados con el resto de los homosexuales en las prisiones comunes donde eran continuamente violados.

---

[103]   Fernando Chamorro Gundin. *Resultados obtenidos con técnicas proyectivas en una muestra de 200 delincuentes homosexuales españoles.* 1970

La mayor visibilidad de la homosexualidad también provocó la reacción de rechazo de los "machos" educados en la doctrina de Franco. Aumentaron las palizas y los asesinatos por las calles de grupos de jóvenes que veían en la libertad homosexual una amenaza ante su propia hombría. La policía por esta época era muy permisiva ante estas agresiones y siguió siéndolo hasta la década de los 90.

Los homosexuales detenidos y encarcelados por la ley de Peligrosidad Social no pudieron favorecerse del indulto y de la amnistía decretada en los primeros años de la Transición Española para los delincuentes porque la privación de libertad, en estos casos, no era una condena sino una medida de seguridad destinada a la reeducación del individuo. En la primera amnistía salieron de las cárceles los presos políticos. En la segunda amnistía, consiguieron la libertad los ladrones y los encarcelados por delitos leves. En la tercera amnistía, los asesinos, los violadores y los homosexuales. Estas tres amnistías hacen ver en qué escala social se encontraban los homosexuales.

Se acerca la democracia y un sentimiento de libertad invade a la sociedad, la liberalización sexual se intuye como signo de modernismo. Aunque la constitución aprobada en 1978 incluye la no discriminación por orientación sexual, el propio gobierno prohíbe las manifestaciones en 1979 que exaltan la liberación homosexual como las del Orgullo Gay.

En algunos libros actuales se suele argumentar que, debido a la dictadura franquista, España llevaba varias décadas de retraso en lo que respecta a la liberalización de la mentalidad social con respecto a los demás países europeos, pero esto no es del todo exacto. Muchos homosexuales españoles, ante la represión en España, emigraron a Inglaterra. Un país que se percibía como democrático y liberal. La autobiografía de Antonio Roig en *Todos los parques no son un paraíso*, nos demuestra que aquí las cosas no eran muy diferentes:

"El domingo 31 de diciembre, último de año, fui a Londres para pasar la tarde libre. Al llegar me dirigí directamente al Hyde Park. Hacía mucho frío.

Hacia las 7, ya muy oscuro, me acerqué al quiosco. Allí nos juntamos un hombre mayor, otro de mediana edad y yo. Luego se aproximó otro hombre de unos 27 años. Miraba y desaparecía. [...]

El hombre de mediana edad y yo nos juntamos. Habíamos verificado una mutua atracción. Con precauciones comenzamos a besarnos y luego a tocarnos. En esto nos sorprendió el hombre mayor, que nos dijo que continuásemos y que nos avisaría si observaba algo sospechoso. El que estaba conmigo se bajó los pantalones para que lo masturbase. Teníamos mucho miedo. [...] Repentinamente apareció el hombre más joven. Su aparición fue algo terrible.

- *Identificación. Soy policía – Tenía las mejillas marcadas con cicatrices. Era casi chato y pelirrojo. Vestía unos pantalones ajustados. En su rostro no había ni un resto de piedad. Cuando dijo "soy policía" sacó del bolsillo una tarjeta que escondió en seguida.*

Mi compañero era alemán y vivía con una hermana en las señas que dio.

- *Tú puedes marcharte. Me acordaré de tu dirección. Tendrás que hacerte responsable de actos indecentes.*

Quedé solo.

- *Tu identificación.*
- *No la llevo.*
- *Con que ¿no llevas identificación?*

De un puñetazo me tiró al suelo y comenzó a patearme. Luego dijo:

- *Vamos a la comisaría – y con el brazo retorcido, me conducía a la zona más oscura del Parque.*

Mi compañero todavía no estaba lejos. Le grité. Pero tenía miedo y, ante sus amenazas, no tardó en escabullirse.

Ya más alejados me pidió dinero.

- *No llevo más que lo que necesito para viajar.*

Esto pareció exacerbarle. Se desató en una lluvia de puñetazos y patadas. Yo me protegía como podía.

- *Voy a registrarte.*

Me miró todos los bolsillos. Sólo encontró unos 50 peniques y el billete de regreso.

- *Vamos a la comisaría – volvió a insistir mientras me empujaba de nuevo a la oscuridad. Luego supe que, en efecto, hay una Comisaría en el Parque, pero temí que quería llevarme para matarme. Todo era posible aquella noche. [...]*
- *Que no vuelva a verte por aquí, porque de lo contrario te mataré. [...]*

En vez de escapar, lo único razonable que cabía hacer, me junté al exiguo grupo que todavía quedaba en la Esquina de Predicadores. Allí volví a encontrarme con el hombre mayor.

- *El que te ha pegado no es policía – me dijo – Quería robarte.*

En esto un coche de policía se detuvo junto a nosotros. Salieron de él varios policías y los dos hombres que habían abusado de mí.

- *Éste hacía actos indecentes en el Parque – Y el malvado de rostro infantil y mejillas marcadas me señaló.*

Entonces un policía me hizo subir en el furgón.

- *Cada día cogemos algún maricón en este maldito Parque."*

Tras una noche en el calabozo el juez decreta una multa de 25 libras. Su puesta en libertad supone el comienzo de su calvario, ya que, la policía ha llamado a su trabajo, su familia y sus conocidos para informarles de su detención por actos indecentes con otro hombre en un parque público. Él era un sacerdote que había pedido unos años de excedencia por conflictos morales. Tras hacerse público esta detención, un sacerdote español viaja a Londres para entrevistarse con él y obligarle a volver a España y al sacerdocio.

"– En estas circunstancias – dije – puedo regresar menos que nunca.
- *¿Por qué?*
- *¿No te das cuenta de lo que soy?*
- *A eso venía, Antonio; tú estás enfermo.*
- *¿Enfermo yo?*
- *Sí. Debes ponerte en manos de un buen médico y te curaras.*
- *Pero yo no estoy enfermo. Soy así, sencillamente así.*

191

- *Si te niegas a volver, ¿no te das cuenta de que podría obligarte? Bastaría con mover las cosas y demostrar que estás incapacitado."*

Una persona incapacitada legalmente pierde todos sus derechos de defensa. Se convierte en un títere en manos de jueces y médicos. Si un juez o psiquiatra te declaraba enfermo mental por homosexualidad podías pasar el resto de tu vida en un psiquiátrico sin posibilidad de defensa ni apelaciones. Solo podrías salir del manicomio si algún médico declaraba que te habías curado de tu enfermedad.

Es cierto que esta sentencia se decretaba pocas veces, pero era una amenaza que atemorizaba a cualquier homosexual.

Otra presión que tenía que soportar el homosexual era la familiar, sobre todo el chantaje emocional de la madre o de las hermanas. La dureza de un padre o de unos hermanos que te rechazaban, era algo directo, te podía doler más o menos, pero el dolor se iba diluyendo con el tiempo. Una madre apelaba a los sentimientos. Sentirse homosexual, la sensación de unos sentimientos puros, la única razón que un homosexual tenía para defender su condición sexual. Los sentimientos eran la fibra sensible del homosexual.

Una madre llorando, sufriendo por la homosexualidad de su hijo, pidiéndole que cambie de actitud *"hazlo por nosotros"*. Si no intentas curarte, si no cambias de vida es que no quieres a tus padres. El homosexual se siente culpable del sufrimiento de su madre. En su interior se debate entre unos sentimientos que intuye naturales y el chantaje emocional de su familia. ¿Tiene derecho a intentar ser feliz con otro hombre a costa del sufrimiento de su madre? ¿No es un sentimiento egoísta? ¿Tiene él derecho a ser feliz? Cada vez que conoce a un hombre e intuye la posibilidad de una vida en pareja, el sueño de la felicidad con su media naranja se ve ensuciado por las lágrimas de una madre: *Soy un enfermo, un pecador, un pervertido ¿Tengo derecho a hacer sufrir a mi madre?* El sufrimiento de la madre era real ¿pero era sincero? ¿Qué causaba el sufrimiento de la madre? ¿La desdicha de su hijo o la propia vergüenza ante los chismorreos de los vecinos? Si la tristeza de la madre fuera debida al futuro desdichado del hijo, ésta se alegraría al saber que su hijo a conocido a un hombre que le quiere y quiere hacerle feliz, pero este dato aumentaba su desdicha. ¿Era el hecho de tener a un hijo que no cumplía con la moral social imperante? Una hija que se queda embarazada fuera del matrimonio, era un acto vergonzoso pero corregible (un aborto, un embarazo a escondidas de los vecinos y luego la entrega del niño en adopción o el matrimonio de su hija con cualquier hombre). Los vecinos murmurarían, pero en cuanto la chica estuviera casada la honra de la familia estaría subsanada. ¿Qué hacer con un hijo homosexual? ¿Dónde quedaba la honra de la familia? Si el hijo se avenía a casarse con una mujer, no había problema. Se podía callar a los vecinos, aunque luego, a escondidas, mantuviera algún contacto sexual con otro hombre. Otra posibilidad, que disculparía la actitud de la madre, es la experiencia de esta. Una vida de lucha y sufrimiento. La felicidad es un sueño no alcanzado. Esta circunstancia impulsaría a la madre a sacrificar la felicidad de su hijo a cambio de evitarle una vida desgraciada. No importa la felicidad del hijo porque según su propia experiencia es solo un deseo imposible de obtener en la vida real. Lo importante es no caer en desgracia.

Desde 1973, la comunidad científica internacional considera que la homosexualidad no es una enfermedad psicológica. Sin embargo, la situación legal y social de la gente que se autodenomina homosexual varía mucho de un país a otro. En 1974 la Asociación Estadounidense de Psiquiatría retiró la homosexualidad de la lista de las enfermedades mentales del Manual Diagnóstico y Estadístico de los Trastornos Mentales y en 1975 recomendó a todos los profesionales de la salud mental renunciar a sus prejuicios homofóbicos. Esto, sin dejar de ser un gran avance, solo indicaba que dejó de considerarse la homosexualidad como una enfermedad mental, pero se siguió investigando para encontrar el "defecto" genético o endocrino. Seguía siendo una enfermedad biológica. Este hecho, junto con la llegada de la Transición española, ocasionó que se permitiera la publicación de libros en España en defensa de la homosexualidad y de los homosexuales.

La biología da un paso de gigante en esta década. Muchas de las teorías o de las suposiciones de años anteriores, consiguen demostrarse, otras, son claramente rechazadas por no tener una base sólida. Por primera vez se empieza a tener un concepto claro del verdadero funcionamiento del cuerpo humano y de las influencias que los distintos agentes biológicos realizan sobre otros órganos. Las hormonas, en todas sus variables, son el concepto estrella: el funcionamiento de nuestro organismo y nuestras emociones son procesos químicos provocados por las hormonas.

Por un lado está el cerebro y el sistema nervioso. Los científicos hacen sus experimentos en animales y humanos, seccionando parte del cerebro o inutilizándolo para descubrir la reacción en el sujeto. Introducen electrodos en distintas partes del cerebro para activar, mediante pequeñas descargas eléctricas, las neuronas. Descubren de esta forma que el cerebro además de controlar nuestros movimientos, controla nuestro comportamiento. Las descargas eléctricas pueden generar sensación de placer donde no lo hay, miedo o terror en el sujeto sin motivo aparente. Amansar a los violentos o violentar a los mansos.

Por otro lado están los cromosomas y la herencia genética. 46 cromosomas que se juntan por pares, 23 heredados de la madre y 23 heredados del padre, cuyas fusiones harán del nuevo individuo sus características físicas y emocionales. Se descubre una anomalía en los cromosomas de algunas personas que desata el debate social: el par de cromosomas sexuales (XX en las mujeres, XY en los hombres), puede, en ocasiones, estar compuesto por un tercer cromosoma: XXX en mujeres y XYY en hombres. El debate surgió cuando se descubrió un gran número de presos por violencia o asesinatos que eran XYY. Esta anomalía cromosomática podía predisponer a una actuación antisocial del sujeto y se podía detectar desde el mismo momento del nacimiento. ¿Qué hacer con estos niños que aún no han cometido ningún delito pero que posiblemente lo harían en el futuro? ¿Había que hacer la prueba a todos los niños para marcar a los que tuvieran esta anomalía y darles una educación especial o tenerles más vigilados? ¿Había que avisar a los padres de que posiblemente su hijo sería un asesino? ¿Qué amor le darían los padres a su hijo sabiendo esta circunstancia? Las consecuencias morales eran impredecibles y la sociedad no estaba capacitada para asumirlas. La comunidad científica decidió abandonar estas investigaciones aduciendo que el cromosoma XYY predisponía a la violencia pero que el ser humano podía canalizar esta violencia eligiendo profesiones violentas y de gran tensión nerviosa como la militar o la policía antidisturbios. El cromosoma XYY no predisponía a la delincuencia.

A la vista de estos razonamientos de la comunidad científica y de los estamentos sociales, me pregunto ¿por qué no razonaron de la misma forma con la homosexualidad? Según esas investigaciones incompletas, los cromosomas XYY predisponen a la violencia y si se detecta a tiempo se puede inducir al individuo para que se desahogue de una forma legal y social, pero se decidió dejar en la ignorancia al individuo y que él escogiera entre la delincuencia o la vida militar sin entender el motivo de sus sentimientos. ¿Por qué seguir insistiendo en descubrir la diferencia biológica de los homosexuales si estos no son potencialmente peligrosos para el resto de la sociedad? Ya lo decían los padres de la época: *Prefiero a un hijo asesino a uno maricón.*
Hoy en día se sabe que la asociación entre comportamiento violento y cromosomas XYY ha resultado falsa, y se piensa que este comportamiento está más asociado a la deficiencia intelectual de las personas con XYY.

Los cromosomas están compuestos por genes (se calcula que el ser humano tiene unos 20.000 genes), algunos más fuertes que otros. Los genes del par del cromosoma de la madre se enfrentan a los genes del par del cromosoma del padre y los genes más fuertes son los que prevalecerán en el nuevo ser. En esta década los biólogos fueron más conscientes que nunca de la complejidad de este asunto aparentemente tan simple. Tomemos como ejemplo el gen que determina el color de los ojos: el gen que determina el color de ojos marrones es más fuerte que el que determina el color de ojos azules, luego en un enfrentamiento el niño saldría con ojos marrones, pero si el gen de ojos azules proviene de una madre en cuyo par de cromosomas los dos genes eran para la predisposición de ojos azules y el gen de ojos marrones provienen de un padre en cuyo par de cromosomas uno era con tendencia al azul y el otro con tendencia al marrón, el niño tiene el 50% de posibilidades de nacer con ojos azules, pues es una cuestión de estadística. Aunque el padre tenga los ojos marrones, si

195

se junta su gen con predisposición al azul con el gen de la madre, el recién nacido tendrá los ojos azules. Aun así, no todos los hijos tendrán el mismo tono de color azul.

Estamos hablando de un solo gen y las variables son numerosas. Si consideramos la homosexualidad como un concepto genético, hemos de tener en cuenta que no sólo estamos hablando de los genes propiamente sexuales y que se encuentren en ese cromosoma, sino que las emociones son también un factor importante en este concepto y por lo tanto tendremos que incluir en nuestro cálculo de probabilidades los genes incluidos en otros cromosomas. Las variables surgidas entre los distintos genes donde en algunos casos se impondrán los dominantes y en otros los recesivos, dependiendo de la herencia, son tan amplios que resulta demasiado simplista determinar la orientación sexual en heterosexuales, homosexuales y bisexuales.

Todas las células de nuestro cuerpo contienen todos los genes y en cada célula se activarán solo los genes necesarios para su función. Un gen activo en una célula determinada puede activar las glándulas del cuerpo que generan las hormonas y estas hormonas al fluir por la sangre pueden ocasionar la activación de genes de otras células que a su vez pudiera ocasionar la segregación de otro tipo de hormonas. Estas son las causantes de que nuestro organismo funcione correctamente y también de nuestras emociones. Son muchas las hormonas que recorren nuestro cuerpo, cada una con varias funciones o consecuencias, y la combinación con otras hormonas son también un factor importante. En esta década, e incluso actualmente, aún son las grandes desconocidas de nuestro organismo. Se sabe que los genes activarán en los distintos momentos de nuestra vida la segregación de hormonas con mayor o menor intensidad y que también pueden desactivarlas, lo harán, en un principio, por la herencia recibida de nuestros antepasados. Los biólogos sospechaban, en esta década, que las neuronas, que también contienen todos los genes, podían influir para que se modificaran estas segregaciones de hormonas, activando los genes adecuados dependiendo de lo que nuestro cerebro detectara del medio ambiente y social en que se vive para adaptar al individuo a la realidad actual y aumentar las posibilidades de supervivencia.

196

Un complejo mundo, en nuestro interior, donde todo está conectado. Máquinas químicas diseñadas para adaptarse al entorno sin olvidar nuestros orígenes. Nuestros sentimientos y nuestra conciencia nos hacen creernos superiores al resto de los animales, superiores a nuestros semejantes, pero son la consecuencia de nuestras emociones y estas las producen las hormonas con sus reacciones químicas que a su vez están supeditadas a los genes heredados y a las neuronas de nuestros conocimientos. Somos máquinas que se creen dioses. Nuestra sexualidad y nuestra orientación sexual dependerán de nuestra herencia, de nuestro entorno social y de lo que nuestro organismo considere adecuado para nuestra supervivencia. No la supervivencia de la especie, sino la de nuestra propia supervivencia. Esta orientación podrá ser fija a lo largo de nuestra vida o, lo más probable, variará en cada momento. Los conceptos culturales y las barreras psicológicas nos harán desoír a nuestro cuerpo, provocando, en muchas ocasiones, las depresiones, los malestares, el nerviosismo… estas serán duraderas o pasajeras, dependiendo de la necesidad de nuestro cuerpo. Pero, de seguro, no sabremos interpretar los mensajes que nuestro organismo nos está enviando y lo intentaremos solucionar tomándonos una pastilla que engañe al sistema interno o intentaremos luchar en contra de nuestras emociones porque la vida social, la vida del pobre o la del esclavo, nos obliga a sobreponernos, desconectar con nuestro cuerpo, para rendir en el trabajo y conservar un estatus social.

En los años de 1970 se empezó a investigar y a experimentar con las hormonas en seres humanos de una forma imprudente. Algunos inesperados resultados nos son interesantes:

"Hace algunos años, al serles administradas a algunas embarazadas ciertas hormonas para evitar el aborto, se produjo inadvertidamente una masculinización prenatal de algunos de los hijos de constitución genética femenina. Dichas niñas mostraban un grado variable de virilización de sus órganos genitales externos. Lo que es más interesante para nosotros es que algunas de esas niñas, previo diagnóstico, fueron sometidas a una operación y criadas como tales niñas. Otro grupo de hembras

197

*androgenizadas en el estado fetal está formado por individuos
también con dotación o complemento cromosomático XX, que
sufren una estimulación androgénica provocada por una secreción
hormonal irregular de las glándulas adrenales maternas. Esta
secreción hormonal ocurre en un momento tal que el desarrollo
interno del feto resulta ser en su mayor parte hembra, pero se
produce una masculinización de los órganos genitales externos.
Ambas variantes de individuos que son genéticamente hembras,
pero que sufren una androgenización, son interesantes desde el
punto de vista del desarrollo del comportamiento. Presenta un
interés particular el comportamiento de estas niñas como niños
muy activos, que contrasta con el de las niñas control normales.
Este comportamiento no implica necesariamente un descontento
con el "rol" femenino, y ninguna de las niñas mantenía la idea de
una alteración de su sexo. Se producía en ellas, sin embargo, una
reducción de su interés a los intereses de su profesión. Las niñas
presentaban, también un elevado cociente de inteligencia, y no
existía ningún signo de lesbianismo."* [104]

Estas hormonas provocaron, desde el feto, un desarrollo
masculino de los órganos sexuales e incluso un comportamiento
más viril entre estas niñas pero en ningún caso modificó su
orientación sexual. De lo que se deduce que los genes y hormonas
sexuales influyen en el desarrollo del cuerpo y en el
comportamiento del individuo pero no determinan su orientación
sexual. Si seguimos la tesis de que las hormonas son una de las
causas de la homosexualidad habrá que admitir que las hormonas
sexuales son sólo una parte de la sexualidad y que otras hormonas,
no sexuales, influyen en la orientación sexual.

*"El funcionamiento hormonal es decisivo para la actividad
sexual, en particular en los animales inferiores. Una de las
cuestiones que se nos plantean es el grado de dicha dependencia
hormonal en los seres humanos. [...] No sólo la actividad
hormonal influye sobre el comportamiento, sino que también el
comportamiento influye en la actividad hormonal. De manera
similar, los estímulos sensoriales modifican las condiciones*

---

[104]   Marvin Schwartz. *Psicología Fisiológica*. 1983

hormonales y las secreciones hormonales modifican la recepción de estímulos mediante sus efectos sobre los receptores" [105]

Se demuestra, con los animales, que las hormonas modifican el comportamiento y que las relaciones sociales modifican la segregación de hormonas. Estos descubrimientos, aparentemente neutrales, son un arma efectiva para los defensores de la lucha contra la homosexualidad: "Aunque genética y hormonalmente hayan nacido homosexuales, socialmente se les puede modificar" y a la vez les da un mayor aliento para mantener las prohibiciones: "Aunque genética y hormonalmente hayan nacido heterosexuales, una mala influencia social, puede hacerlos homosexuales". Las nuevas investigaciones solo están corroborando las teorías de años anteriores. Esta vez no es una manipulación científica, es la mala intencionada interpretación de la clase política y "seudo filósofos".

En los experimentos con animales se puede deducir que en un principio el acto sexual, entre los principiantes, está motivado por la atracción de las señales de las hormonas (las feromonas se pueden manifestar de múltiples formas, dependiendo del ser vivo. Una de ellas es un olor en la hembra que atrae al macho) y por imitación (los animales adultos no se esconden al realizar la cópula y los animales jóvenes, al activarse el comportamiento sexual, se sienten atraídos por las señales hormonales y saben cómo actuar por la imitación de sus mayores). Los animales jóvenes, a los que se les ha aislado de los adultos, se muestran atraídos por las mismas señales pero son más torpes en la realización del acto. Entre los animales inexpertos, si anulamos las señales hormonales (quirúrgicamente) no habrá cópula. Entre los animales adultos con experiencia sexual, aunque eliminemos el componente hormonal, realizarán el acto sexual por la experiencia del placer obtenido en ello. Si eliminamos la capacidad del placer, en los adultos experimentados, seguirán intentándolo, en un principio, pero poco a poco irán perdiendo interés.

---

[105]   Ibíd.

Esto nos indica que es la activación de los genes del comportamiento sexual lo que "despierta" al animal y el olor, o cualquier otra señal de las feromonas, le indica el camino a seguir, pero después es la actividad de las neuronas en el cerebro la que controla el acto sexual. Es de suponer que en los humanos, donde la acción de las feromonas no está clara, los genes despiertan la atracción sexual y es la actividad neuronal, directamente, las que inciden en el objeto deseado.

La testosterona es la hormona sexual masculina más potente y esta nos sugiere que genéticamente no somos monógamos. El nivel de testosterona de un ratón que copula habitualmente con una hembra no difiere de los niveles de testosterona en los grupos de ratones donde no hay hembras, pero si incluimos a otras hembras los niveles de testosterona se disparan. La testosterona no incita a la copulación sino a la "conquista". Si aplicásemos altas dosis de testosterona (hormona sexual masculina) en la hembra, observaríamos que esta hembra buscaría un mayor contacto sexual con machos y no una virilización en la orientación sexual de la hembra.

Los científicos también entran en conocimiento de que un mismo nivel de hormonas no actúa de la misma forma en todos los especimenes, dependerá de la edad de estos. Hay momentos críticos donde un aumento o disminución de la hormona afectará al comportamiento y momentos donde este aumento o disminución no tendrá efectos visibles. Lo cual complica considerablemente cualquier terapia hormonal al igual que la explicación de la conducta humana por motivos hormonales.

Otra observación de los científicos es que los machos y las hembras reaccionan ante una disminución o aumento de los andrógenos (hormonas sexuales masculinas), pero no ante una disminución o aumento de los estrógenos (hormonas sexuales femeninas). Es decir, que el comportamiento más o menos viril de la hembra responde a los niveles de hormonas sexuales masculinas de igual forma que el comportamiento más o menos femenino de los machos responde a la misma causa. El aumento o la disminución de las hormonas sexuales femeninas no virilizan ni feminizan a los animales.

Con el tratamiento hormonal, incluido en estado fetal, han modificado el comportamiento y la frecuencia sexual, pero no se ha podido demostrar que altere su orientación sexual.

Un estudio diferente de hormonas con animales consiguió la bisexualidad de estos. El estudio consistió en eliminar toda hormona sexual procedente de las gónadas, con la castración de machos y hembras, y un aumento de la hormona androstenediona, que es una hormona sexual que es producida por la glándula suprarrenal que se localiza cerca de los riñones. Esta hormona se encuentra en ambos sexos, ya que sirve de precursor tanto para la testosterona como para los estrógenos. Los ratones macho, castrados un día después de su nacimiento, y tratados con inyecciones de androstenediona mostraban un comportamiento heterosexual al inyectarles andrógenos y un comportamiento homosexual al inyectarles estrógenos. Este comportamiento "bisexual" no se verifica en los ratones castrados un día después de su nacimiento sin tratamiento hormonal por androstenediona. No reaccionan de la misma forma al inyectarles estrógenos o andrógenos.

De una forma menos invasiva, se puede apreciar un comportamiento similar cuando se aplican situaciones de estrés a los ratones hembras preñadas. De esta forma se consigue que disminuyan las hormonas segregadas por las gónadas y aumenten las hormonas suprarrenales. La cría macho, en su madurez, mostrará poco interés por la copulación, pero al ser castrado se mostrará atraído por otros machos.

Se sabe que la androstenediona "ayuda" a las hormonas masculinas y femeninas segregadas por las gónadas, pero incluso hoy en día, sus efectos sobre el organismo son prácticamente desconocidos, pues se observan muchas diferencias cuando se administra en distintos individuos y los efectos secundarios a corto y largo plazo son aún desconocidos.

De los experimentos con animales de laboratorio se puede deducir que:

"Las hormonas de las gónadas parecen tener dos funciones principales. En su desarrollo neuronal inicial, desempeñan un

papel organizador, determinando las características de las respuestas posteriores. Más tarde, en el sistema nervioso maduro, las hormonas de las gónadas desempeñan una función sensibilizadora, suscitando las características de las respuestas desarrolladas. Las hormonas comparten esta última función con otros factores, como los estímulos ambientales y la experiencia pasada. Junto al mayor desarrollo del sistema nervioso, en los mamíferos superiores, se ha producido una disminución de la dependencia de las hormonas de las gónadas para que se realice el acto copulativo, por lo tanto, la carga relativa de la función sensibilizadora se ha desplazado a otros factores. Pero es improbable que la función sensibilizadora de las hormonas se haya reemplazado completamente. En realidad las diferencias individuales en cuanto a la dependencia de las hormonas, dentro de una especie dada, son bastante pronunciadas. " [106]

Es decir, en los animales, las hormonas sexuales procedentes de las gónadas determinan el físico y el comportamiento característico de cada sexo en primer lugar, induciendo a la orientación sexual en segundo lugar. Pero este segundo punto podrá ser modificado por la actividad cerebral dependiendo de la experiencia. Esto no es extrapolable al ser humano. Aunque las hormonas siguen siendo un factor importante, es la actividad cerebral la que determinará la orientación desde un principio.

"En general, las pruebas de que disponemos sugieren que las respuestas sexuales primitivas se organizan en el tronco cerebral y en niveles espinales del SNC (sistema nervioso central)*; los mecanismos más rostrales del SNC puede que sirvan para inhibir o modular estas respuestas primitivas. Las hormonas de las gónadas parece que producen sus efectos generalmente gracias a una reducción de la inhibición neuronal"*

Es la actividad cerebral la que es más o menos sensible a la influencia de las hormonas.

---

[106]   Ibíd.

"Existen diferencias sexuales entre las especies en cuanto a la relativa dependencia de la respuesta copulativa de los mecanismos neuronales y hormonales. En los mamíferos inferiores, las hembras parecen ser relativamente más dependientes de los mecanismos hormonales intactos y menos dependientes de los mecanismos neuronales intactos. Pero el desarrollo de los mamíferos parece comenzar desde una base de capacidad bisexual del SNC, con una diferenciación posterior del macho que ocurre normalmente como resultado de la circulación de andrógenos. Aún así, el SNC maduro conserva una considerable capacidad bisexual. El área preóptica hipotalámica del cerebro parece ser particularmente decisiva, tanto como lugar de interacción entre sistemas neuronales y hormonales como por ser un sustrato nervioso necesario en la producción del comportamiento sexual"

[...]

"Por fin, el sistema hormonal de las gónadas está sujeto a alteraciones de origen ambiental y autonómico. En los animales, tales cambios en la función de las gónadas parecen estar relacionados con cambios importantes del comportamiento que regulan las interacciones sociales y sexuales entre miembros de las especies.

Queda por ver si se puede demostrar la existencia de mecanismos semejantes en el caso de los seres humanos, donde aparte el sustrato neurovegetativo más o menos similar al de otro primate, no puede en modo alguno confundirse el mecanismo copulativo con el comportamiento sexual."

La biología demostró en la década de los 70 que el instinto sexual es bisexual y que, en los animales, las hormonas inducirían a la heterosexualidad, pero estas se verían afectadas por las neuronas que adaptarían al animal al entorno que le rodea y que le induciría a la bisexualidad si esta fuera necesaria. Las causas pudieran ser la falta de hembras, la no receptividad del deseo sexual o una disminución de las influencias hormonales cuando faltan las atrayentes feromonas de la hembra en celo.

Con respecto a los seres humanos las cosas cambian ligeramente, aunque no está demostrado, hay muchos indicios que indicarían que la influencia de las hormonas ha disminuido considerablemente, pasando del instinto sexual bisexual a la influencia de las neuronas que adaptarían al ser humano al entorno que le rodea. En una sociedad masificada ¿qué induciría a las neuronas? Aunque pueda asombrar, las causas son muy parecidas a los animales:

- **La falta de hembras**. Como ya hemos visto a lo largo del libro, las cárceles, los monasterios, el ejército, etc. También suele suceder en los pueblos pequeños. Las mujeres adolescentes emigran a las grandes ciudades para estudiar en la universidad. Aunque la proporción de nacimientos hembras y machos sea similar, la proporción de mujeres que abandonan el pueblo es mayor. Demasiados hombres para unas pocas mujeres, las relaciones amorosas que se han mantenido en el pasado, disminuyen las opciones en el presente. En estos casos, y con una copa de más, se aceptan las masturbaciones mutuas e incluso las felaciones entre hombres heterosexuales. Este hecho es negado por estos rudos hombres, pero es patente en cuanto se encuentran en una situación donde no tienen que demostrar su hombría y confiesan fácilmente ante un homosexual cuando se tienen dos copas de más y la posibilidad de sexo.
- **Las hembras no son receptivas**. Por estar ya emparejadas, por la falta de atractivo del macho o simplemente por no estar interesadas en ese momento.
- **La falta de feromonas**. Las hormonas han perdido gran parte de su influencia, por lo que las neuronas han adaptado esta deficiencia a otras influencias que veremos en el capítulo final.

Década 1980 El SIDA, la enfermedad homosexual

Las innovaciones de la década:
Se generaliza la venta de ordenadores personales para los hogares
En 1985 sale a la venta la primera versión de Windows

Tras unos primeros años 80 donde el miedo a la Tercera Guerra Mundial vuelve a acentuarse, los primeros contactos y el entendimiento de estas dos grandes potencias, relajan el conflicto y eso se hace notar en los distintos gobiernos del resto de los países.

En 1989 la URSS y el bloque soviético en general se encuentran más debilitados que nunca. En noviembre el muro de Berlín, en Alemania, que encarnaba la división de dicha ciudad desde el fin de la Segunda Guerra Mundial, fue demolido por los propios berlineses, dando con ello el golpe de gracia a la era soviética.

Las diferencias en el desarrollo entre los diferentes pueblos del mundo se evidencian con la hambruna que devasta a varios países de África. En Etiopía la situación se torna particularmente dramática debido a la sequía.

La central nuclear de Chernóbil, localidad ucraniana al norte de Kiev, se convierte en el símbolo de la incapacidad del hombre para controlar el riesgo continuo e inapelable de la técnica nuclear. La catástrofe nuclear contamina toda una región y provoca una lluvia radiactiva en amplias zonas de Europa.

El desarrollo de las leyes que garantizan la estabilidad de la democracia en España va por buen camino, pero relegan siembre la igualdad homosexual por no ser prioritario. Realmente lo único que sucede es que los partidos políticos no quieren ver peligrar el voto de los electores por apoyar a una minoría rechazada por la amplia mayoría de la sociedad. Los partidos políticos se muestran liberales en la aceptación de la homosexualidad, pero sus discursos sobre la discreción que debe mostrar el homosexual y los obstáculos que ponen ante la igualdad legal, alegando que se ponen en peligro los derechos de la mayoría heterosexual, subordinando a los homosexuales a un grupo "distinto" ante la ley, ponen de manifiesto su homofobia. Un ejemplo de esto lo encontramos en la vida militar: la constitución española garantizaba la no discriminación por orientación sexual, pero en el ejército español siguió vigente (y se siguió aplicando) la ley que condenaba de seis meses a seis años de prisión a los militares que practicaran la homosexualidad, aunque no estuvieran de servicio y este se realizara con el consentimiento de los dos adultos en la intimidad de un domicilio particular. Esta ley del Código Penal Militar no se derogó hasta 1985. Y la sociedad, a sabiendas, lo aceptó como algo normal, porque en el ejército solo podía haber hombres muy hombres para defender a la patria. ¿Qué pintaba un homosexual en el ejército? *"esos viciosos sólo estaban buscando una buena polla que les follase"*

Esta apatía del gobierno en lo referente a la homosexualidad y la homofobia oculta en una sociedad que se autodenominaba liberal y que decía aceptar a los homosexuales porque era "lo moderno", siempre y cuando estuvieran lejos, se puso en evidencia con la llegada del SIDA.

El SIDA fue diagnosticado por primera vez en 1982 a dos homosexuales y rápidamente se descubren más casos entre otros homosexuales. Se la denomina el "cáncer gay" una enfermedad provocada por la promiscuidad de los homosexuales. El resto de la sociedad podía estar tranquila, era la ira de Dios castigando a los pecadores. Los científicos lo consideraron como una prueba más de que la homosexualidad era genética. Una enfermedad que solo atacaba a los homosexuales era una evidencia más que suficiente para demostrar que la biología era distinta en este colectivo.

La homosexualidad y el SIDA se convierten en un binomio esgrimido por los homófobos y por la sociedad para fomentar el rechazo: *El depravado estilo de vida de los homosexuales que solo piensan en el sexo, las diversiones y las drogas son el caldo de cultivo de esta enfermedad.* Un homosexual tiene relaciones sexuales con más personas que días tiene el año. Es lógico que aparezcan enfermedades entre los pervertidos. Las familias heterosexuales, casadas y con hijos, han de estar tranquilas. Los jóvenes que guardan su virginidad hasta el matrimonio no han de preocuparse (las consignas más rancias vuelven a escucharse en la sociedad y a escribirse en los periódicos). Los homosexuales son los únicos culpables de su propia enfermedad. La selección natural se ha vuelto a manifestar eliminando a los degenerados.

Pronto la enfermedad se detecta en drogadictos y prostitutas, la sociedad puede seguir tranquila, solo la escoria de la sociedad está muriendo. Es asombroso descubrir la inactividad de los gobiernos que en lugar de buscar una solución, en lugar de intentar informarse, se dedican a atacar a los enfermos por sus aberrantes vidas. La sociedad observa el espectáculo con asombro y curiosidad, se siente a salvo de esta masacre y se entretiene con chismorreos sobre famosos artistas afectados por la enfermedad. El SIDA está relacionado con el sexo indiscriminado. A finales de los ochenta comienzan a aparecer personas aparentemente heterosexuales infectadas por el virus y la hipócrita sociedad discurre: *un homosexual oculto o un "putero".* Nadie hizo nada en estos primeros años y la enfermedad siguió extendiéndose. ¿Y qué pensaron los homosexuales?: *"¿Una enfermedad gay? No me importaría morir con ella, pues con ella, las dudas que me han atormentado durante muchos años se han resuelto. Nací gay y ahora puedo gritarlo muy alto".*

La histeria saltó en los noventa con la aparición de niños enfermos: "las victimas inocentes". Los homosexuales eran culpables de su enfermedad, los niños y los hemofílicos eran víctimas. El SIDA se transmitía por vía sexual y también por la sangre. Las transfusiones practicadas en los hospitales a raíz de una operación o en los hemofílicos podían transmitir la enfermedad. Personas "inocentes" podían ser infectadas. ¿Inocentes de qué, culpables de qué? Conocí a un chaval de diecisiete años, de profundas convicciones religiosas, que mantuvo una única relación sexual con otro hombre y que murió sintiéndose culpable por haber pecado. Pasó su pubertad atormentándose por tener unos sentimientos contrarios a las normas sociales y cuando por fin decidió liberarse y dar rienda suelta a sus deseos, esa sensación de libertad, esa felicidad al descubrir que no son sucios sus sentimientos, se trastocaron por un virus. Y la sociedad le dijo: esto te ha pasado por caer en la tentación, eres culpable de tu propia muerte.

El gobierno y la sociedad se preparan para protegerse. Hay tres grupos de riesgo que hay que separar para evitar una epidemia: los homosexuales, las prostitutas y los drogadictos. Hay que apartarlos de la sociedad para evitar que las personas inocentes se contagien. Se les prohíbe donar sangre, se habla de la necesidad de prohibir su entrada en las piscinas o instituciones públicas. Las histeria se ha desatado ¿un mosquito que pica a una persona infectada y luego pica a una sana, podrá transmitir la enfermedad? ¿Si una persona con SIDA se mete en la piscina, puede transmitir la enfermedad, a través del agua, si otra persona tiene una herida en las encías? ¿Si la saliva contiene el virus, un beso puede ser mortal? ¿Y los niños en las escuelas? Con frecuencia se hacen heridas, ¡¡tus propios hijos están en peligro!! No falta algún diputado que propone encerrar a los enfermos en alguna institución para evitar que contagien a las personas "inocentes". No faltan las asociaciones de padres que se manifiestan para evitar la entrada al colegio de un niño con SIDA ¿qué pensaría ese niño, hoy muerto? Y en esta sociedad que se autodenominaba moderna y liberal, hubo que esconder que se estaba enfermo, hubo que volver a ocultar la orientación sexual porque ya no se era solo culpable de contagiar la homosexualidad ahora se podía contagiar la muerte. En algunas empresas, con la excusa de la revisión médica anual, analizaban a escondidas tu sangre en busca del virus. No te informarían en el caso de que lo tuvieras, el análisis se hizo sin tu conocimiento, pero no volverían a renovarte el contrato y cualquier excusa sería suficiente para justificar tu despido.

Personas que sabían que iban a morir y lo único que encontraron fue la exclusión social y no estoy hablando de la Edad Media con los leprosos, estoy hablando de la sociedad actual, apenas veinte años atrás. Algunas personas con SIDA se rebelaron, aparecieron noticias en las cuales se alarmaba a la sociedad

208

avisando de que se estaban enterrando jeringuillas infectadas en la tierra de las playas o las mujeres que tras una noche de pasión con un desconocido escribían en el espejo del baño con carmín de labios: "Tengo el SIDA, estás contagiado". ¿Qué otra cosa podían hacer? ¿Morir en la soledad observando cómo la sociedad no hacía nada para evitarlo?

Fueron las asociaciones de homosexuales las que se pusieron en movimiento ante la impasibilidad y el ataque de los gobiernos. Fueron ellos los que se encargaron de cuidar a los enfermos, fueran gays o heterosexuales, y fueron ellos los primeros en informar a la sociedad sobre el "sexo seguro". No evitar el sexo como proclamaba el gobierno, evitar el contagio. El preservativo se convirtió en la gran salvadora de la humanidad. Sexo sí, preservativo también. La abstinencia es eficaz en el mundo ilusorio de la religión cristiana. Fueron las asociaciones de homosexuales las que forzaron al gobierno a que cambiara sus discursos, sustituyendo los "grupos de riesgo" por las "prácticas de riesgo". No había grupos de riesgo, todos los ciudadanos estaban expuestos a contraer la enfermedad. No había que excluir a los homosexuales, las prostitutas, los drogadictos ni a los enfermos de SIDA. Eran las prácticas sexuales arriesgadas las peligrosas. Había que enseñar y acostumbrar a la población a usar el preservativo para evitar la proliferación de la enfermedad. Los gobiernos reaccionaron, tarde, pero reaccionaron, no para salvar a los homosexuales y solo cuando vieron unas cifras en las que el SIDA avanzaba exponencialmente entre los heterosexuales año tras año.

Los gobiernos obligaron a las farmacias a vender preservativos para evitar el contagio. Y digo obligaron porque esto fue lo que pasó. Muchos farmacéuticos alegaron "objeción religiosa" para evitar venderlos. Hasta entonces, los preservativos eran utilizados para evitar los embarazos, lo cual significaba ir en contra de la doctrina cristiana. Eran también el símbolo de relaciones extramatrimoniales. Los cristianos no podían permitir la venta indiscriminada de preservativos: *"Si no quieren contagiarse que no practiquen el sexo fuera del matrimonio"*. Tras la obligación hubo farmacéuticos que pinchaban los preservativos antes de su venta. El concepto cristiano era condenar a la muerte a los pecadores. Hubo otro problema que solucionar, comprar preservativos en una farmacia significaba proclamar abiertamente que ibas a engañar a tu esposa, que ibas a mantener relaciones íntimas sin estar casado o que eras homosexual. La mirada acusadora de la farmacéutica te delataba. La vergüenza que los hombres sentían al tener que comprar los preservativos era un impedimento para la eficacia de esta medida. El sexo era algo íntimo y privado, comprar un preservativo era hacerlo público. Los viriles machos podían proclamar y enorgullecerse de haberse "tirado" a tal o cual mujer, pero como un hombre de pelo en pecho, "a pelo", y después de haber conseguido la conquista. Comprar un preservativo significaba manifestar un deseo no una conquista. Se intentaba disimular, comprando también otros productos para aparentar la normalidad de una situación que interiormente no existía. Recuerdo la primera vez que compré preservativos en una farmacia, yo tenía dieciocho años y llevaba dos años manteniendo relaciones sexuales, pero mi primer análisis del SIDA, tras la relación con un conocido que había contraído la enfermedad y con el que había compartido amantes, me hicieron consciente del peligro. La farmacéutica me miró extrañada, consultó con el farmacéutico, ambos me miraron y, tras un asentimiento de este último, me vendió el producto solicitado. Esta situación embarazosa la solucionaron las asociaciones gays distribuyendo preservativos gratuitamente en los propios locales de ambiente.

Los libros editados en los años noventa sobre la homosexualidad, proclaman la normalización de esta situación y si la comparamos con décadas anteriores, es verdad que había menos presión, pero la realidad no estaba tan definida. Una menor coacción no significa una normalización. La sociedad aceptaba la homosexualidad siempre y cuando estuvieran lejos o fuera un problema de otros. Nadie quería ni aceptaba la homosexualidad en su propia familia. Seguía siendo una vergüenza que ocultar. A principios de los años noventa en Madrid, una gran ciudad (no quiero ni imaginar lo que sucedía en los pueblos o las ciudades pequeñas) apenas había locales de ambiente gay. Los asiduos nos conocíamos, si no de trato sí de vista, eran una pequeña familia donde te sentías seguro y en libertad. De vez en cuando venía algún muchacho llorando o sangrando porque su padre había descubierto su homosexualidad y tras una paliza le había echado de casa. Buscaban consuelo y una cama donde dormir esa noche. Esa era la normalización gay en una sociedad moderna. *Homosexuales*

210

sí, pero no en mi familia. Los locales gays eran rechazados como símbolo de promiscuidad incluso entre los propios homosexuales. Los anuncios de contacto en los periódicos estaban llenos de proclamas como esta: "busco persona que entienda para amistad o lo que surja. Personas del ambiente o con pluma abstenerse." La palabra "entender" era un símil que se utilizaba en los noventa para llamar a los gays sin alertar a los heterosexuales. Recuerdo un anuncio en el periódico: "Se buscan camareros que entiendan para pub nocturno". Cuando fui a la entrevista el dueño estaba alterado, no podía explicarse la cantidad de heterosexuales que habían acudido a la entrevista porque "entendían de camarero". Ser asiduo al "ambiente" era ser asiduo a los locales gays, lo cual significaba el estigma de promiscuidad incluso entre los propios homosexuales. Muchos homosexuales "en el armario" rechazaban a los homosexuales "del ambiente". Pero en "el ambiente" de aquella época no solo había promiscuidad, había compañerismo. Ricos y pobres, jóvenes y viejos se unían en un ambiente de libertad y de igualdad. No nos conocíamos todos personalmente, pero cuando faltaba alguien no dudabas en preguntar por él. No le conocías, seguramente ni siquiera le habías hablado, pero faltaba un miembro de tu familia. Notabas el hueco de su presencia. Cuando te informaban que le habían diagnosticado el SIDA, el mundo se te derrumbaba. Involuntariamente empezabas a recordar cuáles fueron sus parejas sexuales, cuáles fueron las tuyas, cuáles de ellas se emparejaron con las tuyas. Buscabas una conexión y casi siempre la encontrabas. Había que hacerse las pruebas… ¿dónde? Los médicos de cabecera solían negarse: *"lo que tienes que hacer es buscarte a una muchacha"*, *"no hay suficientes motivos que justifiquen ese análisis"*. Pero tú sabías que sí había motivos, que existía la posibilidad de estar contagiado y no era tanto el miedo de tener la enfermedad como el miedo a contagiárselo a otros. Ser el verdugo era una idea insufrible. Las asociaciones gays te informaban: se habían habilitado clínicas especiales subvencionadas por el gobierno donde te realizaban las pruebas anónimamente. No necesitabas dar tu nombre, se te asignaba un número. Cuando llegabas a la dirección indicada se te caía el alma al suelo. Era un piso mugriento en un antiguo edificio, habilitado como clínica, donde los médicos, con más buena voluntad que medios, te informaban, te educaban y te tranquilizaban. En las salas de espera se respiraba el nerviosismo. El silencio y las miradas de compasión cuando detectabas una mancha en la piel de otro paciente. Se aprendía mucho en esos tensos minutos de espera. Cuando notabas que varios médicos se juntaban en una sola consulta, temblabas, era sinónimo de malas noticias, el siguiente nombre al que llamaran, el siguiente paciente, sería seropositivo. Antes de la extracción de sangre para el análisis tenías que contestar a un cuestionario. Era obligatorio y necesario para entender mejor la enfermedad y detectar las posibles vías de transmisión, aún desconocidas o poco claras. Un exhaustivo y humillante cuestionario donde se te preguntaba por todas las parejas sexuales que habías tenido a lo largo de tu vida y se hacía especial incisión en las del último año. Todas las prácticas sexuales que realizaras, todos tus gustos y movimientos eran analizados y anotados hasta el más mínimo detalle ¿te gusta chuparle el culo a tu pareja? ¿Al hacerlo metes la lengua por el ano o solo lo rodeas por el exterior? Quisiera "romper una lanza" a favor de estos médicos que pese a lo denigrante del cuestionario, intentaban hacerte sentir tranquilo y en ningún momento cuestionaron ni miraron con reproche. Recuerdo que para definir los actos sexuales utilizaban lo que para mí se me antojaban palabras técnicas e incomprensibles, teniendo que describirme el acto en sí para que yo lo entendiera. Una vez descrito, les miraba con extrañeza y contestaba "claro que sí". Mi inocencia y juventud me hacían ignorar que todo lo que yo consideraba normal y habitual en las relaciones sexuales no lo era en las relaciones heterosexuales. Aun así no vi ninguna mirada de reproche en aquellos médicos heterosexuales y sí mucha comprensión. Tras el análisis quince días de tensa espera, ¡quince!, donde sólo podías pensar en la muerte. Quince días en los que tenías que sonreír a tu ignorante familia y donde tenías que concentrarte en el trabajo. Quince días pensando que podías tener el SIDA y no podías permitir que nadie adivinara tus pensamientos. A los quince días había que llamar para solicitar otra cita, si te la daban, respirabas aliviado pero no te tranquilizabas hasta que te dijeran el diagnóstico. Si al llamar te decían que se habían retrasado los resultados y que llamaras diez días después, el terror se apoderaba de tu cuerpo. Los médicos no te lo decían pero tú lo sabías. El primer análisis de tu sangre era "la edición barata" si salía negativo no lo tenías pero si salía positivo no significaba que lo tuvieras, entonces había que hacer la "edición cara" para determinar si realmente poseías el virus. Un retraso en los resultados significaba que el primer análisis había resultado positivo. Diez días más de espera, intuyendo que en el primer análisis habías dado positivo, diez días terroríficos que nadie podía notar ¿cómo decirle a tu familia que eras homosexual y posiblemente tuvieras el SIDA? ¿Cómo decirle a tu pareja que posiblemente le habías contagiado la muerte? ¿Cómo concentrarte en el trabajo? Diez días más donde solo puedes pensar en que tienes el SIDA. Llega el día y no quieres ir, pero vas ¿Qué otra cosa puedes hacer? Vas y tu temor se nota en la sala de espera, todos te miran con compasión pero deseando internamente tener más suerte. Observas desesperado el movimiento de los médicos. Temes que digan tu nombre aunque sabes que tarde o temprano lo mencionarán. Ese nombre que se supone anónimo pero que todos saben. Ese nombre que los médicos, al principio, te indican que puedes dar uno falso, pero que das el verdadero porque no tienes nada que ocultar, ese nombre que ahora desearías que fuera falso. Por fin llega el tenso momento, la médica está sola, es buena señal, simula leer el resultado como si no lo supiera de antemano, ¡estás limpio! No vas a morir. Pero te advierten, con tu nivel de promiscuidad y tus hábitos sexuales un resultado negativo no significa que estés libre de la enfermedad. El virus solo es detectable tres meses después del contagio y... ¿con cuantos hombres me he acostado en los últimos tres meses? Tengo que usar preservativo y hacerme otros análisis dentro de seis meses para estar seguros. Estoy libre, estoy limpio, pero aún no estoy seguro, pues aún no se sabe qué prácticas son realmente peligrosas para el contagio.

Desde entonces el binomio homosexualidad-SIDA están íntimamente relacionados y lo que se impuso como un rechazo social hacia un colectivo "de riesgo" se transformó en el salvavidas de muchos homosexuales gracias a las asociaciones gays y a estos médicos que decidieron apoyar a un colectivo discriminado e indefenso. La eficacia de las medidas adoptadas por y entre los homosexuales, fue copiada por el gobierno para lanzar sus campañas de prevención entre los heterosexuales.

Yo tuve suerte y di negativo, pero ¿qué sucedía con los seropositivos? Decenas de píldoras diarias y un control trimestral de los niveles del virus les hacían vivir diariamente su propia muerte. Siempre había una esperanza, los médicos no paraban de repetirlo, lo importante eran los deseos de vivir ¿Cómo tener deseos de vivir en una sociedad que te rechazaba y te culpabilizaba por tu enfermedad? Si los análisis detectaban que el virus aumentaba había que cambiar la medicación. Siempre había una nueva medicina, una nueva esperanza. Una nueva mentira que los médicos te lanzaban y tú aceptabas aunque no te lo creyeras. He tenido dos parejas con SIDA, ambos muertos. Uno de ellos, un joven guapísimo gallego con caracteres físicos nórdicos. Una belleza griega con alma de obrero. Cuando te diagnostican el SIDA, lo primero que piensas es en la gente a la que has podido contagiar, los propios médicos te insisten en que has de avisarles para que se hagan las pruebas, pero ¿cómo avisarles? En la mayoría de los casos ni siquiera conoces su nombre. Luego dejas de practicar el sexo por miedo a contagiar la enfermedad. No les conoces, no sabes quiénes son, qué fácil sería tener una relación sexual, un desahogo, con una persona que no volverás a ver. Pero la culpabilidad te invade. No quieres ser responsable de la muerte de nadie y menos en tus últimos meses de vida. Este gallego, al que nunca olvidaré, no me mintió. Nos miramos y sentimos automáticamente una atracción especial. Él era especial. Se prostituía para ganarse la vida pero soñaba con ser modelo o actor. Era hermoso, podía haberlo sido, pero su sencillez y nobleza de alma se lo impidieron. Nos besamos. No sé si fue mi propia juventud o si realmente fue amor a primera vista, pero sin conocerle deseaba hacerle feliz. No ambicionaba el sexo, anhelaba ver la felicidad en su triste mirada. No me mintió. En el mundo homosexual, una caricia era el preludio del sexo y él me advirtió: "tengo el sida" y yo contesté "tranquilo, llevo preservativos". Noté su extrañeza y el alivio en sus ojos, fue la primera vez que no le rechazaban cuando confesaba su enfermedad. Y lo hice sin pensar, sin titubeos, sin miedo.

Una vida de drogas, de depresiones y de prostitución había debilitado su cuerpo. La enfermedad estaba ganando terreno. Él sabía que iba a morir. En sus momentos depresivos se "olvidaba" de medicarse, la enfermedad le consumía, yo le obligaba a seguir el tratamiento farmacológico, le obligaba a vivir. Cuando en sus momentos optimistas decidía dejar la prostitución, no faltaban los dueños de los club's que se le acercaban incitándole a acudir prometiéndole un dinero que él necesitaba. En una ocasión se despidió de mí, se despidió de todos sus amigos y compró un billete de autobús rumbo a Galicia. Quería morir al lado de su familia. Metió unas pocas ropas en una mochila y se fue. Nunca cogió ese autobús. Su padre le había propinado una paliza y le había expulsado de su hogar al enterarse de su homosexualidad. Aunque en sus últimos momentos necesitaba el amor de su madre, no se atrevió a volver. Tampoco volvió conmigo. Yo le obligaba a vivir y él necesitaba morir. Le vi tiempo después mendigando una limosna. La enfermedad estaba en su última fase y el sarcoma de kaposi había desfigurado su cara. Nos miramos, nos abrazamos y con lágrimas en los ojos nos dijimos adiós.[107]

Quisiera pedirte disculpas, querido lector, por esta explosión sentimental, pero me pareció la mejor forma de transmitir la "normalización" que vivimos algunos homosexuales en los años 80 y 90. Hay miles de historias parecidas. Miles de homosexuales que fueron rechazados por sus familias y que tuvieron que afrontar solos sus últimos días. Cuando se desea morir qué fácil es que se te "olvide" tomarte la medicación. Por alguna extraña razón, la sociedad española cree que tras la aprobación de la constitución en 1978, donde se promulga la no discriminación por razón de orientación sexual, los homosexuales pudieron vivir libremente, como si, por arte de magia, esta ley pusiera un interruptor en los cerebros de los políticos, familiares y policías que les hiciera cambiar automáticamente sus convicciones homófobas. Es cierto que muchos homosexuales vivieron ajenos a esta tragedia, sus propias vivencias les enseñaron a vivir alegremente la vida y cerrar los ojos ante las desgracias. Si no hubieran procedido de esta forma, la depresión, ante sus propias circunstancias, les hubiera marcado para siempre. La palabra *gay* significa *alegre* y no es una frivolidad como muchos piensan, es una forma de evadirse de la realidad, de vivir un sueño, de vivir el momento, porque el pasado es demasiado trágico y el futuro

---

[107] Edu, este libro va por ti, aunque ya no puedas leerlo.

demasiado negro. Se es *alegre* porque despertarse por las mañanas es demasiado duro.

* * *

El 17 de mayo de 1990, la Organización Mundial de la Salud (OMS) excluyó la homosexualidad de la Clasificación Estadística Internacional de Enfermedades y otros Problemas de Salud. Esto significó un cambio de rumbo paulatino en los gobiernos de los distintos países. El gobierno del Reino Unido hizo lo propio en 1994, seguido por el Ministerio de Salud de la Federación Rusa en 1999 y la Sociedad China de Psiquiatría en 2001. Esto no significó la automática aceptación de los homosexuales. Las leyes y la sociedad tuvieron que adaptarse poco a poco. Hasta 1990 EE.UU. podía prohibir la entrada en el país de homosexuales extranjeros. Indudablemente no preguntaban al entrar en el país la orientación sexual, pero se utilizaba esta ley para deportar a los inmigrantes fichados por homosexuales.

A finales de la década de 1990 y principalmente en los años 2000 los avances sociales de igualdad y aceptación gay cogen un ritmo vertiginoso en España:

- En 1975, año de la muerte de franco, el 80% de la población apoyaba una ley contra la homosexualidad y un 83% aceptaría que hicieran "desaparecer" a los homosexuales.
- En 1994 se crea el primer registro de "parejas de hecho", en Vitoria (casi veinte años después de la democracia) donde los homosexuales podían registrarse como pareja estable, aunque esto no les concedía ningún derecho. El 40% de la población, casi la mitad de la sociedad española, consideraba que las relaciones sexuales entre hombres estaban siempre mal.
- Tras 20 años de democracia e igualdad solo un 36% de la sociedad consideraba que no había nada malo en las relaciones homosexuales. Si consideramos que el 10% de la población es mayoritariamente homosexual en sus

relaciones sexuales, significa que sólo el 26% de la población heterosexual aceptaba a los homosexuales.

- En 1998 Cataluña concede algunos derechos a las "parejas de hecho"

- Los sindicatos, en los convenios sindicales de los trabajadores, incluyen a estas parejas para que puedan beneficiarse de las mismas ventajas laborales que los matrimonios convencionales.

- En los años 2000 proliferan las aperturas de locales destinados a homosexuales. No solo locales nocturnos, también librerías, tiendas de moda, decoración y cafeterías. El barrio gay de Chueca se pone de moda a nivel internacional, pudiéndose leer en los foros de Internet comentarios de ciudadanos de otros países que, en sus vacaciones, tenían pensado viajar a Chueca, como si fuese un país o una ciudad importante.

- En el 2005 se establece el matrimonio homosexual en España con los mismos derechos y deberes que el matrimonio heterosexual. Se convierte España en el tercer país que permite estos enlaces y el primero que establece la verdadera igualdad legal, al contraer matrimonio con la misma ley homosexuales y heterosexuales. En los otros países se creó una ley especial para el matrimonio gay, recortando sus derechos.

Durante los primeros años de la democracia se prohibió a las organizaciones de defensa de los derechos de los homosexuales registrarse como tales organizaciones y se impidieron las manifestaciones para garantizar *los derechos y las libertades de los heterosexuales*. Las redadas en los locales frecuentados por homosexuales continuaron durante la década de los 80. En los 90 el hostigamiento policial siguió produciéndose. Ya no había redadas, pero se buscaba cualquier infracción normativa para intentar cerrar el negocio. Los coches de policía aparcaban enfrente de estas discotecas o bares, ahuyentando a la clientela que aún estaba acostumbrada a la clandestinidad y deseaba el anonimato, pidiendo la documentación a aquellas parejas que salieran del local cogidos de la mano o dándose un beso. Cuando pedías una explicación al agente de la autoridad, te argumentaba que la constitución te garantizaba tus derechos dentro del local o tras las puertas de tu domicilio. En la calle estaba prohibida toda ostentación de la orientación sexual homosexual por tratarse de un delito de escándalo público, aunque fueran las 4:00 de la madrugada y la calle estuviera vacía. Ley que estuvo vigente hasta 1995. Fui objeto de estas coacciones.

Quisiera mostrar mi reconocimiento y mi agradecimiento por todos aquellos porteros de las discotecas del barrio de Chueca y cercanos, que ahora miramos con recelo, pues en esta década eran los que garantizaban la seguridad de los homosexuales ante los grupos de homófobos que intentaban entrar en el local o agredir a los homosexuales. La policía nunca aparecía por mucho que les llamaras. Esto se vivía por la sociedad homosexual como algo anecdótico. La discriminación era algo normal. Es de suponer que estos mismos sentimientos de "normalidad" los tuvieron los homosexuales de otras décadas. Al igual que los esclavos de otras épocas consideraban "normal" su vida o ahora consideramos "normal" pasar más tiempo trabajando, para pagar la hipoteca y la comida, que disfrutando de la vida. El ser humano se adapta al entorno social que le toca vivir considerando "normal" todas las injusticias y humillaciones. Desde niños nos enseñan a adaptarnos a la sociedad y de adultos consideramos "normal" cualquier cosa que le esté sucediendo también al resto de las personas que te rodean. Solo en muy contadas ocasiones de la historia alguien se ha rebelado ante tanta "normalidad" y ha conseguido crear otra "normalidad" un poco más justa con el ser humano.

2ª PARTE.- Tratamientos médicos

Hasta finales del siglo XX, los intentos médicos de "curar" la homosexualidad han incluido tratamientos quirúrgicos como la histerectomía (extirpación del útero), la ooforectomía (extirpación de ovarios), la ablación de clítoris, la castración, la vasectomía, la cirugía del nervio pudendo (eliminación del nervio que transmite la sensación del placer) y la lobotomía. También se ha intentado el tratamiento con diversas sustancias, que incluyen el tratamiento hormonal, el tratamiento de shock farmacológico y el tratamiento con estimulantes y depresivos sexuales. Otras prácticas incluyen la terapia de aversión hacia la homosexualidad, el intento de reducción de la aversión hacia la heterosexualidad, tratamiento por electroshock, terapia de grupo, hipnosis y psicoanálisis.

Algunos de estos tratamientos, que incluyen el de shock eléctrico y el de las drogas inductoras de náuseas, todavía están en uso en algunos países. A veces permitido por el gobierno y otras en la clandestinidad.

Hipnotismo

Muchos fueron los médicos que a principios del siglo veinte pregonaron la fiabilidad del hipnotismo para curar la homosexualidad. Utilizaban largos y costosos tratamientos que llenaban los bolsillos de los médicos y escribían libros ensalzando sus éxitos en la materia para conseguir un renombre que les asegurara una mayor clientela, pero nunca se detuvieron a observar el daño psicológico que estaban causando a sus pacientes.

"No podemos exponer aquí en detalle la importante cuestión del tratamiento de la homosexualidad, que por otra parte, se haya aún en estudio. En cuanto al conocimiento de la perversión homosexual se les impuso a los médicos – por lo general en sus formas más groseramente mórbidas y de consecuencias medicolegales – se esforzaron aquellos por aplicar a sus pacientes los recursos, por desgracia harto discutibles, de la psicoterapia. La más célebre de esas tentativas terapéuticas fue la de Schrench-Notzing, en un momento en que estaba de moda el hipnotismo. Este tenaz psicoterapeuta, en su laudable intención de forzar la naturaleza, llegaba a sumar al tratamiento hipnótico – que a veces se prolongaba más de un año – las prescripciones de práctica sexual más minuciosas, para cuya ejecución era indispensable la colaboración de una prostituta experta.

Terapéutica tan extraña solía dar más malos resultados que buenos. Nos limitaremos a decir a este propósito que desde hace mucho tiempo está reconocido el hipnotismo como un tratamiento ya totalmente ineficaz, ya precisamente lo bastante eficaz para dar al enfermo tan sólo la impresión subjetiva de que es capaz de relaciones sexuales normales. Impresión que no corresponde a la realidad comprobable por la experiencia sino en los límites del poder sexual normal del sujeto, que hasta entonces se mantuvo potencial." [108]

En 1930 se consideraba que la "curación" por hipnotismo era un fracaso. Se olvidan de que unas décadas antes proclamaban en los libros el éxito de este tratamiento. Los médicos se vanagloriaban de haber curado a muchos homosexuales gracias a estas medidas y, de pronto, esta terapia es un fracaso. ¿Qué fue de todos esos homosexuales curados?

"En su famoso libro La historia de San Michele, *el doctor Axel Munthe habla de un joven invertido que había sido tratado por Krafft-Ebing y por Charcot, y que, según Munthe, estaba "muy ansioso de ser curado". El doctor intentó conducir al paciente, mediante la hipnosis, a las prácticas sexuales aceptadas. Un año después oyó que se había suicidado"* [109]

Un año de terapia donde el médico le influye al paciente en la maldad de la homosexualidad, una prostituta que mantenía relaciones sexuales con el paciente para que fuera practicando y solo se conseguía que el enfermo tuviera la falsa sensación de ser heterosexual. Cuando el individuo recobra poco a poco aquella atracción sexual homosexual que durante más de un año de hipnotismo le han enseñado a odiar, se despierta también un odio hacia sí mismo y sus sentimientos.

Si durante un año laváramos el cerebro de un heterosexual haciéndole ver las excelencias del sexo homosexual ¿se volvería homosexual? En menos de seis meses y sin terapias los heterosexuales mantienen relaciones sexuales con otros hombres en las cárceles, en el ejército, en la marina, en los monasterios, etc. ¿podríamos concluir que la homosexualidad está más firmemente arraigada en la naturaleza del hombre que la heterosexualidad? Si

---

[108]   A. Hesnard. *Psicología homosexual* 1930
[109]   Donald Webster Cory. *El homosexual en Norteamérica.* 1951

encerráramos durante seis meses a un homosexual con un harén de mujeres ¿mantendría sexo heterosexual? ¿Significaría esto que los heterosexuales se han pervertido y los homosexuales se han "curado"?

Eugenesia

La eugenesia es la solución para una teoría científica cuyo propósito es la obtención del "superhombre", una raza física y psíquicamente superior a las demás. Se basa principalmente en la esterilización de aquellas personas que no corresponden al prototipo especificado por ellos para evitar que engendren hijos con sus mismas características. En un principio fue ideado para la eliminación de las enfermedades que se creían genéticas y por lo tanto heredables, pero pronto se extendió a las enfermedades psíquicas y también para eliminar de las calles a mendigos y prostitutas, porque según las "investigaciones" los mendigos procrearán hijos débiles y enfermizos y las prostitutas solo podían tener una descendencia destinada a ser delincuentes y pervertidos. Los distintos gobiernos empezaron a usarla para eliminar la progenie de las personas con ideas contrarias al régimen establecido.

La eugenesia ya existía en 1907 y en 1928 se había esterilizado a 8.000 personas, pero el auge de esta práctica no se produjo hasta la década de 1930.

Los alcohólicos, los deficientes mentales, los padres cuyos hijos murieron al poco de nacer o contrajeron alguna enfermedad grave, los criminales y los homosexuales eran esterilizados. La decisión la tomaban unos jueces que llegaron a utilizarlo como un arma política para esterilizar a los disidentes. Aunque principalmente se piensa en la Alemania de Hitler cuando se relatan estas prácticas, en realidad los EEUU lo practicaron con mayor asiduidad y los primeros en llevarlo a la práctica fueron los suizos:

"El primer paso en el terreno de la práctica fue dado por Suiza, cuyas autoridades decretaran la esterilización de cuatro incapaces, previo consentimiento de los interesados o de sus representantes legales. Los esterilizados fueron: una muchacha de veinticinco años, epiléptica y ninfomaniaca que dio lugar a varios escándalos ruidosos; una mujer de treinta y seis años, deficiente mental, sujeta a crisis de agitación y de excitación genésica; un hombre de treinta y un años, degenerado y alcohólico; y otro de treinta y dos, homosexual recidivita e inmoral" [110]

Todos los casos de eugenesia son injustos pero además en el caso del homosexual es absurdo. La esterilización no evita que mantenga relaciones sexuales con otros hombres y en este caso la procreación es imposible. La eugenesia es inmoral y peligrosa. Los científicos de 1930 creían hereditarias muchas enfermedades que actualmente sabemos que no lo son. Los médicos de la época creían que masturbarse provocaba ceguera e incluso llegaron a castrar a muchos jóvenes con hábitos masturbatorios para evitar la locura en la madurez. Actualmente aún se siguen oyendo voces que apoyan esta práctica en los enfermos mentales y, aunque nos creemos saberlo todo, dentro de cien años alguien leerá un libro actual y pensará "qué ignorantes eran los científicos de los años 2000". Esta práctica es peligrosa socialmente porque hace omnipotentes a nuestros gobernantes legislando según las creencias de la época, ignorando los cambios de rumbo futuros. Si hubieran aplicado estas doctrinas en la Edad Media, cuando la Iglesia Cristiana estaba en su máximo apogeo, se hubiera castrado a los no creyentes por el bien de la humanidad.

Cometemos el error de pensar que los tiempos han cambiado. En 1930 los moralistas estaban preocupados porque con las esterilizaciones se fomenta el sexo indiscriminado sin peligro a quedarse embarazada. Existía el temor, para estos moralistas, de

---

[110]   A. Martín de Lucenay. *Las leyes y el sexo.* 1934

que la sociedad empezase a pedir la eugenesia voluntariamente para evitar tener hijos.

"La eugenesia es inmoral porque deja a la mujer en libertad para cometer toda clase de excesos sexuales sin temor a las consecuencias de tales actos". [111]

¿Tanto hemos cambiado? La Iglesia Cristiana está en contra del preservativo precisamente por este mismo motivo. Si esta práctica no estuviera prohibida actualmente, los EEUU estarían practicándola a todos los árabes para evitar el terrorismo internacional. ¿Y los homosexuales? Como hemos dicho anteriormente la esterilización es absurda, por ello en 1930 se comenzó a castrarlos y hubieran seguido haciéndolo hasta 1990, año en que por fin la Organización Mundial de la Salud tuvo que admitir que no era una enfermedad. Y en muchos países, donde ser homosexual sigue siendo un delito, se les seguiría castrando.

Curiosamente, los datos más precisos sobre la exterminación de los elementos "indeseables" la tenemos en la Alemania Nazi, aunque no fueron los que más lo utilizaron.

"El movimiento nacionalsocialista radicalizó el determinismo biológico que había venido desarrollándose desde finales del siglo XIX y comienzos del XX. Según este pensamiento, determinadas personas, principalmente criminales, «asociales» y deficientes mentales, heredaban sus características de generación en generación y la posibilidad de tratamiento o «cura» era prácticamente inexistente. Así, la única solución para librar a la sociedad de estos elementos inútiles o incluso perjudiciales era el internamiento, la esterilización o la eliminación. Para los ideólogos y los científicos nazis, los homosexuales caían claramente dentro de la categoría de los asociales. La campaña de esterilización llevada a cabo reclamó no menos de 400.000 víctimas en total.

---

[111]   A. Martín de Lucenay. *Las leyes y el sexo.* 1934

228

Las primeras leyes sobre la esterilización de deficientes y enfermos mentales son del 14 de julio de 1933, poco después de la toma de poder de Hitler. Inicialmente los homosexuales no se vieron afectados, pero una ley de noviembre de ese mismo año, llamada Ley contra delincuentes habituales peligrosos [...] ofrecía la posibilidad a los jueces de ordenar la esterilización a los mayores de 21 años siempre que fueran acusados de «delitos peligrosos contra la moralidad». En 1935 se introdujo un párrafo en la ley que debía proteger a la sociedad de personas con enfermedades hereditarias y que permitía la castración de homosexuales con delitos políticos o criminales, aunque solo de forma voluntaria.

En 1939 se hizo un proyecto de ley para el tratamiento de los asociales, en el que ya no se hablaba de acto voluntario, sino que la esterilización quedaba en manos del juez; un segundo proyecto de la misma ley de 1943 ordenaba la castración en casos en que la «moral pública» lo demandase; un tercer proyecto de ley de 1944 ordenaba la castración en casos en los que, acciones repetidas o una «personalidad con tendencia», fuera necesaria para la seguridad pública[112]. La evolución de la Guerra no permitió la introducción de estas reformas y en agosto de 1944 el Ministerio de Justicia ordenó que los trabajos fueran interrumpidos. Ya no es posible calcular su número exacto, pero muchos de los homosexuales que habían sido detenidos, encarcelados o trasladados a campos de concentración fueron liberados y enviados al frente, ya que la situación de guerra total obligaba al empleo de todos los hombres.

En el caso de los homosexuales se empleó a menudo la castración. El objetivo no era evitar la reproducción, sino eliminar el impulso homosexual, es decir, la «cura». A pesar de que todavía no había una base legal, muchos médicos se ofrecieron a «tratar» a homosexuales en bien de la comunidad, aceptando como mal

---

[112] Una "personalidad con tendencia" significaba que cualquier persona a la que el juez considerada "predispuesta genéticamente" a la homosexualidad podía ser castrada, aunque nunca hubiera tenido contactos sexuales con individuos de su mismo sexo.

*menor las posibles consecuencias en la salud de los «pacientes».
Boeters, que desde 1924 había estado ordenando esterilizaciones
de disminuidos psíquicos, admitía en un artículo publicado en
1934 haber ordenado castrar a unos 60 «delincuentes morales»,
incluso antes de que la ley lo permitiese. El número de
castraciones realizadas de esta forma incontrolada no es
conocido, al igual que tampoco lo es el número de «voluntarios»
que fueron castrados según la ley de julio de 1935, aunque a
finales de 1935 el régimen nazi afirmaba que «sólo» 87 hombres
habían accedido. De los castrados según la ley de 1933, a finales
de 1940, sumaban 2000 hombres.* " [113]

---

[113]   Datos extraídos de la página web Wikipedia.

Injertos de testículos y hormonación

Cuando descubrieron, a finales de la década 1910, que los testículos segregaban unas hormonas que potenciaban la musculación, el bello corporal y la agresividad, los científicos pensaron que la escasez de estas hormonas podrían estar provocando la degeneración del hombre y por lo tanto la homosexualidad. Incluso en el caso de que estas secreciones fueran normales, pudiera ser que no fueran suficientes para ese hombre concreto. La solución: extirparles sus testículos e implantarles otros de un hombre heterosexual.

"Esos autores extirparon los testículos de un paciente homosexual, y le injertaron el testículo de un hombre normal. [...] A las dos semanas después de la operación aparecieron deseos sexuales y potencia. Seis semanas más tarde pudo realizar el coito, que fue seguido de entera satisfacción y ventura. La conducta general de este sujeto, que era antes de la operación francamente femenina, se convirtió en masculina" [114]

La operación fue considerada un éxito e incluso el paciente se casó con una mujer y tuvo hijos.

Se hicieron muchas operaciones de este tipo, pero los médicos no se ponían de acuerdo sobre el resultado obtenido:

---

[114] Alexander Lipschütz. *Las secreciones internas de las glándulas sexuales*. 1928

231

"Intentos semejantes de tratamiento quirúrgico de la homosexualidad han sido realizados por diferentes médicos. Éxitos favorables han sido descritos por Mühsam (1922), Pfeiffer y otros, mientras que Kreuter (1922) y Stabel (1922) deniegan tales éxitos. Stabel es, incluso, de la opinión de que es imposible cambiar la conducta psicosexual de los individuos homosexuales por implantación, siempre que esta conducta sea definitivamente fijada en el sistema nervioso central después de la pubertad." [115]

La explicación para esta divergencia de opiniones fue sencilla y ecuánime: los enfermos que no se curaron con el injerto de testículos fue porque no eran verdaderos homosexuales. Seguramente eran enfermos mentales o pervertidos, pero no homosexuales de nacimiento. Para distinguir a un verdadero invertido de uno falso hay que examinar sus cuerpos, ya que en el verdadero homosexual se detectan los trastornos en el desarrollo físico típicos de los eunucos. Es decir, cuerpos deformados con las extremidades inferiores demasiado largas, poco o ningún vello corporal, voz atiplada y adiposidades en los pechos y las caderas.

"Muchos factores permiten suponer que, en los casos aislados, el injerto de un testículo influenció sobre la dirección del instinto sexual. Pero la documentación y las observaciones de que disponemos son muy reducidas. Muehsam y otros publicaron algunos casos. Desde hace algún tiempo, no se oye hablar de esta operación para la cura de la homosexualidad. Esto puede deberse a que raramente es factible practicarla en las condiciones que Steinach consideró como necesarias. Habría que proceder ante todo a una castración, luego al injerto del testículo extraño sano. Sin embargo, conozco toda una serie de observaciones en que, después del injerto del testículo de un heterosexual, la homosexualidad siguió exactamente igual que antes aun en casos que se pretendieron curados: en otros hubo evidentemente influencias de la sugestión, y el hecho de que, actualmente, apenas se oye hablar de ello, hace pensar que se trata de una de esas

---

[115]   Ibíd.

cuestiones de moda que parece haber pasado más rápido de lo que estamos acostumbrados a comprobar en medicina." [116]

Con el tiempo las hormonas proporcionadas por los testículos fueron sintetizadas y el tratamiento fue mucho más sencillo. En lugar de injertar testículos, se inyectaban directamente las hormonas de testosterona que estas gónadas suministraban. Esto dio nuevas esperanzas a este tratamiento contra la homosexualidad.

En 1970 se tuvieron que rendir a la evidencia:

"Hasta hace algún tiempo se consideraba que la administración de hormonas correspondientes al propio sexo del individuo, podría cambiar la situación. Así pues, los homosexuales masculinos eran tratados con administración de hormonas sexuales masculinas y los homosexuales femeninos con hormonas sexuales femeninas. Sinceramente creemos que hoy día no puede tolerarse este tipo de tratamiento, ya que es totalmente inefectivo con respecto a los fines que se pretende e incluso, en la mayor parte de los casos, es totalmente contraproducente. Estos efectos nocivos se deben, si bien no siempre, a que en algunas ocasiones las hormonas sexuales producen un aumento de la intensidad de las necesidades sexuales, pero en ningún caso modifican la dirección o el sentido de la misma. De ahí que los únicos resultados que se obtenían con este tratamiento eran que el homosexual viera aumentar extraordinariamente la urgencia de sus necesidades y por lo tanto notara psicológicamente un empeoramiento de la situación." [117]

---

[116]   Richard von Krafft-Ebing. *Psicopatía sexual.* 1955 (Escrito originalmente en 1886, revisado y ampliado por Albert Moll en 1923)
[117]   Juan Masana Ronquillo. *El fenómeno de la homosexualidad.* 1971

Terapia conductiva y electroshock

Todo comenzó con un científico ruso llamado Pavlov que descubrió que algunos estímulos podían acarrear reacciones instintivas. Todos hemos oído hablar de los perros que empiezan a salivar cuando oyen la campana. Si los acostumbras a que cuando suena la campana les das de comer, empezarán a salivar al oír el sonido metálico aunque la comida no aparezca.

Skinner, un científico norteamericano, continuó con las investigaciones y descubrió que se puede modificar la conducta de los animales con un estímulo. Si a una rata le enseñas que tras pulsar una palanca recibe comida, la pulsará siempre que tenga hambre y si le enseñas que para obtener la comida tiene que pulsarla tres veces, la rata lo hará. Esto, que en un principio parece inofensivo, se volvió tenebroso cuando se extrapoló al ser humano. Nuestra conducta de adultos, no es más que una terapia conductiva aplicada desde la niñez: si eres bueno te doy un caramelo, si eres malo te castigo. No somos más que ratas de laboratorio y lo que es más aterrador, cualquier comportamiento puede ser modificado utilizando el mismo sistema. Es decir, la homosexualidad es provocada por unos estímulos equivocados y por lo tanto, con la terapia adecuada se puede modificar el comportamiento y convertirlos en heterosexuales.

"[...] En efecto, si consideramos la homosexualidad como un error de aprendizaje, es decir, como la formación de un hábito que debía haberse encaminado en otras direcciones, los

conocimientos que la psicología nos da sobre la formación y la "deformación" de hábitos, podrían ser útiles como tratamiento. Se ha pensado que eso podría hacerse en una serie de sesiones en las cuales los estímulos homosexuales, es decir, fotografías, libros, imágenes, recuerdos e incluso compañeros homosexuales, se presentan acompañados de una sensación desagradable para el enfermo, cual es la producida por una inyección de sustancias eméticas (vómitos), o bien, a través de una descarga eléctrica lo suficientemente dolorosa para que con el tiempo produzca la aversión. Repitiendo estas sesiones es posible notar un descenso de la atracción del individuo frente a estímulos del propio sexo y, en algunos casos, eventual aparición de los impulsos heterosexuales. Sin embargo, esto no es la regla, y lo normal es que la desaparición de los estímulos homosexuales no vaya acompañada de lo que podríamos llamar tendencias heterosexuales. Para eso es necesario, pues, la formación de un nuevo hábito. Destruimos el antiguo y hemos de crear uno nuevo. Es necesario, no tenemos otro remedio, que acudamos a las propias respuestas sexuales del individuo, utilizando la masturbación como medio para ello. Lo que se hace, es aconsejar al "enfermo" que empiece a masturbarse mediante la utilización de estímulos y fantasías de tipo heterosexual hasta que, con la consiguiente repetición de este comportamiento lleguemos al instante en que la presencia de estímulos heterosexuales sea por sí sola capaz de provocar una reacción y una excitación de tipo sexual. Los resultados de estas nuevas técnicas son en general muy alentadoras y favorecen la idea de que vale la pena seguir por ese camino." [118]

Desde 1940 a 1970 la terapia de conversión disfrutó de una época de empleo agresivo del tratamiento de homosexuales y la aprobación de la profesión psiquiátrica. Algunos investigadores rechazaban la teoría de Freud de la bisexualidad innata y argumentaban que la naturaleza humana era por defecto heterosexual y que la homosexualidad era causada por la psicopatología de los padres. Mientras que unas décadas antes se excusaban aludiendo que la terapia por hormonación sólo

---

[118]   Juan Masana Ronquillo. *El fenómeno de la homosexualidad.* 1971

235

funcionaba en los homosexuales congénitos y no había funcionado por haberse aplicado a pervertidos. Ahora se aduce que no existe la homosexualidad innata y que es una conducta adquirida.

Casos documentados incluyen descargas eléctricas en los genitales del paciente, a veces junto con imágenes desagradables, otras con imágenes de hombres desnudos. Pero lo habitual eran las descargas eléctricas en la cabeza. La terapia de aversión es un tipo de tratamiento psiquiátrico o psicológico que consiste en exponer al paciente a un estímulo al mismo tiempo que se le hace experimentar alguna forma de sensación desagradable. Con ello se intenta condicionar al paciente para asociar el estímulo con la sensación desagradable y así terminar con un comportamiento indeseado. Es decir, mientras al paciente se le enseñaba una serie de fotografías, recibía una descarga eléctrica en el cerebro cuando la imagen consistía en un hombre desnudo. De esta forma, se intentaba que el paciente relacionara sus instintos homosexuales con una sensación dañina.

"El psicólogo Martín E.P. Seligman realizó un polémico informe del uso de la terapia de aversión para tratar de cambiar la orientación sexual de los varones homosexuales. En una serie de experimentos realizados en 1966 el proceso pareció inicialmente funcionar, con un 50% de los hombres sometidos a la terapia, que dejaron de poner en práctica sus impulsos homosexuales. Estos resultados llevaron a calificar el estudio como un éxito. Aunque el propio Seligman apuntó que las investigaciones posteriores demostraron que la mayoría de los hombres que habían sido sometidos a terapia de aversión y habían dejado de practicar relaciones homosexuales en realidad eran bisexuales, y que entre los hombres exclusivamente homosexuales la terapia había sido mucho menos efectiva." [119]

La Asociación psiquiátrica americana declaró que la terapia de aversión y otras terapias de conversión utilizadas para modificar la orientación homosexual, son prácticas dañinas psicológicamente, no avaladas por estudios científicos contrastados

---

[119]   Datos extraídos de la página web Wikipedia.

e ineficaccs. Desde 2006 el uso de la terapia de aversión se considera una violación de los códigos de conducta profesional. El uso de la terapia de aversión contra la homosexualidad es ilegal solo en algunos países[120].

No hay que confundir la terapia de aversión con electroshock y los tratamientos con electroshock aplicados actualmente a los enfermos esquizofrénicos. Antiguamente se usaban fuertes descargas eléctricas para provocar el dolor y el rechazo del paciente homosexual. También antiguamente se aplicaban fuertes descargas eléctricas en los enfermos esquizofrénicos, con la intención de provocarles ataques epilépticos o comas inducidos, pues se creía que así mejoraban de su enfermedad al comprobarse que estos pacientes eran menos violentos que los no tratados con la misma terapia. Actualmente, con los esquizofrénicos, son leves y controladas para facilitar la reacción cerebral.

---

[120]   En EE.UU. es ilegal aplicar estas terapias a menores de 21 años solo en algunos Estados.

Lobotomía

La lobotomía es la destrucción total o parcial de los lóbulos frontales del cerebro.

Las primeras tentativas de esta práctica en seres humanos ocurrieron a partir de 1935.

Este procedimiento se refiere comúnmente a toda clase de cirugías en los lóbulos frontales del cerebro; sin embargo, debe llamarse propiamente lobotomía a la destrucción de las vías nerviosas sin extirpación.

Moniz y Lima afirmaron tener buenos resultados, especialmente en el tratamiento de la depresión, aunque cerca del 6% de los pacientes no sobrevivieron a la operación y con frecuencia se registraban cambios adversos en la personalidad y en el funcionamiento social de los individuos. A pesar de los riesgos el procedimiento se tomó con cierto entusiasmo, especialmente en los Estados Unidos, como tratamiento para las condiciones mentales previamente incurables. El portugués Moniz recibió un Premio Nóbel en 1949.

Las evaluaciones de las primeras lobotomías tras los informes de Moniz las hicieron los mismos médicos que realizaban las operaciones, lo cual fue un método muy poco objetivo que dio como resultado una evaluación demasiado positiva y optimista.

"El médico Carl Værnet, el mismo que realizó experimentos con homosexuales en el campo de concentración de

Buchenwald, consiguió huir a Argentina en 1945, tras escapar de las autoridades aliadas. Værnet trabó amistad con el ministro de la sanidad del gobierno peronista, Ramón Carrillo, consiguiendo un puesto en el ministerio que le permitió continuar sus estudios. Hacia 1950 Værnet abandonó los estudios para abrir una consulta de médico generalista, pero su hijo, Kjeld Værnet, neurocirujano, continuó las investigaciones para una «cura» de la homosexualidad en los años sesenta, realizando experimentos con lobotomía. [...] El procedimiento fue popularizado en los Estados Unidos por Walter Freeman, quien ni siquiera era cirujano y que también inventó "el procedimiento de la lobotomía del "picahielo": Freeman utilizó literalmente un picahielo y un mazo de caucho en vez del procedimiento quirúrgico estándar. En un acto espantoso, Freeman martilleaba el picahielo en el cráneo apenas sobre el conducto lacrimal y lo movía hasta cortar las conexiones entre el lóbulo frontal y el resto del cerebro. Entre 1936 y la década de 1950, realizó lobotomías a lo largo y ancho de los Estados Unidos. Tal era la dedicación de Freeman que comenzó a viajar alrededor de la nación en su propia furgoneta personal, que él llamó su "lobotomobile", demostrando el procedimiento en muchos centros médicos e incluso realizando lobotomías en cuartos de hotel. La tarea de Freeman condujo a popularizar la lobotomía como curación general para todas las enfermedades psicológicas conocidas. " [121]

En última instancia entre 45.000 y 50.000 pacientes fueron lobotomizados, con poco o nulo estudio de seguimiento para considerar si el tratamiento era eficaz. Las lobotomías como forma de tratar la enfermedad mental eran una barbarie, que solo pudo ser frenada con el desarrollo de antipsicóticos. La última lobotomía legal en EEUU se practicó en 1967, pero por desgracia esta prohibición no llegó a los demás países hasta unas décadas más tarde.

El psiquiatra español Juan José López-Ibor practicaba este tipo de operaciones. En una intervención en el Congreso Médico de San Remo en marzo de 1973 declaró:

[121]   Datos extraídos de la página web Wikipedia.

"Mi último paciente era un desviado. Después de la intervención quirúrgica en el lóbulo inferior del cerebro presenta, es cierto, trastornos en la memoria y en la vista, pero se muestra más ligeramente atraído por las mujeres"

Sus pacientes eran presos acusados de homosexualidad y obligados a someterse a estas intervenciones. Tras la operación este paciente se mostraba *ligeramente* atraído por las mujeres. Personalmente me hubiera mostrado *totalmente* atraído por las mujeres con tal de evitar otra operación que me lesionara más partes de mi cuerpo.

Las lobotomías fueron practicadas inicialmente en las instituciones mentales con enfermos muy violentos. Esta operación quirúrgica consistía en practicar dos agujeros en la frente, a una altura un poco superior de los ojos, e introducir por ellos un pequeño artilugio que rebanaba una esfera del cerebro del tamaño aproximado de un centímetro. Se introducía este aparato seis veces en cada agujero, en distintas inclinaciones, para poder cortar doce esferas del cerebro. Un tercio de los pacientes morían en la operación, otro tercio no mostraba mejoría y un último tercio era considerado un éxito. Este éxito consistía en que el paciente había dejado de ser violento. Los demás síntomas adversos eran considerados de menor interés. La mayoría de estos pacientes, que mostraron como "curados" de su enfermedad, nunca pudieron abandonar el centro psiquiátrico. En algunos casos perdían la movilidad de alguno de sus miembros, la capacidad del habla o el entendimiento, pero la mayoría perdía "la chispa de la vida", las emociones. Dejaban de ser violentos porque perdían la sensación de ira, pero también el deseo o el placer. Se sentían tranquilos y por lo tanto felices, pero no les interesaba el mañana. Si les preguntabas sobre cualquier cuestión, respondían coherentemente, pero ellos no iniciaban una conversación ni preguntaban por nada. Si les mandabas que hicieran algo, ellos lo hacían, sin plantearse si estaba bien o no. Los familiares mandaban cartas de agradecimiento a los cirujanos, porque el enfermo había vuelto al hogar y tenía capacidad para trabajar o cuidar del hogar, era cierto que ya no era el mismo, pero al menos podían tenerlo en casa sin el miedo a sus ataques violentos.

Algunos médicos, buscando remedios más efectivos, sustituyeron el artilugio que rebanaba esferas del cerebro e introducían agua hirviendo o alcohol por los agujeros practicados en el cerebro para conseguir una mayor destrucción de este.

Walter Freeman ideó un nuevo sistema consistente en hacer dos agujeros, uno a cada lado del cráneo, a una altura un poco superior de las sienes. En ambos agujeros introducía un bisturí para cortar la parte frontal del cerebro. El trozo de cerebro a cortar sería más grande cuanto más grave estuviera el enfermo. Esto, actualmente nos parece monstruoso, pero él publicaba sus grandes éxitos. Los medios de comunicación se hicieron eco de los resultados sin comprobar su veracidad y todas las clínicas de prestigio quisieron aplicar este nuevo sistema.

Walter Freeman, que como ya hemos visto, no era cirujano, encumbrado con su popularidad, ideó el sistema del picahielo para no tener que depender de los especialistas y abaratar los costes. El método era sencillo. Se introducía el picahielo por la cuenca de los ojos y con la ayuda de un martillo se perforaba el cráneo. Después se removía el objeto punzante para destrozar la parte frontal del cerebro. Esta práctica era barata y rápida. No hacía falta un quirófano, se podía ejecutar en la consulta del doctor, en un hotel o en el propio hogar del paciente. La alta mortandad o los síntomas adversos, eran considerados efectos secundarios sin importancia. La popularidad de este método provocó que se utilizara este tratamiento, ya no sólo para los esquizofrénicos violentos, sino para todos aquellos pacientes que no respetaran las normas sociales, desde adolescentes rebeldes a homosexuales, pues el resultado de la operación, en el mejor de los casos, era un individuo sumiso y obediente.

Psicoanálisis

"En estos últimos tiempos, la escuela de Freud recomendó el psicoanálisis para el tratamiento de las perversiones sexuales. En un comienzo se trataba para Breuer y Freud, del método catártico. Suponiendo que ciertos fenómenos histéricos se deban a un traumatismo psíquico, esos autores trataban de despertar nuevamente el recuerdo del traumatismo, pues el acontecimiento mismo no estaba ya en la conciencia. Con ese fin, se hipnotizaba al enfermo, y entonces el traumatismo original subía a la conciencia, con su estado afectivo. Hasta entonces retenido, llegaba a la superconciencia. El enfermo debía describir el acontecimiento con tantos detalles como fuese posible, y dar expresión al estado afectivo. Debía resultar una supresión de tal estado, y los fenómenos morbosos causados por la "fijación" debían desaparecer. A ese tratamiento se lo llamó catártico, es decir, purificador. Más tarde fue reemplazado por el psicoanálisis, que debía permitir descubrir, ante todo, los factores etiológicos y también realizar luego la cura. Con el empleo de todo tipo de expedientes, se ayuda al enfermo a recordar lo que fue la causa de sus trastornos actuales. Se lo induce a reflexionar, concentrarse, cerrar los ojos, se le toca la frente. En resumen, se recurre a todo tipo de artificios para ayudar a la memoria. Luego Freud introdujo modificaciones. Deja "al enfermo que determine él mismo el tema del trabajo diario". Parte pues, en cada caso, de la superficie. Una serie de médicos desarrollaron este método; en particular, hicieron notar, basándose en el simbolismo de los

sueños de Freud, la importancia de estos para la búsqueda etiológica y cura. Un discípulo de Freud, Sadger, se ocupó sobre todo del tratamiento psicoanalítico de la homosexualidad. Hasta ahora, ni los casos tratados por vía psicoanalítica por los discípulos de Freud que tuve ocasión de ver, ni lo que los discípulos publicaron sobre homosexualidad, me persuadieron de la eficacia del método. Subestimaron considerablemente la importancia del factor de sugestión. El enfermo va al médico con la esperanza de ser curado por el psicoanálisis. Llega con una confianza que aumenta a menudo el trabajo del psicoanalista, que no ahorra su esfuerzo ni su tiempo. Si bien el tratamiento psicoanalítico a veces dio resultados favorables, eso no da el derecho de representarlo como factor eficaz esencial, ya que con frecuencia no es más que un vehículo de sugestión y de influencia sobre la personalidad. Por otra parte, uno de los principales adeptos –al menos juez benévolo de la teoría freudiana- Bleuler, confesó que en Freud, el lado terapéutico es el más débil. Naturalmente no queremos negar los servicios hechos por Freud." [122]

Como ya hemos visto en capítulos anteriores, no solo este médico duda de la eficacia del psicoanálisis para el tratamiento de la homosexualidad, sino que el propio padre del psicoanálisis, Freud, confesó la ineficacia de este sistema.

Si la homosexualidad es la consecuencia de un trauma infantil y se trata este trauma por medio de la psicología para minimizar la presión traumática, haciendo comprender al paciente que esa experiencia es la que está incidiendo en su conducta ¿por qué persiste la homosexualidad en el paciente? Según las personas que apoyan esta teoría la homosexualidad no sería la causa de este trauma infantil, sino que el trauma infantil desencadenaría la homosexualidad innata del paciente y por lo tanto, aunque se tratara el trauma, ya sería tarde para neutralizar la homosexualidad desarrollada.

---

[122] Richard von Krafft-Ebing. *Psicopatía sexual*. 1955 (Escrito originalmente en 1886, revisado y ampliado por Albert Moll en 1923)

Naturalmente, los psicólogos no tienen toda la culpa en el fracaso de estas terapias, los homosexuales no se esfuerzan lo suficiente en la curación de su propia enfermedad.

"La falta de voluntad de curación de muchos pacientes – que a la práctica se traduce en una falta o en una desgana de colaboración con el médico – es la primera causa de muchos fracasos, lo que es, en verdad, desconsolador, si pensamos durante un momento hasta qué punto escasea, ya al principio, la posibilidad de que el tratamiento médico de estas graves alteraciones psíquicas dé un éxito brillante." [123]

[123]   Lucio Wald. *Desviaciones sexuales.* 1969

Terapia reparativa y de reorientación sexual

En la actualidad se está practicando la terapia de reorientación sexual (también conocida como terapia reparativa o terapia de conversión) que se refiere a una serie de métodos psicológicos enfocados al cambio de la orientación sexual de homosexuales y bisexuales para convertirlos en personas heterosexuales o para eliminar o disminuir sus deseos y comportamientos homosexuales. En EE.UU. grupos de ex gays tienden a concentrarse en evitar actividades homosexuales y cambiar la tendencia subyacente. Estos ex gays son parecidos a los ex fumadores que siguen teniendo ansias por fumar pero aprenden a controlarlo y evitarlo.

"Los terapeutas que realizan reorientación no creen que la orientación pueda ser cambiada instantánea y completamente, sino que creen que se puede conseguir un cambio gradual hacia la heterosexualidad. Nicolosi explica que, cuando un hombre cambia su orientación, «no siente inmediatamente una carga sexual al mirar a mujeres al pasear por la calle. Pero comenzará a fijarse en las mujeres. Comenzará a sentir deseos de casarse y tener una familia» Nicolosi admite que clientes que han tenido éxito pueden seguir teniendo deseos por personas de su mismo sexo, pero añade que «el deseo sexual está muy disminuido»" [124]

---

[124]   Datos extraídos de la página Web Wikipedia

Estas terapias que se pretenden novedosas para el tratamiento de la homosexualidad ya se aplicaban hace un siglo. Los médicos de otras épocas recomendaban a los pacientes homosexuales que se masturbaran obligándose a imaginar escenas eróticas con mujeres, se les enseñaba a protegerse cuando involuntariamente les asaltaban imágenes o deseos homoeróticos e incluso se les recomendaba visitar asiduamente a prostitutas para conseguir crear un hábito en sus costumbres. Con la asiduidad de estas visitas se pretendía eliminar cualquier rechazo inconsciente hacia la mujer y aumentar la confianza en sí mismos para los más intimidados. Si además se dejaban de frecuentar las amistades con el mismo mal y se adquirían nuevas amistades heterosexuales, poco a poco, el paciente iría olvidando sus antiguas sensaciones perversas y las iría sustituyendo por las sensaciones heterosexuales.

Actualmente, las asociaciones de Psicología condenan estas terapias que intentan cambiar la orientación sexual de los pacientes, indicando que hay grandes probabilidades de que los pacientes sufran depresión y tendencias suicidas. Además, declaran que los psicólogos y demás terapeutas no deben decirles a sus clientes homosexuales que pueden convertirse en heterosexuales a través de terapia u otros tratamientos ya que no existe evidencia sólida de que esto sea posible.

"La etiqueta «reparadora» tiene su origen en 1983, cuando Elizabeth Moberly, psicóloga de investigación, acuña el término «impulso reparador» para denominar a la homosexualidad masculina, interpretando los deseos de hombres por hombres como un intento de reparación de la conexión entre padre e hijo, inexistente en la infancia. La autora animaba a la creación de relaciones entre hombres tanto con los mentores como con compañeros y amigos como una manera de contener la atracción homosexual. A veces se emplea incorrectamente «terapia reparadora» como sinónimo de «terapia de reorientación sexual», a pesar de que la terapia reparadora es sólo un tipo de terapia de reorientación." [125]

---

[125]   Datos extraídos de la página Web Wikipedia.

Aunque en la mayoría de los países estas terapias están prohibidas, lo cierto es que se siguen practicando. Grupos religiosos protestantes y católicos han comenzado a ofrecer cursos para "curar la homosexualidad" importados desde Estados Unidos. Nicolosi es el principal representante de la teoría de que los deseos homosexuales son una manera de desarrollo psicosexual insuficiente, que es debido a *un vínculo incompleto y la identificación resultante con el progenitor del mismo sexo, que es luego reparado simbólicamente en la psicoterapia.* Sus planes de intervención correspondientes, basados en el psicoanálisis, incluyen el condicionamiento del hombre a los roles masculinos.

El hombre deberá:

1) participar en actividades deportivas.
2) evitar actividades consideradas de interés por los homosexuales, como museos de arte, óperas y sinfonías.
3) evitar mujeres, si no es para contactos románticos.
4) aumentar el tiempo que pasa con hombres heterosexuales para aprender a imitar las maneras masculinas de andar, hablar e interactuar con otros hombres heterosexuales.
5) ir a misa y unirse a un grupo de hombres que van a la iglesia.
6) participar en un grupo de terapia reparativa para discutir si progresa, o si vuelve a recaer en la homosexualidad.
7) volverse más enérgico con las mujeres a través de flirteos y salir con ellas.
8) comenzar a salir con parejas heterosexuales.
9) tener relaciones sexuales heterosexuales.
10) contraer matrimonio heterosexual.
11) tener hijos propios.

Nicolosi ha afirmado que, en cualquier caso, si un padre y su hijo tienen una relación normal, el hijo no será gay.

La terapia reparadora "repara" el trauma infantil por la falta de afectividad del padre del mismo sexo ya que se considera que este trauma ha detenido el desarrollo psicosexual del paciente. Teoría que ya fue defendida y rechazada después por su propio creador, Sigmund Freud, en 1930. En 2007, la mayoría de los profesionales de la salud consideran que la terapia de reorientación está desacreditada, pero algunos profesionales aún trabajan con ella.

Los terapeutas de reorientación se suelen caracterizar a sí mismos como aquellos que ofrecen la posibilidad de elegir a los homosexuales que no están satisfechos con su orientación sexual. A menudo enfatizan el hecho de minimizar o reprimir los impulsos homosexuales, más que a eliminarlos definitivamente.

Estas terapias no son más que una repetición de las teorías y tratamientos practicados a lo largo de este siglo, como hemos podido comprobar en la primera parte de este libro. Que la homosexualidad sea la consecuencia de un trauma infantil o una insuficiencia afectiva y que se pretenda corregir con hábitos viriles son teorías ya revisadas y fracasadas.

Algunas organizaciones de ex gays se han especializado en una religión específica, mientras que otras tratan de incluir una espiritualidad más general. A pesar de que la mayoría de las organizaciones de ex gays comenzaron en ambientes evangélicos de EE. UU., en 2008 existen organizaciones de ex gays para católicos, mormones, judíos y musulmanes, que se extienden a otras partes del mundo. Esto es debido a que son precisamente estas religiones las que rechazan abiertamente la homosexualidad. Los creyentes de estas religiones con tendencias homosexuales son potenciales clientes, al igual que los hijos menores de edad cuyos padres profesan esta fe. No se trata verdaderamente de clínicas creyentes, es puro marketing. Empresas que se especializan en un núcleo de personas que son más propensas a consumir el producto que ofrecen. Una empresa de píldoras adelgazantes diseñará su mensaje para que llegue a las personas gordas (clientes potenciales), sería absurdo dirigir el marketing de esta empresa a las personas delgadas. De la misma forma funcionan estas empresas seudo religiosas. Están vendiendo un producto, real o imaginario, destinado a satisfacer las necesidades o los deseos de un grupo determinado que son las personas que aún se sienten rechazadas por el entorno social que les rodea. Que sus técnicas no sean efectivas es lo de menos porque lo que ellos venden es un deseo, una fantasía. Es parecido a las cremas de belleza y antiarrugas que las mujeres llevan muchos años comprando. Nadie duda de que, realmente, no funcionan, pero las empresas llevan décadas proclamando la eficacia de su producto y enfocan su marketing hacia las mujeres de treinta años, que son aquellas que ya han pasado su juventud y ven con temor el envejecimiento futuro. Es un producto destinado a satisfacer una fantasía, al igual que estas clínicas de reorientación. Cualquier circunstancia de la vida diaria en estas mujeres que usan cremas que aumente su autoestima, como el piropo de un obrero, automáticamente lo relacionarán con la eficacia del tratamiento y seguirán comprándolas. Con el tiempo verán aumentar las arrugas y su solución será cambiar de marca del producto. No será rendirse a la evidencia, será un tratamiento más caro, mantener su fantasía de juventud. Un homosexual religioso que acuda a estas clínicas actuará de la misma forma. Las terapias de grupo están destinadas a fomentar estas fantasías. Los jóvenes adolescentes son el grupo más vulnerable. Su verdadera fantasía no es la reorientación sexual sino el sexo. Multitud de relaciones sexuales. Son sus hormonas las que inflaman sus deseos. Acuden a estas clínicas forzados por unos padres homófobos. Algunos serán rebeldes. Defenderán su orientación, pero sus mentes, aún influenciables, y unos psicólogos preparados para el lavado de cerebro, les harán dudar de su sexualidad. Las consecuencias a largo plazo suelen ser las depresiones y el suicidio. Otros jóvenes, más complacientes, acudirán con el deseo de satisfacer a sus padres. Se aplicarán en la terapia y se dejarán influir por las doctrinas impartidas. Sonreirán a sus padres comentándoles sus progresos. Es posible que incluso lleguen a casarse, pero cuando lleguen a la edad adulta o sufran algún desengaño amoroso, volverá el recuerdo de un momento feliz en su etapa homosexual y querrán volver a sentir esa sensación. Se sienten sucios y arrepentidos después de haber mantenido la relación sexual inadecuada. En las clínicas te inculcan la falsa idea de que un homosexual llevará una vida triste y solitaria, mientras que los heterosexuales son felices y aceptados por el entorno social. Esta mentira provocará las depresiones sufridas cada vez que se dejen llevar por sus deseos. En la edad adulta tendrán que luchar contra sus deseos, atormentándose, y descubrirán que esa felicidad, al llevar una vida heterosexual, no les llega. Se culparán a sí mismos por ser demasiado débiles. Su frustración aumentará. Su vida será desdichada. Pero a estas

249

clínicas no les preocupa el futuro de sus pacientes, solo piensan en el dinero del presente. Y, si hay suerte, a lo mejor alguno de estos depresivos vuelva a la clínica para recibir otra dosis de terapia y aumentar los ingresos de los estafadores.

La heterosexualidad no es sinónimo de felicidad. Hay heterosexuales felices y otros desgraciados. De la misma forma, la homosexualidad no es sinónimo de infelicidad. Hay homosexuales felices y otros desgraciados. No es la tendencia sexual la causante de estas emociones, sino las vivencias diarias.

"Para algunos grupos de ex gays, simplemente elegir no actuar según los deseos homosexuales cuenta como un «éxito», mientras que los terapeutas de reorientación tienden a entender el éxito en el sentido de reducir o eliminar esos deseos, a pesar de que algunos también usan el baremo de no actuar según los propios deseos. Por ejemplo, algunos ex gays en matrimonios heterosexuales reconocen que su atracción sexual es principalmente homosexual, pero intentan hacer funcionar sus matrimonios de todas formas. El mero hecho de adoptar la etiqueta «ex gay» se considera una herramienta por la que «el individuo emplea el lenguaje como la herramienta primaria, no sólo para expresar una identidad, sino también para crear y transformarla»."[126]

Las clínicas de reorientación sexual dan unos datos estadísticos sobre el éxito de sus terapias:

"Los terapeutas que realizan terapia de reorientación señalan estudios científicos que muestran evidencia anecdótica de su efectividad. Estudios de los años cincuenta a ochenta generalmente muestran índices de éxito del 30% aproximadamente, con encuestas más recientes consistentes con esos datos. En una encuesta a 882 personas que estaban siendo sometidas a la terapia, que participaban en grupos y conferencias de ex gays, un 22% afirmaron que no habían sufrido ningún cambio, 42,7% decían haber sufrido algunos cambios y un 34,3% afirmaban haber sufrido grandes cambios en su orientación

---

[126]   Ibíd.

sexual. En grupo, todos afirmaron haber tenido importantes reducciones en pensamientos y fantasías homosexuales y mejoras en su bienestar psicológico, interpersonal y espiritual."

Por el contrario estadísticas realizadas por personas ajenas a estas asociaciones muestran datos muy diferentes:

"Un estudio revisado de 2002 afirma que el 88% de los participantes en terapias de reorientación no consiguieron un cambio duradero de su comportamiento sexual y el 3% decía haber cambiado su orientación a heterosexual. El resto decía o bien haber perdido completamente el deseo sexual o intentaban permanecer célibes, sin cambio en la atracción. Algunos de los participantes que fallaron sentían vergüenza y habían participado en terapias de reorientación durante muchos años. Otros creían que la terapia merecía la pena y era valiosa. De los 8 participantes en la encuesta (de una muestra de 202) que informaron haber cambiado su orientación sexual, 7 trabajaban como asesores o líderes de grupo en grupos ex gay." [127]

---

[127]   Datos extraídos de la página Web Wikipedia

3ª PARTE. – La sociedad actual

El siglo XXI, sinónimo de modernidad, de naves espaciales y de robótica en las novelas de ciencia ficción, se presenta, en la realidad, como una repetición de todos los estigmas y deficiencias del siglo XX. El orgullo de esta sociedad del futuro está ocasionando que dejemos de aprender de los errores de las arcaicas y anticuadas sociedades del siglo XX. Ni siquiera quince años en este siglo futurista, con la única singularidad de Internet y los teléfonos móviles y ya nos creemos que los terrores del siglo XX no podrán volver.

Década 2000

La década de los años 2000 estuvo marcada por la guerra contra el terrorismo declarada por los Estados Unidos de América (bajo el mandato de George W. Bush) tras los ataques del 11 de septiembre de 2001 contra las Torres Gemelas de Nueva York y El Pentágono, en los que murieron cerca de tres mil personas.

También fue la década del auge de China como potencia mundial y el ascenso económico de la India y Brasil. La década trajo la primera presidencia de un afroamericano (Barack Obama) en los EE.UU. Los últimos años estuvieron profundamente marcados por el inicio de la crisis financiera y bursátil mundial, iniciada en los EE.UU. en 2008 y ocasionada por las denominadas hipotecas subprime. Dicha crisis acabó afectando al tejido económico mundial y se convirtió en el acontecimiento más importante del último tercio de la década. Actualmente aún se sienten los efectos de esta crisis económica sin precedentes. La Unión Europea y el Eurogrupo han visto tambalear unos cimientos financieros que creían sólidos. Aún hoy en día, se duda de que resistan a los efectos de esta crisis. El mundo entero está pendiente, pues si finalmente se derrumban estas organizaciones, la crisis mundial será de una profundidad impredecible.

Tras la declaración internacional eximiendo a la homosexualidad como una enfermedad se eliminan en muchos países, no en todos, las leyes que castigaban y obligaban a la "rehabilitación" de estas personas. Se comienza a aceptar legalmente el matrimonio homosexual, todavía de forma muy paulatina y tras largos y controvertidos debates sociales.

España, con una sociedad que se ha mostrado a lo largo de la historia siempre proclive a la libertad social y moral, cuando los gobiernos y las imposiciones religiosas se lo han permitido, se muestra como referente mundial ante una igualdad legal y social entre homosexuales y heterosexuales, demostrando que todos los temores de otros países ante la despenalización, el matrimonio homosexual o las adopciones de niños por este colectivo, son infundados. Pero este hecho no consigue normalizar la situación. La Iglesia Cristiana sigue estando en contra de la homosexualidad generando y apoyando la discriminación social. Al amparo de esta y otras religiones empiezan a proliferar distintas clínicas ilegales o que bordean la ilegalidad destinadas a la reorientación sexual de los homosexuales. Estas organizaciones se esconden alegando que no intentan curar la homosexualidad sino transformar a aquellos homosexuales que están insatisfechos con su sexualidad para que sean más felices. Estas clínicas se basan mayoritariamente en las mismas técnicas utilizadas para la rehabilitación de alcohólicos o drogodependientes, pero algunas de ellas funcionan como sectas, secuestrando a los jóvenes, con el consentimiento de unos padres excesivamente devotos o mal aconsejados, aislándolos de la sociedad e intentando reeducarlos mediante torturas físicas y psíquicas.

"Los sacerdotes de Éxodus consideran desde una perspectiva religiosa que las relaciones homosexuales son un pecado. Creen que la atracción homosexual no es una elección y que está causada por muchos factores, como padres de mismo sexo ausentes o distantes, exceso de relación con el padre del sexo contrario, abuso sexual, exposición temprana a la pornografía o al lenguaje sexualmente explícito, malas experiencias con actividades específicas para un sexo, aislamiento de compañeros de su propio sexo o insultos recibidos de joven; llaman a sus pacientes «luchadores». En 2007, Éxodus es la organización de ex gays más visible de EE. UU. [...]"[128]

---

[128]   Datos extraídos de la página Web Wikipedia

Una y otra vez, estas mismas argumentaciones sin fundamento y sin pruebas han sido repetidas a lo largo de todo el siglo XX y en el siglo XXI siguen insistiendo en ellas, con la única diferencia de que ahora no tienen el apoyo de los gobiernos.

Para que estas clínicas subsistan en países desarrollados, con poca discriminación por orientación sexual, han de tener una clientela ¿quiénes son esos "pacientes"? Mayoritariamente se componen de jóvenes a los que sus padres les obligan a ingresar en estas clínicas contra su voluntad, personas que han sufrido un fuerte desengaño amoroso o personas solitarias y depresivas que culpan de su apática vida a la homosexualidad. Desean ser heterosexuales creyendo que su propia personalidad cambiará junto con su orientación sexual. Se imaginan en compañía de una esposa y unos hijos formando barbacoas en el jardín para un nutrido grupo de amigos heterosexuales. Una imagen idílica de la felicidad, vendida continuamente por el marketing de la sociedad norteamericana. No se dan cuenta de que aunque fueran heterosexuales sus vidas no cambiarían, seguirían siendo solitarios y depresivos. Las terapias en grupo y las relaciones con otros miembros de la comunidad estimulan la sensación de amistad y la pertenencia a un grupo que tanto anhelaban, dando una falsa sensación de bienestar y una dependencia a los grupos de ex gays que las asociaciones y las clínicas aprovechan para enriquecerse con sus cuotas de suscripciones y tratamientos.

Latinoamérica es un caldo de cultivo ideal para estas clínicas ilegales (aunque estas clínicas se encuentran repartidas en todo el mundo). El machismo de la sociedad y la poca cultura de muchos de sus habitantes, potencian que los padres fuercen a sus hijos, menores de edad, para recluirlos:

En Ecuador existen clínicas ilegales que ofrecen a padres la «cura» de sus hijos. Las víctimas son secuestradas y obligadas a ingresar con ayuda de familiares. En algunos casos, para el «tratamiento» se usan métodos violentos, como «una chica lesbiana que fue violada, además de gays o travestis que les cortaron el pelo o les extrajeron líquido de las prótesis de sus senos», tratamientos de shock eléctrico o privación de comida y sueño. Estas clínicas ilegales se ocultan a menudo como centros *de tratamiento de drogodependencia privados y los «tratamientos» pueden costar hasta 1500$ al mes. La Fundación Equidad y Género de Ecuador recibe unas 15 denuncias al año de personas que han sido ingresadas contra su voluntad. En agosto de 2011, el Ministerio de Salud clausuró por lo menos 30 clínicas, la mayoría relacionadas con grupos evangélicos, aunque se cree que podrían existir hasta 200 centros de este tipo en todo el país."* [129]

Ecuador es sólo un ejemplo dentro de los países latinos, pero no olvidemos que, aún hoy, sigue la pena de muerte para los homosexuales en muchos países asiáticos y africanos.

Contrariamente a lo que cabría esperar, en esta década proliferan las conferencias y los seminarios, por todo el mundo, destinados a argumentar la posibilidad de "curación" de homosexuales o de cambiar la orientación sexual de las personas insatisfechas con sus deseos eróticos. Los discursos empleados, la argumentación y las terapias propuestas hacen sospechar vinculaciones o subvenciones de instituciones religiosas en muchos de los casos:

EXODUS INTERNATIONAL: Es una organización "paraguas" que aglutina a más de cien grupos cristianos de ex gays en todo el mundo.

JONAH: Es un grupo de apoyo a los ex gays de fe judía.

EVERGREEN INTERNATIONAL: Destinado a los ex gays mormones.

ONE BY ONE: Un servicio de ayuda a los ex gays de la Iglesia presbiteriana

TRANSFORMING CONGREGATIONS: Destinado a los ex gays de distintas creencias religiosas.

Esto es solo un ejemplo, se podría mencionar a cientos de organizaciones, la mayoría de ellas destinada a alguna creencia religiosa. Estas Iglesias se desvinculan públicamente de las organizaciones de ex gays, pero, en privado, recomiendan a los padres el ingreso de sus hijos a alguna en concreto.

---

[129]   Ibíd.

También proliferan los libros con distintas técnicas psicológicas para ayudar a la reorientación de los *"desgraciados"* homosexuales. La mayoría de ellos se basan en las mismas técnicas psicológicas de autoayuda que abundan en las estanterías de cualquier librería, pero dirigido hacia la homosexualidad para manipular los sentimientos y doblegar las reticencias.

Quisiera comentar, como ejemplo de todos estos libros, un texto cuya versión en español lleva reeditándose desde el 2004 hasta nuestros días y que se está convirtiendo en un éxito de ventas. Su título *Comprender y sanar la homosexualidad* escrito por Richard Cohen.

En primer lugar reseñar que las teorías esgrimidas sobre la homosexualidad son una mezcla de las que nos indicaban Krafft-Ebing en 1886 y Sigmund Freud en 1915, a las cuales ha añadido terapias y psicología modernas. Para Richard Cohen la homosexualidad es el síntoma de una enfermedad psicológica provocada por un trauma infantil. Con el psicoanálisis se puede descubrir este trauma y por lo tanto la verdadera enfermedad. Una vez curado, la heterosexualidad fluirá libremente por sí sola. Se olvida Cohen de que esta teoría la inventó Freud y fue él mismo quien reconoció su error y su fracaso en la "curación" de homosexuales. Este libro es solo un instrumento para conseguir notoriedad, recibir donativos a su fundación y vender su material didáctico destinado a terapeutas y homosexuales que deseen cambiar su orientación sexual.

Comienza con una mini biografía personal donde incluye todos los tópicos que hemos visto en décadas anteriores: un padre maltratador y una madre protectora, un abuso sexual sufrido a los cinco años por un adulto amigo de los padres, unos hermanos mayores que le rechazaban. A los doce años sintió la primera atracción por los chicos, pero no fue hasta los diecisiete cuando tuvo su primera relación sexual consciente con un adulto. Se sintió ultrajado, decepcionado y violado. Su desgraciada vida sin amor, tras varios novios, le llevó a un intento de suicidio en la universidad. Decide refugiarse en la fe religiosa y practicar la abstinencia para evitar la sensación de desasosiego que le invadía después de cada relación sexual homosexual. Tras casarse con una chica descarga su ira y sus frustraciones contra ella, convirtiéndose en su propio padre. Siendo consciente de sus acciones y al quedarse embarazada su mujer, decidió rezarle mucho a Dios y pedirle ayuda. Este le habló, literalmente, y le indicó el camino a seguir. Ingresó, junto a su esposa, en una "comunidad terapéutica" durante varios años donde consiguió curar sus traumas infantiles y decidió ayudar a otros homosexuales a curarse.

Para Richard Cohen el trauma infantil es la falta de afecto del padre del mismo sexo. El niño busca ser querido y, si tiene la desgracia de encontrar a otro adulto que se lo dé a cambio de sexo, se creará la homosexualidad porque el niño confundirá cariño y afecto con sexo. Según Cohen entre el 75% y el 90% de los homosexuales han padecido abusos sexuales en su infancia. La mayoría de ellos no son conscientes de estos abusos porque inconscientemente han bloqueado estos recuerdos de su memoria. Un psicoanálisis hará aflorar estos tormentos comenzando el proceso de recuperación del paciente.

Al igual que los psicólogos de 1930, Cohen considera que un homosexual es un heterosexual que se ha estancado en su desarrollo psicosexual.

"La homosexualidad es un trastorno del desarrollo que conduce a un inmenso malestar y a un agotamiento emocional."

Los continuos contactos sexuales con otros hombres pueden modificar la estructura cerebral y la química corporal. Este motivo sería la prueba de que una conducta repetida heterosexual en los enfermos homosexuales podría devolver al paciente *a la senda de Dios*. Para no ser menos que los psicólogos, psiquiatras, médicos y científicos que hemos visto a lo largo de un siglo, Cohen también se vanagloria de los resultados positivos de esta terapia de reorientación sexual cifrándola en un 65%.

Principales causas de la atracción hacia el mismo sexo:

1º **Herencia:** Nacemos con dos naturalezas: la original dada por Dios llena de pureza, bondad, espiritualidad y creatividad y la naturaleza heredada de nuestros antepasados llena de desordenes mentales, robos, abusos sexuales, odios y problemas sexuales.
2º **Temperamento:** Niños tímidos propensos al arte y a las letras y niñas virilizadas propensas al deporte.

3º Heridas hetero emocionales: Familiares del sexo opuesto demasiado sobre protectores o propensas a comentarios despectivos hacia las personas del mismo sexo que el niño o niña.

4º Heridas homo emocionales: Familiares del mismo sexo que no profesan el debido cariño al niño o la niña. El divorcio de los padres o el fallecimiento del progenitor del mismo sexo.

5º Conflictos con los hermanos.

6º Heridas relacionadas con la propia imagen: Según Cohen los homosexuales tienen una baja autoestima y rechazan su cuerpo considerándose demasiado feos, gordos, excesivamente delgados, etc.

7º Abusos sexuales.

8º Heridas sociales: Dificultad para encontrar amistades o el rechazo de los compañeros de la escuela.

9º Heridas culturales: La influencia de una sociedad que considera que la homosexualidad es aceptable y la falta de roles tradicionalmente masculinos o femeninos.

"Dentro del proceso curativo es muy importante que los hombres aprendan a ser hombres entre los hombres, y que las mujeres aprendan a ser mujeres entre las mujeres. Aprender a participar en deportes de grupo para los hombres y en actividades femeninas para las mujeres supone un aspecto importante para la curación y la experimentación de la propia identidad de género"

10º Otros factores: el rechazo de la fe en Dios, la búsqueda de la hombría que no se percibe en uno mismo (se intenta compensar la propia falta de virilidad complementándola con otro hombre) y el temor a las relaciones íntimas con el sexo opuesto.

Cuanto más inconsciente seas de tus traumas infantiles más probabilidades tendrás de ser homosexual o un masturbador compulsivo. El tiempo no cura las heridas, solo las va enterrando sobre capas de amargura, generando la homosexualidad como un escudo de defensa ante nuevas frustraciones emocionales.

La curación de la homosexualidad se centra en cuatro etapas:

1º Transición: Cortar con la conducta y amigos homosexuales, desarrollar una red de apoyo de amigos o familiares heterosexuales que te ayuden en el proceso, favorecer la auto estima haciendo ejercicio, dietas, etc., recibir terapia, tener un consejero espiritual y experimentar el valor de la relación con Dios a base de meditación y oraciones.

2º Arraigo: Seguir desarrollando y actuando en la red de apoyo, seguir con la oración, desarrollar estrategias psicológicas para la resolución de problemas, iniciar la terapia de curación del niño interior identificando los pensamientos, sentimientos y necesidades desatendidos en la niñez.

3º Curación de las heridas homo emocionales: Descubrir las causas profundas de las heridas causadas por el progenitor del mismo sexo e iniciar el proceso de duelo, perdón y toma de responsabilidad (es importante que el paciente pueda mostrar la ira reprimida para poder perdonar y ser consciente de su curación), desarrollar relaciones sanas y curativas con personas de su mismo sexo (conversar, caminar, hacer excursiones, acampar, hacer deporte, etc.).

4º Curación de las heridas hetero emocionales: Descubrir las causas profundas de las heridas causadas por el progenitor del sexo contrario e iniciar el proceso de duelo, perdón y toma de responsabilidad (es importante que el paciente pueda mostrar la ira reprimida para poder perdonar y ser consciente de su curación), desarrollar relaciones sanas y curativas con personas del sexo contrario (conversar, caminar, hacer excursiones, acampar, hacer deporte, etc.).

En todo este proceso no hay que olvidar la meditación, la oración y el amor a Dios para conseguir que la heterosexualidad fluya naturalmente. También sería importante poder contar con un mentor o consejero espiritual que realice la labor de un "padre sustituto", al estilo de las terapias para alcohólicos o drogodependientes, para ayudar en los momentos de recaídas.

"El individuo necesita desarrollar una relación personal con Dios, experimentar el valor de ser querido como un niño, no por los talentos o logros, sino simplemente por ser el hijo amado. Así, su identidad no se basa en la sexualidad, sino en ser un niño,

amado por lo que es y no por lo que hace. Por último, debe aprender a entender el corazón de Dios: que Dios, su Padre que está en los cielos, ha estado sufriendo con él. Dios conoce su dolor y su angustia. Dios siempre está ahí, preparado para alimentarlo y abrazarlo. El individuo en recuperación experimenta esto a través de la meditación, la oración y el estudio."

*   *   *

Según estoy escribiendo este libro, una noticia esperanzadora aparece en el periódico digital El País del 20 de junio de 2013:

*"**Cierra la mayor organización cristiana dedicada a "curar" la homosexualidad**.*

Después de 37 años, la organización Exodus Internacional ha decidido su cierre. Se trata de la mayor institución de orientación cristiana dedicada a "ayudar" a los homosexuales a encajar sus creencias con su orientación. Y lo hacía desde la perspectiva defendida, entre otras, por la Iglesia Católica: que ser gay o lesbiana no es un pecado siempre que no se tengan relaciones con personas del mismo sexo. Ayer su presidente, Alan Chambers, publicó en la Web de la organización una disculpa pública por "el dolor", "el daño" y "el sentimiento de culpa" causada a quienes acudieron a su organización.

"He oído muchas historias de primera mano de personas que se llaman exgais. Historias de personas que fueron a las Iglesias de Exodus o a las asociadas solo para sufrir más trauma. He oído historias de vergüenza, de confusión sexual, de falsas esperanzas", escribe Chambers en un texto encabezado por un rotundo "lo siento".

Chambers reconoce que él mismo tiene inclinaciones homosexuales, aunque esté casado. "Durante años yo convenientemente omití mi atracción por personas del mismo sexo. Tenía miedo de compartirlo con la facilidad que lo hago ahora. Me trajo una increíble vergüenza y la escondía con la esperanza de que pasarían. Mirando hacia atrás, me parece increíble que pensaran que podría detenerla. Hoy, sin embargo, acepto esos sentimientos como parte de mi vida que siempre estará ahí. Hace tiempo que superé los días en que me sentía humano en ese sentido, y me siento libre de aceptarme como lo han hecho mi mujer, mis amigos y Dios".

"A quienes han pasado por la organización, les pido perdón. "Por favor, sabed que estoy muy arrepentido. Siento que muchos emplearais años haciendo frente a la vergüenza y la culpa que sentíais cuando vuestra orientación no cambiaba. Siento que promoviéramos esfuerzos para cambiar la orientación sexual y teorías para reconducirla que estigmatizaban a vuestros padres."

Este cambio de opinión hace que, para Chambers, no baste con cambiar el objetivo de su organización, y de ahí que decida cerrarla."

Es una buena noticia, donde el propio Chambers reconoce la falsedad de estas organizaciones, pero no hay que olvidad que Exodus es una organización de organizaciones, y estas, seguirán actuando de forma independiente.

Las investigaciones más recientes

Se suele argumentar que los errores en las investigaciones son habituales y significan los pasos necesarios para llegar a la verdad. Lo que resulta extraño es que tras un siglo de investigaciones, sigan insistiendo en las mismas teorías una y otra vez, obviando el fracaso de los resultados y rechazando nuevas vías de estudio.

Cuando se estudia una enfermedad como el cáncer o el SIDA se cometen muchos errores, hay muchas líneas de investigación que acaban en un callejón sin salida, pero el objetivo final es descubrir el remedio contra una enfermedad que mata a la gente. En las sociedades donde la homosexualidad no estaba perseguida, los que la practicaban, eran felices. En las sociedades donde la homosexualidad estaba castigada con penas de cárcel o de muerte, el homosexual era depresivo y con tendencia al suicidio. Estas investigaciones no estaban dirigidas a la curación de lo que se consideraba una enfermedad, se estaba buscando una excusa que justificara la prohibición. Desde antes de la gran Grecia Clásica, se sabe que la homosexualidad es algo natural y que no conlleva ningún trauma ni defecto. La moral judeo-cristiana y las prohibiciones políticas provocaban los sentimientos de culpa, la ansiedad y los suicidios. Todo esto se ha sabido siempre. Las investigaciones científicas no iban dirigidas a saber la verdad sino a intentar demostrar que la moralidad cristiana tenía un fundamento científico. Actualmente este punto ya no es discutido por los científicos y psicólogos, pero siguen obstinados en basar sus investigaciones en la búsqueda de la diferencia genética entre homosexuales y heterosexuales, sin darse cuenta de que este empeño sigue siendo un reducto de la influencia religiosa. No ponen el mismo énfasis en descubrir el porqué a algunas personas les gusta el dulce y a otras el salado, aunque se presupone que también es una cuestión genética.[130]

Un siglo de investigaciones intentando demostrar la enfermedad de la homosexualidad y lo único en que se pusieron de acuerdo es en la bisexualidad y en una fase primaria de homosexualidad en todos los seres humanos. Un siglo intentando demostrar que las malas influencias, las vivencias infantiles y la genética predisponían a una anomalía sexual y lo único que demostraron es que la sociedad, las leyes y la religión predisponían hacia la heterosexualidad. Si durante un siglo los científicos estaban de acuerdo en la bisexualidad del ser humano ¿por qué no poner en tratamiento médico a los heterosexuales para devolverlos a su orientación natural? ¿Por qué no corregir esta desviación de los sentimientos naturales del ser humano, impuesta a los heterosexuales desde hace 2000 años por una moralidad judeo-cristiana?

Durante todos estos años de investigaciones sobre la enfermedad homosexual, lo único que se ha estado haciendo es repetir una y otra vez las dos mismas ideas. La primera sobre el concepto biológico de unas investigaciones de 1915 y que ya en 1920 quedó demostrada su falsedad. La segunda sobre la psicología, que tuvo su mayor peso en 1930 y que poco a poco fue perdiendo credibilidad. Estos dos conceptos son los únicos argumentos sobre la enfermedad homosexual. Ambos totalmente desfasados y sin pruebas fehacientes de veracidad, pero que aún hoy siguen basándose en ellas.

Miles de libros repitiendo las mismas frases han conseguido calar en la sociedad. Incluso hoy en día, en las asociaciones de defensa de los gays y lesbianas, si les preguntas cuál es la causa de la homosexualidad, te contestarán que aunque los conceptos no

---

[130]   Es cierto que se investiga bastante sobre la afición al dulce, pero por razones muy distintas. Las investigaciones se centran en los problemas de la dieta y una posible relación con la adicción a las drogas.

están muy claros la mayoría de los científicos apoyan la tesis de que tiene un componente biológico y otro psíquico. Hasta las asociaciones gays han caído en la trampa de dar fiabilidad a unos estudios de principios del siglo XX sin ninguna base científica. Es cierto que los homosexuales se sienten más cómodos con la idea de que nacieron gays. La realidad es que aún no se saben los motivos que inducen a la homosexualidad, ni siquiera se tiene la más mínima sospecha de si es una cuestión biológica, genética, psicológica o neuronal. Los científicos no saben NADA a este respecto. Esta ignorancia es la que obligó a los médicos a eliminar la homosexualidad como enfermedad y no las presiones de un supuesto lobby gay con suficiente poder como para doblegar a los gobiernos más poderosos, como esgrimen algunos homófobos. Ninguna investigación dio resultados positivos porque se equivocaron al enfocar el problema. Se empeñaron en calificar a los homosexuales en dos grupos: congénitos y viciosos. Los que nacen y los que se hacen. Basando sus estudios en la práctica sexual, negando lo evidente, rechazando constantemente lo que sus propios estudios demostraban una y otra vez: el sexo es ambisexual[131].

Los dogmas sociales son los que intentan doblegar los instintos naturales del sexo hacia la heterosexualidad. Los jóvenes al descubrir la sexualidad y los adultos en las cárceles, en el ejército, en los barcos, en los internados, en los monasterios o bajo la influencia del alcohol, en cuanto hay una excusa que nos libera de las normas sociales, fluye la bisexualidad. A lo largo de toda la historia y en los confines más remotos de la tierra, el hombre libre practicaba la ambisexualidad. La genética nos ha dotado de un cuerpo donde todos sus órganos sucumben al placer del sexo. La psicología también nos hace bisexuales en cuanto nos atrevemos a llamar a las emociones por su nombre. El amor, el deseo y la atracción, nada tienen que ver con el sexo. Los amores platónicos no son sexuales. Tu mejor amigo, tu amigo íntimo, el deseo de estar con él para contarle tus preocupaciones y para divertirte.

---

[131]   Una persona bisexual es aquella que siente atracción erótica hacia personas de distinto sexo indistintamente. Una persona ambisexual es aquella que en algunos momentos de su vida siente atracción hacia personas de un sexo y en otros momentos de su vida siente atracción erótica hacia personas del sexo opuesto.

Aquella persona a la que le cuentas tus intimidades y que añoras cuando está lejos. No hay sexo, ni se desea tenerlo, pero esto es un amor que no se atreve a decir su nombre porque normalmente es homosexual. La persona a la que idolatras, aquella que te parece tan inteligente, con la que te gustaría estar unos minutos más para poder seguir escuchándole. Te atraen sus gestos, su mirada, su voz. No hay sexo, pero este amor no distingue entre hombres y mujeres. Podemos admirar un cuerpo bonito y no tener fantasías sexuales, pero el amor proviene de la admiración de la personalidad, aunque la actual sociedad consumista nos induzca a lo contrario. El amor también es ambisexual pero lo escondemos tras semánticas diversas para no sentirnos culpables. Si estas sensaciones las siente un hombre heterosexual hacia una mujer, lo llama enamoramiento. Si la siente un hombre heterosexual hacia otro hombre, lo llama amigo íntimo o admiración. A menudo, en la sociedad actual, cometemos el error de confundir la atracción sexual con lo genital. Cuando a estos amores, que a primera vista pueden parecernos pueriles, los mezclamos con el sexo, se produce una explosión en nuestro interior que nos hace desear al objeto amado. Son los muros psicológicos que nos imponen desde la niñez lo que nos impide ser sinceros con nosotros mismos y nos defendemos de esas emociones simulando aversión.

En los próximos capítulos intentaré razonar más detenidamente este alegato sobre la posible ambisexualidad del ser humano.

El tamaño del cerebro

EL PAÍS Madrid 17 JUN 2008

Investigadores del Instituto Karolinska de Estocolmo han hallado algunos parecidos estructurales entre el cerebro de los hombres gays y el de las mujeres heterosexuales. A la inversa, también hay similitudes entre el cerebro de las lesbianas y el de los hombres heterosexuales. El trabajo, firmado por los neurobiólogos Ivanka Savic y Per Lindström, aparece hoy en PNAS (edición digital).

Esta línea de investigación ha sido automáticamente rechazada por el resto de los científicos por falta de evidencias claras. El estudio es incompleto. El tamaño y forma del cerebro es totalmente maleable y puede deberse a multitud de factores externos, no solo a la tendencia sexual. Intentan demostrar que un cambio en la hormonación del sujeto podría ser el causante de un cerebro femenino en el gay, pero omiten que todos los cerebros de homosexuales investigados provenían de pacientes fallecidos por el SIDA. Esta enfermedad pudo ser la causante de esta diferencia.

Uno de los mecanismos más discutidos sobre el origen de la orientación sexual es la exposición a las hormonas sexuales durante el desarrollo del feto: la homosexualidad masculina se ha asociado a una baja exposición prenatal a la testosterona, y la homosexualidad femenina a un exceso de la misma hormona.

Los propios descubridores de este hallazgo reconocen no poder demostrar que esta sea la causa de la homosexualidad y la atribuyen a múltiples factores aún sin definir. Esto es debido a que el 17% de los cerebros homosexuales investigados no confirman esta hipótesis y a que no se incluyó cuántos hipotálamos de cerebros heterosexuales eran de un tamaño inadecuado para las conclusiones resultantes.

"Nuestro estudio no permite precisar las posibles explicaciones", reconocen Savic y Lindström, "que probablemente son multifactoriales, incluyendo la interacción entre los niveles prenatales y posnatales de testosterona y estrógenos, los receptores cerebrales de estas hormonas y otros factores".

Si hiciéramos la autopsia a los taxistas londinenses y comparáramos sus cerebros con los del resto de conductores, descubriríamos que sus cerebros son distintos. Los taxistas tienen una parte del cerebro mucho más grande y desarrollada ¿Significaría esto que los taxistas londinenses nacieron genéticamente predispuestos para esta profesión? La explicación no está en la genética, como intentan demostrar estos científicos, sino en la "plasticidad cerebral". El cerebro cambia de tamaño y de forma dependiendo de muchos factores. Un taxista de Londres tiene que aprenderse de memoria 25.000 rutas para conseguir la licencia y han de desarrollar una memoria espacial asombrosa. El hipocampo se encarga de este tipo de memoria y del aprendizaje espacial. Al ejercitar esta parte del cerebro, se desarrolla, se hace más grande y mejora notablemente su funcionamiento. De hecho, cuantos más años lleva el taxista de profesión, más grande tiene esta parte del cerebro.

Volviendo al asunto de la homosexualidad, la parte del cerebro en la que según estos investigadores se parecen en tamaño gays y mujeres es el hipotálamo. Este órgano se encarga de liberar al menos nueve tipos de hormonas que actúan como inhibidoras o estimulantes en la secreción de otras hormonas. Es responsable de las emociones (rabia, tristeza, sensación amorosa, etc.), de la sensación de hambre y de sed, regula la temperatura interior del cuerpo y también es responsable del ciclo de sueño y vigilia.

El hecho de que gays y mujeres tengan esta parte del cerebro parecido no tiene porque deberse a la orientación sexual. Podría tratarse de las dietas alimenticias que gays y mujeres usan frecuentemente para tener un cuerpo más deseable, ya que esta parte del cerebro se encarga de la sensación de hambre, o quizá gays y mujeres compartan la misma intensidad de rabia por tener que vivir en una sociedad machista.

Causas hormonales

Por: Pere Estupinya | 05 de enero de 2012 (El País)

Hay muchas evidencias de que factores biológicos pueden jugar un papel decisivo en la definición de la orientación sexual. El más aceptado de ellos, los niveles de hormonas masculinas durante el embarazo.

Cualquier embrión empieza a desarrollarse sin un sexo definido. Pero si posee un cromosoma Y, en la semana 6 de gestación empezarán a desarrollarse los testículos. Y en la 8 comenzarán a segregar testosterona alcanzando su nivel máximo entre la semana 12 y 14. Justo cuando además del cuerpo también se está desarrollando el cerebro. La testosterona y otros andrógenos es lo que masculinizará el feto. Si no hay liberación de testosterona, el cuerpo y cerebro del feto continuarán su desarrollo como mujer. Pues bien; los neuroendocrinólogos creen que si durante un embarazo masculino el pico de testosterona no es suficientemente alto, algunas partes del cerebro podrían quedar menos masculinizadas y condicionar hacia la homosexualidad. Y tienen evidencias de ello.

Como ya vimos en 1915 y 1920 desde el descubrimiento de las hormonas masculinas y femeninas se ha especulado con la posibilidad de que esta sea la causa de la homosexualidad. En estos años se practicó con la hormonación en los jóvenes antes de la pubertad, es decir, antes de que se desarrollaran físicamente acorde con su sexo y lo único que consiguieron fue una apariencia física y un comportamiento más femenino pero la tendencia sexual no variaba. Es posible encontrar hombres poco musculosos y de carácter sumiso, incluso afeminados, pero con gustos heterosexuales. Esto es consecuencia de la hormonación. Las investigaciones actuales incluyen el matiz de que el cambio hormonal ha de desarrollarse en la gestación del feto, dando por hecho que los homosexuales tienen un cerebro parcialmente femenino. Esta teoría también en fácilmente desmontable:

1º Se "olvidan" estos científicos de que en la década de los 70 ya se hicieron experimentos de hormonación prenatal en animales y no consiguieron el cambio de orientación sexual. Demostraron, además, que la testosterona influía en el deseo de "conquista" y no en el objeto al que "conquistar", tal y como vimos en las investigaciones realizadas en 1970 y como nos recuerdan los psicólogos en el apartado sobre "causas sociales" en este mismo capítulo.

2º Esta teoría pondría a un lado a los transexuales femeninos (cerebros de mujer en cuerpos de hombre) y al otro lado a los hombres heterosexuales (cerebros masculinos en cuerpos de hombre) y en medio los distintos tipos de homosexualidad ¿hombres con el cerebro ligeramente femenino? Si según estas investigaciones, un transexual femenino sería la causa de una

271

deficiencia de hormonas masculinas en la gestación y una lesbiana por un exceso de hormonas masculinas ¿Cómo se puede explicar que existan transexuales lesbianas?

Regresando a la homosexualidad, los científicos saben que los niveles de testosterona durante el embarazo influyen en el desarrollo de ciertas áreas cerebrales, como por ejemplo el hipotálamo implicado parcialmente en la atracción sexual. Estudios de resonancia magnética funcional han demostrado que algunas características del hipotálamo de hombres homosexuales son más parecidas al de mujeres que al de hombres heterosexuales. Esto también es interpretado como una evidencia de condicionantes prenatales a la homosexualidad.

Esto lo único que explica es lo que ya hemos visto, que las hormonas influyen en el desarrollo físico del cuerpo. Pero en ningún momento explica la tendencia sexual.

Y ahora un dato, no corroborado para apoyar esta teoría...

No se sabe muy bien qué podría provocar unos niveles más o menos altos de testosterona durante el embarazo. Pero la alta (aunque no completa) correlación entre gemelos gays hace pensar que podría haber algún componente genético.

Me parece curioso que los biólogos esgriman la correlación de los gemelos gays para demostrar un componente biológico y que los psicólogos incidan en la falta de correlación de los gemelos para demostrar un componente psicológico. Los que apoyan la tesis de la correlación se apoyan en las dudosas estadísticas de Kallmann de la década de los 40. Este investigador tenía la costumbre de seleccionar a los gemelos que entrarían a formar parte de sus estadísticas, llegando a encontrar una correlación del 86% entre gemelos con tuberculosis o esquizofrenia. Sus datos no han podido ser corroborados por otros científicos que han realizado los mismos estudios pero en grupos más pequeños. Otras estadísticas sobre el mismo tema sólo encontraron una correlación ligeramente superior que en los hermanos no gemelos. Este ligero aumento es claramente insuficiente para determinar un componente genético, pues sería fácilmente explicable por la influencia medioambiental. Este dato también lo encontramos en el apartado sobre "La epigenética" con la afirmación de que NO existe esta correlación.

Los científicos serios no son amigos de afirmaciones contundentes, y pocos se atreverán a declarar taxativamente que muchos hombres sean gays debido a niveles prenatales de hormonas. Ni por descontado que esta sea causa o explicación de un fenómeno tan amplio y multifactorial como la homosexualidad.

Como siempre los seudo científicos "tiran la piedra y esconden la mano". Las investigaciones de estos científicos "demuestran la posibilidad" de que la homosexualidad sea causada por la hormonación en la gestación, pero no "afirman" que esta sea la causa, luego las investigaciones no están demostrando nada. La excusa que suelen dar los científicos ante tanta indefinición de argumentos es que la homosexualidad es debida a múltiples causas, por ello una sola causa solo sería aplicable a algunos homosexuales y otras causas a otros. Juntando todas las causas se encontrarían los motivos de todos los tipos de homosexualidades. Si revisamos la historia de los descubrimientos médicos, nos encontramos esta misma teoría desde tiempos inmemoriales y una gran parte de ellas fueron desmentidas al descubrirse la verdadera causa de la enfermedad, convirtiéndose el resto de causas en consecuencias del verdadero motivo. Es decir, que estaríamos en ese momento de la investigación en la cual todavía no se ha descubierto la verdadera causa, solo tendríamos las consecuencias del verdadero motivo.

El gen gay

Se sigue buscando el gen gay, ese gen diferente que induciría a la homosexualidad. Actualmente se está buscando en uno de los cromosomas X de la madre. Como todos sabemos cuando se juntan un cromosoma X del óvulo con un cromosoma X del espermatozoide nacería una niña y si se juntan un cromosoma X de la madre con un cromosoma Y del padre, nacería un chico. ¿Pero qué pasaría si uno de los cromosomas X del óvulo contiene un gen gay? Al juntarse el cromosoma X con el gen gay y el cromosoma Y nacería un niño homosexual.

Esta no deja de ser una teoría como tantas otras que hemos visto en este libro. La realidad no la apoya. Se sigue buscando el gen gay en el cromosoma X del óvulo sin resultados positivos y los análisis realizados entre homosexuales tampoco son muy alentadores. La próxima investigación que analizamos empieza, precisamente, denostando los resultados de esta teoría, además, si tenemos en cuenta que para generar la testosterona están implicados alrededor de veinte genes, considerar que un solo gen sería el causante de la homosexualidad es demasiado simplista.

Ya en 1940 Lang sugirió que algunos varones homosexuales son en realidad tipos varones masculinos que genéticamente son femeninos, pero que habían perdido todas las características sexuales morfológicas. Pare sometió a verificación esta teoría en 1956.

"Se demostró empíricamente que la mayoría de las células femeninas contenían un punto característico en el núcleo, que no existe en las células animales masculinas. Esta comprobación probó ser válida respecto a todos los tejidos y de todas las especies de mamíferos estudiados. [...] Utilizando células bucales, Pare investigó el sexo cromosomático de 50 homosexuales varones que tenían un promedio de 4,5 en la escala de Kinsey, con una desviación normal del 1,49, y se comparó a estos sujetos con 25 controles más, varones y 25 mujeres. En todos los casos los homosexuales eran típicamente masculinos, y la frecuencia de los puntos era similar a la que mostraban los controles varones." [132]

La epigenética

EMILIO DE BENITO Madrid 11 DIC 2012 – (El País)

Ante la falta de respuesta de la genética para justificar la atracción por el mismo sexo, llega la epigenética

---

[132]   VV.AA. *Biología y sociología de la homosexualidad.* 1967

La causa de que existan hombres gais o mujeres lesbianas sigue intrigando a los científicos. Y nadie encuentra una explicación. Ahora la epigenética es la candidata, según un trabajo que publican investigadores del National Institute for Mathematical and Biological Synthesis (NIMBioS) y la Universidad de California en Santa Bárbara en The Quarterly Review of Biology que publica la Universidad de Chicago.

El hecho de que ese tipo de orientaciones se den en prácticamente todas las culturas y que haya persistido a lo largo del tiempo y pese a todas las persecuciones y trabas ha llevado a pensar que hay una causa básica biológica. Diversas aproximaciones la han buscado en el tamaño y forma del cerebro o de algunas de sus partes, pero este órgano, pese a su complejidad, es adaptable y sufre cambios en función de los estímulos, por lo que siempre quedaba la duda de si las diferencias eran por causas biológicas o ambientales.

La revolución genética de la última década, y el hecho de que se encontraran bastantes casos de homosexuales (gais o lesbianas) en una misma familia llevó a pensar que había causa genética. Pero los estudios hechos con gemelos, que comparten ADN y, además, normalmente, la misma educación no han sido concluyentes. Según esta explicación si un hermano era gay, su hermano idéntico genéticamente debería serlo, pero no ha sido así.

La epigenética es el conjunto de interruptores que hacen que unos genes se expresen o no. Imaginemos que cada célula es una unidad de una fábrica de coches. En ella, en cada momento hará falta algo, desde un utilitario (una proteína) a un deportivo (insulina). Todas las instrucciones de todo lo que se fabrica en la instalación están en un mismo ordenador (el núcleo celular). Si no hubiera ningún control, la fábrica se saturaría, llena de utilitarios y deportivos por igual. La epigenética, de alguna manera, es el conjunto de instrucciones que hace que en una célula se fabriquen proteínas, y, solo en las del páncreas, insulina.

Durante la reproducción, el padre y la madre transmiten al hijo todas las instrucciones (fabricar un ojo, un pie, el cerebro, pene, vagina). Es la correcta activación de cada una de ellas en su momento adecuado la que determina que de un óvulo fecundado se genere un ser humano (fabrica sangre, aquí un dedo, el corazón,

275

una uña). Pues lo que los investigadores han determinado es que un grupo de esas instrucciones, que son las que regulan la respuesta a la testosterona, se pueden heredar. Así, un feto masculino que hereda la instrucción de ser muy sensible a un descenso de testosterona acabará siendo un niño gay si se produce una disminución de la hormona; y, al contrario, si un feto femenino hereda la instrucción de ser muy sensible al exceso de testosterona y eso sucede, de mayor será lesbiana. Esta respuesta heredada, lo que los investigadores llaman epimarcas, "son el mecanismo evolutivo más plausible para la homosexualidad humana", concluye Sergey Gavrilets, del NIMBioS.

He trascrito la noticia casi al completo para que quede claro que se sigue insistiendo en las hormonas lo cual ni demuestra ni explica nada.

La epigenética son los interruptores que hacen que los genes actúen en un momento dado. Un interruptor que se activará en la pubertad para que se desarrolle el cuerpo y se transforme en adulto o que se activará a los cincuenta años para que se inicie la calvicie humana. Desde el nacimiento un gen determinará que a tal edad te quedarás calvo pero este gen no se activará hasta el momento oportuno. La epigenética sería el interruptor. ¿Qué tiene que ver esto con la homosexualidad? Los cromosomas de los heterosexuales y los homosexuales son iguales. Todos tenemos los mismos genes pero algunos se activan y otros no. Esto explicaría que no se encontrara el gen homosexual ya que también estaría entre los heterosexuales, pero en unas personas este gen se activa y en otros no. ¿Qué hace que este interruptor se active?

Los autores no descartan que otros factores influyan, y, prudentemente, dicen que sus epimarcas "subyacen" en la homosexualidad. Con ello dejan abierta la puerta a las cuestiones ambientales (que también alteran la epigenética) o emocionales que explican la variabilidad de las relaciones y el comportamiento humano (más en el caso, que ni mencionan, de los bisexuales).

Hemos visto en 1930 que los psicólogos relacionaban una vivencia de la infancia con la homosexualidad y explicaban que las personas que tenían esa misma vivencia y no se volvían homosexuales era porque les faltaba la "predisposición latente homosexual" que es lo mismo que decir que cualquier vivencia de tu infancia te inclinará hacia la homosexualidad si eres homosexual. Con la epigenética nos encontramos la misma explicación: los interruptores que inducen a la homosexualidad sólo se activarán si estás predispuesto a la homosexualidad, es decir, que sólo se activarán si eres homosexual. ¿Qué demuestra entonces el gran descubrimiento de la epigenética?

Causas sociales

Los psicólogos rechazan las causas biológicas e insisten en traumas infantiles incluso hoy en día…

AZUCENA CRIADO Madrid 10 SEP 1991 (El País)

Los expertos destacan la importancia de los factores educativos y sociales

La homosexualidad reactiva se produce como reacción a estímulos psicológicos precoces (fijación a la madre) o tardíos (en ambientes donde hay dificultades para las relaciones con el otro sexo). La orgánica puede desarrollarse como consecuencia de un traumatismo que cause lesiones en el hipotálamo. Por último, la sintomática se denomina así porque aparece como "síntoma de un desorden de la personalidad. Ésta se deteriora por factores como la edad, el alcoholismo y las drogas", explica Alonso Fernández, al tiempo que se muestra contundente en un punto: "No existe la homosexualidad endocrina. La hormona testosterona exalta la libido tanto en sujetos masculinos como en femeninos, pero no cambia la orientación sexual".

…Pero aceptan que si la causa fuera solo psicológica se podría corregir con terapia y esto no es posible.

Ramón Cacabelos, psiconeuroendocrino en el departamento de Patología de la Universidad de Nueva York, discrepa, en cambio, con sus colegas sobre la relevancia que desempeñan los distintos factores: "La homosexualidad no puede ser una mera conducta aprendida. Se considera que un 60% se debe a una base biológica y el 40% restante sería por componente educativo, pero, si las causas fuesen exclusivamente educativas, esa conducta especial revertiría con una terapia en el ciento por ciento de los casos, y la realidad demuestra lo contrario. Tiene que haber algo más: ese sustrato biológico que empezamos a desvelar ahora".

Según las últimas investigaciones sobre la homosexualidad podemos afirmar que el origen es biológico pero no se puede demostrar y también es psicológico pero tampoco se puede demostrar. En consecuencia es parte biológico y parte psicológico pero también esto es indemostrable. Si las investigaciones realizadas a este respecto no pueden demostrar nada ¿En que se basan para afirmar que es biológico o psicológico? ¿Hay alguna evidencia real o es especulación? ¿No será la luna llena la causante de la homosexualidad? ¿No es hora de aceptar que estas líneas de investigación son un callejón sin salida y buscar otras causas?

Defensas contra la testosterona

Esta teoría vuelve a incidir en el asunto de las hormonas. Se basa en unas supuestas estadísticas donde por cada hijo varón aumenta en un 30% la posibilidad de ser homosexual. Es decir, si tienes un hermano mayor habría un 30% de posibilidades de que fueras gay, si tienes dos hermanos varones mayores tus posibilidades serían de un 60% y así sucesivamente (tres hermanos mayores un 90%, ¿todos los que tienen cuatro hermanos mayores tienen un 120% de posibilidades de ser homosexuales? ¿Todos son homosexuales?). La explicación que le dan estos científicos a esta estadística es que por cada hijo varón la madre desarrollaría unas defensas contra la testosterona, cuantos más hijos varones más defensas y por lo tanto el feto tendría una deficiencia de esta hormona. Esta misma teoría haría poco viable la existencia de lesbianas.

Durante décadas nos han prevenido que crecer entre muchas hermanas mayores podría despertar la predisposición homosexual y ahora nos dicen lo contrario, el peligro está en tener muchos hermanos mayores. Para afirmar esto se basan en unas estadísticas que podrían tener muchas explicaciones. El problema que encuentran para demostrar esta teoría es que no se puede saber, en un adulto, que nivel de testosterona recibió cuando era un embrión. Una de las formas con las que intentan demostrarlo es comparando el dedo índice y anular de la mano (segundo y cuarto dedo) según sus estadísticas las mujeres tienen estos dedos con el mismo tamaño y los hombres tienen uno de estos más largo que el otro, esto sería la consecuencia de las hormonas recibidas en el estado embrional. El problema que están encontrando es que existen las mismas posibilidades de que hombres heterosexuales y gays tengan estos dedos del mismo tamaño. Lo cual deja en entredicho su primera estadística. Otra incongruencia que se puede encontrar es que un exceso de testosterona ocasionaría un pene más grande y actualmente se han publicado estadísticas donde se "demuestra" que, de media, los homosexuales tienen el pene más grande que los heterosexuales, aunque durante décadas nos han afirmado los médicos que los homosexuales tenían los órganos genitales pequeños y poco desarrollados. Tranquilos, todas estas estadísticas han sido automáticamente cuestionadas por los científicos por su falta de rigurosidad. Y no voy a volver a incidir en que las investigaciones de los años setenta demuestran que los niveles de testosterona en el embrión no inciden en la orientación sexual. Por no mencionar que el propio óvulo genera testosterona, aunque no se esté embarazada. El cuerpo de la mujer tendría que estar produciendo anticuerpos desde mucho antes del primer nacimiento y por lo tanto, según esta teoría, no existirían los hombres heterosexuales.

En 1962, Slater, ya se dio cuenta de que estadísticamente cuantos más hermanos o hermanas mayores más posibilidades de ser homosexual, pero le dio una interpretación distinta al hecho. Según Slater, a mayor edad de la madre más posibilidades de ser homosexual. Algún gen o cromosoma se deterioraba con la edad de la madre provocando la homosexualidad del hijo. El hecho de que los homosexuales nazcan tardíamente dentro de la serie de hermanos es significativo. Tras un estudio detallado sobre los cromosomas y los genes de los homosexuales nacidos tardíamente comparándolos con sus hermanos mayores, no se pudo establecer una relación y se determinó que el hecho de que a mayor edad de la madre nacieran más homosexuales no se debía a la genética sino a la mayor sobreprotección psíquica que la madre ejercía sobre el hijo o que la madre de más edad, sintiéndose desatendida por el marido, volcaba su necesidad de afectividad hacia este hijo.

¿Qué conclusiones podemos sacar de todo esto? Las estadísticas, sobre todo a pequeña escala, son fácilmente manipulables y los datos obtenidos tienen decenas de interpretaciones, escogiendo la que mejor se adapta a la tesis que se desea demostrar. Los datos estadísticos por sí solos no demuestran nada, solo son un indicio a considerar para comenzar una investigación más seria. El problema reside cuando un periódico de prestigio publica las ideas de unos científicos basadas exclusivamente en unas estadísticas como si estas fueran un gran hallazgo. La sociedad, al leer el artículo, se confunde creyendo que es un gran descubrimiento lo que en realidad no pasa de mera hipótesis.

Conceptos psicológicos

Psicológicamente hablando, existen diferencias entre el hombre y la mujer en la percepción del mundo que le rodea y en el aprendizaje. Los hombres son más hábiles en el manejo de objetos y en la visualización de figuras en el espacio. Las mujeres adquieren una mayor fluidez en el lenguaje y una mayor comprensión de lo abstracto. Esta diferencia tendría una base neuronal. Actualmente se están realizando estas comprobaciones entre los homosexuales y parece ser que están teniendo buenos resultados. Los gays se asemejan a las mujeres en este aspecto y las lesbianas a los hombres. Esta sería la prueba de que realmente una parte del cerebro de los gays es de mujer y una parte del cerebro de las lesbianas es de hombre, aunque aún no se sepa exactamente qué parte es esta.

Cuando publiquen sus conclusiones finales, espero que no se olviden de reseñar que los escritores y pintores son más hábiles en el lenguaje y en lo abstracto ¿Significa esto que los grandes escritores de todas las épocas eran proclives a la homosexualidad? ¿No sería más lógico pensar que estas semejanzas son producidas por otras causas y no por la orientación sexual? También espero que diferencien entre homosexuales pasivos y homosexuales activos. Como ya hemos visto, el cerebro es maleable y es muy probable que las experiencias y sensaciones de un homosexual pasivo se asemejen a las experiencias y sensaciones de una mujer, desarrollando, de esta forma, algunas partes del cerebro de forma distinta, pero ¿la percepción psicológica de un homosexual activo difiere de un hombre heterosexual? Teniendo en cuenta que a lo largo de la historia existen rudos guerreros, maestros en la estrategia militar que fueron reconocidos homosexuales, y reconocidos científicos heterosexuales con un carácter pusilánime y temeroso, dudo de que esta semejanza psicológica tenga algo que ver con la orientación sexual.

4ª PARTE.- Otra percepción de la realidad

Con este apartado no intento sentar cátedra, no tengo los conocimientos ni la osadía para ello. Solo pretendo sembrar dudas razonables, mostrar una visión distinta que ayude a romper los muros. Disgregar unas semillas que germinen en otras teorías totalmente distintas. Pretendo que tú, querido lector, debatas en tu interior tus propios razonamientos, desterrando y aniquilando todo aquello que hasta ahora te han contado e incluso desterrando y aniquilando todo aquello que yo te estoy contando. Con estas controversias solo deseo hacerte partícipe de mis inquietudes. Todo lo que nos han enseñado y hemos aceptado como dogmas de fe no son más que palabras vacías. Es hora de pensar por nosotros mismos, discurrir nuevas teorías. Rechazar o aceptar los conceptos impuestos dependiendo de nuestros propios sentimientos, siendo conscientes de que nadie está en posesión de la verdad y por lo tanto nadie tendría que tener la autoridad de imponernos su verdad.

La homosexualidad heterosexual o la heterosexualidad homosexual

Incluso estando judicialmente castigado y socialmente rechazado, los heterosexuales han practicado la homosexualidad en todas las épocas. Cuando un heterosexual se excusa al mantener relaciones con su mismo sexo alegando una borrachera o estar en prisión, lo único que está haciendo es defenderse ante la sociedad negando sus propios sentimientos. La libertad sexual del heterosexual es indispensable para eliminar el rechazo al homosexual. La idea de que en las cárceles o los marineros necesitan desahogar sus instintos sexuales y que a falta de mujeres lo hacen entre ellos pero teniendo la imagen de una mujer en su mente es solo una excusa. Las personas se desahogan sexualmente a través de la masturbación, y en caso de no realizarlo, el cuerpo se desahoga sexualmente con las llamadas poluciones nocturnas. En ningún caso se hace necesario el sexo homosexual para satisfacer los instintos sexuales de los heterosexuales. El rechazo social hacia los homosexuales no cesará mientras los heterosexuales no puedan disfrutar de sus más sinceros sentimientos sin complejos. Una vez que ya sabemos que el sexo entre personas del mismo sexo no es una perversión y que la homosexualidad no es una enfermedad, es hora de enterrar las etiquetas y que el sexo fluya libremente.

Cuando el pueblo llano, en sus conversaciones cotidianas, hace referencias jocosas hacia la homosexualidad o cuando la utiliza a modo de insulto, está manifestando, de forma muchas veces inconsciente, su creencia de la inferioridad del homosexual. Se sienten superiores moralmente y utilizan las expresiones denigrantes para crear una separación y evitar que los demás integrantes del grupo puedan confundir sus inclinaciones sexuales. Estas reacciones confirman que aunque la población se muestra cada vez más respetuosa, siguen considerándolo como una perversión, una degeneración o una enfermedad que hay que aceptar y tolerar. Se admite que es injusta la discriminación por homosexualidad y se apoya la igualdad legal pero se alegran de no parecer este mal. Se sigue viendo la homosexualidad como algo negativo.

¿Qué está motivando este sentimiento?

- **Falta de hombría**. La creencia machista estipula que el hombre ha de ser fuerte para atraer a la mujer y que esta busca la protección del macho. A los homosexuales se les identifica con personas débiles, amaneradas y con cerebros parcialmente femeninos. Esta imagen de los homosexuales no se sustenta en la realidad. Está propiciada por los estereotipos difundidos por los medios de comunicación, por la confusión que existe entre transexuales, travestidos y homosexuales (los transexuales y travestidos suelen ser heterosexuales) y por la costumbre de los homosexuales de manifestar su condición sexual (por lucha, diversión o provocación) acentuando un afeminamiento que no se corresponde con su comportamiento habitual pero que responde a la imagen que los heterosexuales rechazan.
- **Infelicidad y depresión**. Se relaciona la homosexualidad de los adultos con una vida solitaria, sin amor y llena de desilusiones. Una vida tormentosa que puede desembocar en el suicidio. Esta imagen de la homosexualidad suele fomentarla la Iglesia Cristiana. En sus declaraciones resaltan una infancia traumática con unos padres degenerados, basándose principalmente en las "investigaciones" de los psicólogos de los años 30 y obviando que estas teorías han sido descartadas por los propios psicólogos. Esta idea ha sido también sustentada por los libros y películas del siglo XX, donde los homosexuales llevaban una vida desoladora y

desembocaban en el suicidio. Una imagen artificial que no se corresponde con la realidad. Existen numerosos ejemplos de esta manipulación, pero cabe destacar el de Edward Morgan Forster, que a principios del siglo veinte era un gran escritor reconocido por crítica y público. Muchos de sus libros han sido trasladados al cine. En 1914 escribió "Maurice", un libro sobre el amor homosexual de dos jóvenes de buena familia en Inglaterra. Este libro no pudo publicarse en su época por tener un final feliz. Forster se negó a cambiar el texto y preparó su testamento para que pudiera publicarse tras su muerte "Dedicado a un año más feliz". El desencanto con la sociedad que le tocó vivir, le motivó a escribir en la portada del libro en 1960 "Publicable… ¿Pero merece la pena?" Este mismo ejemplo lo podemos encontrar en el cine más reciente. En España conseguían subvenciones las películas donde se mostrara a un homosexual estereotipado que promoviera a la hilaridad del público, y en el extranjero llegaban a las salas comerciales aquellas películas donde el homosexual, tras una vida de desilusiones, se terminaba suicidando o muriendo en trágicas circunstancias. Las películas donde el homosexual llevaba una vida de ilusiones y alegrías quedaban relegadas al ostracismo.

- **Enfermos**. La insistencia de la medicina en investigar el "trastorno homosexual" y los distintos tratamientos destinados a "curar la homosexualidad", han sido los causantes de transmitir a la población la idea de enfermedad. Aunque hoy en día se insista en negar dicha enfermedad, los distintos artículos periodísticos relatando las investigaciones para descubrir las causas de la homosexualidad, le dan la sensación al ciudadano de que es una enfermedad negada para no ofender a este colectivo.

Con estas perspectiva es natural que los hombres heterosexuales, que practican el sexo con otros hombres, rechacen cualquier parecido con la homosexualidad. Estas ideas desfasadas desde hace más de cincuenta años, siguen en la mentalidad actual porque desde los distintos estamentos sociales, de vez en cuando, algún alto representante continúa recordando estos estereotipos:

- **Desde las universidades**: (publicado en el periódico El Mundo el 04-04-2009)

"[...] La conferencia fue impartida por Gloria Tomás y Garrido, profesora de Bioética en la Universidad Católica San Antonio de Murcia (UCAM).

Esta ponencia formaba parte de la quinta edición del Curso de Ciencia y Sociedad organizado por la Oficina Verde de la UA. En ella, Tomás y Garrido relaciona la homosexualidad a un posible gatillazo en la adolescencia. "El típico que nunca ha tenido, o la típica, una relación con el otro sexo", espeta la profesora, y tras "una fiesta" liga con alguien "y no puede [consumar el sexo]", puede quedar "sobre todo, si es chico, muy dañado" y pasa "3, 4, 5 años pensando que le pasa algo con las mujeres porque no ha podido. Y ha sido simplemente por un mal uso".

A continuación, Tomás y Garrido señala que "el primer punto" de la homosexualidad es "la enfermedad", para después tranquilizar a la audiencia del Paraninfo certificando que "se puede arreglar".

Posteriormente, la ponente atribuye el inicio de las "tonterías de masturbaciones" en la adolescencia a asuntos como que en el colegio pueden "haberle quitado la merienda" al que la practica. Como descubren de esta forma "el placer con su propio sexo", Tomás y Garrido sostiene que se trata de una "perversión sexual"."

- **Desde la política**:

(Publicado en el periódico Diario Show el 07-05-2010)

""LOS GAYS SON ENFERMOS, HAY QUE TRATARLOS DE LA CABEZA"
La desafortunada frase pertenece al diputado riojano José González que rechaza la modificación de la ley que regula el casamiento homosexual. Aconsejó "internarlos en un sanatorio especial". Y agregó: "Esta gente tiene un problema psicológico que hay que tratarlo".

288

González manifestó a Cadena3 que "a esa gente hay que buscarle un sanatorio especial para tratarlos de la cabeza".

"Estoy en contra de esta decisión que tomó la Cámara de Diputados porque creo que los argentinos tenemos un concepto de que el que es hombre es hombre y el que es mujer es mujer", dijo el legislador riojano en relación a la media sanción que recibió el proyecto de matrimonio gay en la Cámara de Diputados."

Catedrático Aquilino Polaina en el senado español 22-10-2005

"En opinión de Polaino, muchos de los homosexuales han sido educados por un padre «hostil, distante y alcohólico» y una madre «sobreprotectora» con los niños y fría con las niñas. Así las cosas, los gays y lesbianas presentan en ocasiones, según dijo, ausencia de destrezas motoras y juegos, dificultades de identificación con sus iguales del mismo sexo, timidez extrema y traumas por haber padecido abusos sexuales y violaciones. Sus declaraciones, en principio aplaudidas desde las filas populares, provocaron un aluvión de críticas, lo que obligó al portavoz del PP en la Cámara, Pío García-Escudero, a pedir perdón."

(Publicado en el País el 23-06-2010)

"*Duran Lleida defiende a los médicos que "curan" a los homosexuales.*

El portavoz de CiU en el Congreso de los diputados, Joseph Antoni Duran Lleida, ha salido en defensa de los psiquiatras que se ofrecen a curar a los homosexuales modificando su orientación sexual con fármacos o terapias reconductuales. En una de las entradas de su blog, rechaza que la Consejería catalana de Salud o el Colegio de Médicos de Barcelona penalicen a estos médicos. "Estoy en contra de represaliar la asistencia médica a las personas que intentan modificar su homosexualidad o controlarla", subraya Duran tras aclarar que "nunca" ha dicho que ser gay sea una enfermedad."

Como políticamente es incorrecto argumentar que los homosexuales sean enfermos, pues perderían los votos de los

289

homosexuales y de los familiares y amigos de estos, se cambia la palabra "curar" por "cambiar".

La argumentación de Duran Lleida continúa, intentando dar a un discurso homofóbico un aire de igualdad de derechos (es una cuestión de semántica e hipocresía política):

"Me sorprende que, cuando una persona – después de años de estar casada y con hijos – llega a la conclusión de que en realidad es homosexual y quiere adoptar esta tendencia y considera que necesita ayuda, su demanda es atendida y el hecho de "salir del armario" es celebrado. Pero en el caso inverso, esta persona no lo puede hacer si acude voluntariamente a pedir asistencia médica."

- **Desde la Iglesia Cristiana**: (publicado en el periódico El mundo el 16-04-2012)

"El obispo de Alcalá dice que los casos de gays 'pueden ser resueltos con terapia"
"No quiero ofender a nadie, pero no renuncio a anunciar la verdad en la caridad", ha manifestado el obispo de Alcalá de Henares, Juan Antonio Reig Pla, tras la polémica desatada por su homilía del Viernes Santo, retransmitida en TVE, en la que relacionaba homosexualidad y prostitución.
El pasado 5 de abril, Reig Pla se dirigió "a aquellas personas que, llevadas por tantas ideologías, acaban por no orientar bien lo que es la sexualidad humana, piensan ya desde niño que tienen atracción hacia las personas de su mismo sexo y, a veces, para comprobarlo, se corrompen y se prostituyen, o van a clubes de hombres. Os aseguro que encuentran el infierno"."

*   *   *

En 1900 ser homosexual no era fácil, por un lado estaba la falta de información, (ni siquiera para los que tenían una posición social elevada y la posibilidad de ir a la universidad tenían la oportunidad de informarse. El "execrable vicio griego" era un tema tabú al estudiar a los grandes filósofos griegos). Por otro lado estaba el fervor religioso. "El vicio de Sodoma" era un terrible pecado que le condenaba irremediablemente al infierno. Estos eran los primeros tormentos del joven que descubría su tendencia sexual: no saber lo que realmente le estaba pasando, no saber si otras personas sentían como él y el temor de actuar en contra de la doctrina de Dios. La libido de los jóvenes era más fuerte que la fe y las inseguridades, y el nerviosismo, de un homosexual buscando a otro con sus mismos sentimientos, eran muy parecidos a los del joven heterosexual, al que le gusta una chica y no sabe o no se atreve a desvelar sus sentimientos por miedo al rechazo o al ridículo. Pronto el homosexual descubría que tenía que actuar con cautela, si se equivocaba al insinuarse a otro hombre se arriesgaba a una denuncia policial o al chantaje. En este momento era cuando envidiaba a los heterosexuales que veía coquetear en el parque, los intentos de los hombres por seducir a las inocentes mujeres eran alabados por la sociedad. Deseaban poder hacer lo mismo, poder mostrar sus sentimientos sin miedo y empiezan a aborrecer su propia homosexualidad deseando ser heterosexuales. Intentarán reprimir sus sentimientos, los más favorecidos se podrán permitir pagar a algún médico especialista para "curarse". El objetivo era casarse con una mujer y tener hijos. Formar parte de la sociedad. Muchos creen haberse curado, otros deciden casarse por las presiones de parientes y amigos, solo unos pocos permanecen en la soltería. De la misma forma que los heterosexuales casados se escapaban alguna tarde para acostarse con una prostituta, los homosexuales casados terminaban buscando el amor de otro hombre. Con respecto a los solteros, la sociedad les aceptaba siempre y cuando se comportaran con discreción. Podían tener un gran amigo con el cual ir a los espectáculos o a las fiestas mientras no mostrara ningún afecto pecaminoso en público. La sociedad podría intuirlo, pero el tema era tabú y se dejaban engañar, a lo sumo aceptarían una atracción platónica, sin roce carnal. Solo en el caso de que les obligaran a quitarse la venda de los ojos, se convertiría en un escándalo.

En 1930 los jóvenes disponían de algo más de información pero toda era muy negativa, eran enfermos que se convertirían en pervertidores, se comportaban como mujeres porque en el fondo deseaban ser como ellas. Los jóvenes empezaban a analizar sus actos, sus movimientos, sus gustos y siempre encontraban alguna similitud con las mujeres y se odiaban por ello. Intentaban corregirse, comportarse de forma más viril, con la esperanza de llegar a ser un hombre. Se casaban con una mujer para demostrarse a sí mismos su hombría, con la esperanza de forzar a la naturaleza, deseando que la rutina de mantener sexo con su esposa llevara al deseo por las mujeres. Al descubrir que su deseo por los hombres no remitía, al autorechazarse por ello, al vagar por los suburbios buscando el desahogo con otro hombre, la tortura interna se intensificaba. Los que aceptaban su propia homosexualidad y no se casaban, arriesgándose y soportando los abusos de las autoridades, no estaban exentos de las influencias de la sociedad, se sentían mujeres y se comportaban con afeminamiento.

En 1950 los homosexuales analizan los mensajes de la sociedad sobre lo que debe ser un homosexual y se analizan a sí mismos descubriendo que lo que decía la sociedad no se correspondía con sus sentimientos. No son enfermos ni pervertidos pero no pueden evitar sentirse sucios. Desean el amor con otro hombre, gozan en el sexo pero interiormente se sienten vacíos y esto se nota en las relaciones de pareja. Hay amor, pero inconscientemente tratan con desprecio a su pareja, de la misma forma que se desprecian a sí mismos. Las novelas de ficción que se publicaron en estas décadas ayudaron a ahondar en esta sensación. Se busca el matrimonio con una mujer para intentar llenar ese vacío.

En 1970 empieza la rebelión, los homosexuales luchan por su aceptación y la mejor forma de hacerlo es resaltando todas aquellas cualidades por las que la heterosexualidad les ha despreciado: su lado femenino y su promiscuidad. Los homosexuales con una pluma exagerada empiezan a proliferar, la promiscuidad es la consecuencia lógica del sexo sin mujeres. El cine utiliza esta misma arma para ridiculizar a los homosexuales y la sociedad asume el mensaje equiparando a la homosexualidad con personajes superficiales que solo buscan la diversión y el sexo. También están los homosexuales que muestran su lado más viril (cuero, bigote y motos) para demostrar a la sociedad que a "machos" no les gana nadie.

En 1980 comienza el drama del SIDA

En el año 2000 los homosexuales están de moda en España y en el mundo occidental. En las series de televisión y en las películas aparece, como personaje secundario, un homosexual que ayuda emocionalmente al protagonista. Tener un amigo gay es síntoma de modernidad y los jóvenes gays, deseando la aceptación social, acentúan su afeminación. Cuando un gay, en lugar de mostrar su lado femenino, muestra su virilidad nota el recelo de los heterosexuales, que por alguna razón se sienten amenazados. Cuando un heterosexual "moderno" es visto con un gay con pluma, puede soportar las chanzas de sus amigos porque nadie dudará de que es él quien, en un momento dado, penetra al gay. Cuando un heterosexual "moderno" es visto con un gay muy viril, se siente molesto por las posibles chanzas de sus amigos ya que estas irán encaminadas a que es el gay quien penetra al heterosexual. La ignorancia de la sociedad asume que al gay con pluma le gusta que le penetren y al gay viril le gusta penetrar. Es en esta década cuando el homosexual mantiene relaciones sexuales con mujeres, ya no por la presión social, si no por un sentimiento de curiosidad.
El desconocimiento de la ciencia asumía que el gay pasivo es el que nace y el gay activo el que se hace, presuponiendo de esta forma que al gay que le gusta penetrar no es un verdadero homosexual y buscan un gen femenino en el homosexual que se comporta como una mujer. Olvidan que ser homosexual no es sentirse mujer, es sentir atracción sexual por otro hombre. Tenían la absurda creencia de que solo las mujeres pueden sentirse atraídas por un hombre y por lo tanto dictaminaron que los homosexuales tenían en sus genes o en su cerebro algún componente femenino y el comportamiento de los homosexuales no ayudaba a corregir este error. Se olvidaban de que según sus propias investigaciones el comportamiento de las personas es parte genética y parte influencia del medio que le rodea. Consideraban que la genética predispone a la feminidad y el medio al comportamiento, cuando realmente es al revés. Si analizamos la historia, desde la época griega hasta nuestros días ¿no sería más lógico pensar que la genética predispone a algunos hombres a una mayor capacidad para el arte y a una mayor sensibilidad al mundo

293

que le rodea, percibiendo en mayor medida la belleza del hombre y es la sociedad la que predispone a su comportamiento homosexual?

Si, como hemos visto a lo largo de la historia, los hombres heterosexuales se acostaban con hombres y los homosexuales con mujeres ¿Qué es lo que define las etiquetas de "heterosexual" y "homosexual"? No define a las personas, define los comportamientos. Estas etiquetas se inventaron en el siglo XIX y las investigaciones se han basado en ellas. Antes de este siglo no había "personas" sino "prácticas". En la sociedad actual, estas etiquetas se aplican a las personas definiendo unas barreras y creando dos grupos diferenciados. Es la sociedad la que influye en la persona y el mensaje que en estos momentos está inculcando es que los heterosexuales no se acuestan con hombres y los homosexuales no se acuestan con mujeres. No es una cuestión genética, es la influencia social. Estas etiquetas deberían definir un comportamiento heterosexual o un comportamiento homosexual y habrá personas que a lo largo de su vida se decanten por uno u otro comportamiento, como también habrá personas que mantengan un mismo comportamiento a lo largo de toda su vida, no por su genética, sino por su propio gusto. Se podría alegar que estos heterosexuales con comportamientos homosexuales, son la prueba de que realmente existe en ellos la "predisposición homosexual innata" que defienden los psicólogos o que son homosexuales que reprimen sus verdaderos instintos sexuales. La mayoría de los verdaderos heterosexuales siente aversión hacia el sexo con otros hombres:

"Naturalmente, el hombre normal siente repugnancia por los genitales de las personas pertenecientes a su mismo sexo, y nunca puede suceder que esta repugnancia desaparezca en ninguna circunstancia. La prueba de esto la proporcionamos nosotros, los médicos, que debido a nuestra profesión estamos obligados a ver muchas cosas que al hombre de la calle le harían una impresión desagradable, y conseguimos acostumbrarnos a ellas hasta el punto de que después de un cierto grado de experiencia ya no nos provocan la misma sensación de disgusto. Ahora bien, esto no sucede nunca a la vista de los genitales propios de nuestro sexo, ya que por muy anciano que se sea en la

profesión, ante ellos, ya se trate de un viejo o de un niño, se siente siempre una cierta repulsión. Repulsión que es enseguida reprimida, y a la que ni siquiera hacemos caso, y que no impide que cumplamos con las exigencias profesionales, siempre que sea necesario, sobre los mismos genitales, pero que, repito, está siempre presente y no desaparece nunca. Esta sensación es corriente en todos los hombres normales, y los médicos son los principales testigos de ella. No puede suceder, por tanto, en ningún caso, que esta sensación de repugnancia desaparezca, a menos que no exista una latente desviación del instinto sexual." [133]

Teniendo en cuenta que hoy en día es habitual ver los órganos genitales masculinos en películas pornográficas, duchas comunes, playas nudistas, etc. ¿Podemos afirmar que la exagerada repugnancia que manifiesta este doctor, en la sociedad de los 60, es producto de la educación de aquellos tiempos? ¿Podríamos considerar que la aversión que siente el actual hombre heterosexual hacia el sexo con otro hombre, pudiera ser, también, una cuestión educacional?

Hoy en día, los homosexuales se sienten más cómodos con la idea de haber nacido así. No son enfermos, ni pervertidos, ni pecadores. Dios o la naturaleza les hicieron gays y por lo tanto no han de sentirse ni culpables ni avergonzados. No han de dar explicaciones por sus comportamientos. Apoyan esta idea alegando que desde su más tierna infancia sentían una especial atracción hacia los chicos. Esta idea ha sido también el puntal que se ha esgrimido en la lucha por la igualdad de derechos. Más adelante rechazaré esta idea.

---

[133]   Lucio Wald. *Desviaciones sexuales.* 1969

El homosexual femenino y el heterosexual masculino

Desde que en 1915 se descubrió la secreción de hormonas de las gónadas, se ha impuesto como la causante de la homosexualidad. Incluso actualmente se sigue estudiando esta posibilidad.

Los testículos generan mayoritariamente testosterona y en menor medida estrógenos, los óvulos generan mayoritariamente estrógenos y en menor medida testosterona. Una variación en la segregación de estas hormonas podría causar cambios en la expresión genética que condujeran a la atracción sexual hacia el mismo sexo. Los ensayos con animales fueron muy esperanzadores (al castrar a un animal macho e implantarle ovarios, se observaba una afeminación física del animal), pero al trasladar estos experimentos a los seres humanos, los resultados han sido infructuosos. Aún así, los científicos siguen afirmándose en sus teorías y probando nuevas modalidades.

La castración en los seres humanos se conoce históricamente desde tiempos inmemoriales. Después de las batallas, algunos pueblos castraban a los prisioneros para simbolizar su victoria y su poder. Los vencedores castraban a los cabecillas y los sodomizaban en público para desmoralizar y humillar al enemigo. El cristianismo, castraba a los homosexuales. Los vendedores de esclavos africanos, los castraban para incrementar su valor comercial. Durante el periodo nazi, se realizaron castraciones en algunos campos de concentración, principalmente en varones judíos y rusos. Famosos son los eunucos de las culturas chinas y árabes. Actualmente, en el caso de cáncer testicular o de próstata, pueden inutilizarse los testículos.

La castración en la edad adulta disminuye la libido y aumenta la obesidad. Si la castración consiste solo en la eliminación de los testículos, el hombre conserva la posibilidad de tener erecciones, orgasmos y eyaculaciones (aunque carentes de espermatozoides). Algunos psicólogos han relacionado la falta de líbido con un trauma interior al sentirse menos hombres, pero esta teoría es cuestionable al observarse el mismo comportamiento en los animales. Esto se explicaría si consideráramos a la testosterona como la causante de la libido y no de la orientación sexual.

En 1920, los científicos determinaron que el fracaso de sus investigaciones era motivado porque estaban investigando en seres adultos, ya desarrollados física y hormonalmente. Las pruebas había que realizarlas en la pubertad, cuando los genes sexuales aún no se habían activado. En este caso, también tenemos referencias históricas. En 1550, en Italia, a los niños de los coros en las iglesias, a los más dotados para la música, se les castraba dándoles fuertes masajes en los testículos para diluirlos y eliminarlos, evitando que les cambiara la voz en la pubertad. Estos castrados fueron muy cotizados económicamente, pues conservaban la melodiosa voz infantil con la potencia de un adulto. La falta de testosterona no evitaba su tendencia heterosexual, pero ocasionaba una voz infantil debido a un alargamiento de la tráquea. Al llegar a la pubertad no se desarrollaban como mujeres. Tenían una disminución del vello corporal y un torso más largo de lo habitual.
Tras la Segunda Guerra Mundial, donde los científicos alemanes investigaron y experimentaron sobre este asunto, llegaron a la conclusión de que el periodo infantil era demasiado tarde, pues el cerebro ya se había desarrollado con la testosterona generada por los ovarios de la madre en el periodo embrional. En esta cuestión están los científicos actuales, considerando que el nivel de testosterona que llega al feto procedente de los ovarios de la madre, es fundamental para determinar la orientación sexual del futuro niño. Dándole importancia a una teoría surgida en 1940 y denostando las investigaciones en animales realizadas en 1970, alegando que no es extrapolable al hombre.

Afirman estos científicos que los homosexuales, aunque se sienten hombres tienen características psicológicas propias de las mujeres (falta de rudeza, sentimientos, actitudes hacia el arte y las letras), omitiendo que estas características son fácilmente explicables por la influencia del entorno social y que son más características de los estereotipos actuales que de los homosexuales en general ¿Falta de rudeza? Los mayores guerreros desde la Grecia Clásica hasta el ejército de Napoleón fueron homosexuales. ¿Los heterosexuales carecen de sentimientos o les han enseñado a ocultarlos desde niños? Y con respecto a las artes y las letras, es cierto que muchos de los grandes genios de la historia fueron homosexuales, pero también los hubo heterosexuales. La explicación también es sencilla. Los homosexuales al sentirse distintos, desde la pubertad se cuestiona su propio ser y el mundo que le rodea. Buscan explicaciones desarrollando una parte del cerebro que los heterosexuales, en esta tierna edad, no maduran, pues se dejan llevar por la corriente social y por unos sentimientos que saben aceptados por el resto de la comunidad. No se cuestionan sus actos ni cuestionan al mundo que les rodea, cosa que sí hacen los homosexuales, enseñando a su cerebro a cuestionarse y a buscar una resolución a cualquier cuestión.

Los transexuales y la atracción heterosexual por la ropa femenina

Hasta tiempos recientes, se ha considerado a los transexuales como parte de la homosexualidad. Incluso ellos mismos se consideraron homosexuales. Eran hombres que sentían como mujeres y se enamoraban de otros hombres. Parece ser que algunos científicos siguen considerándoles homosexuales en la actualidad, pero hay una pequeña diferencia, un matiz, que solo recientemente ha conseguido revelar el trauma de los transexuales. Los homosexuales son hombres que se sienten hombres y se enamoran de otros hombres. Los transexuales se sienten mujeres atrapadas en el cuerpo de un hombre. Un error de la naturaleza. Un cerebro de mujer en el cuerpo de un hombre. Cuando un cerebro de mujer se enamora de un hombre a esa relación se la llama heterosexual.

298

A lo largo de la historia, han sufrido las discriminaciones y las humillaciones destinadas a los homosexuales. Las autoridades y los gamberros se han ensañado con ellas más sádicamente que con los homosexuales y han tenido que luchar por sus derechos a través de las asociaciones gays, siendo, como son, heterosexuales.

En España, a los hombres a los que les gusta vestirse de mujer, se les llama travestís y automáticamente se les tacha de homosexuales. Aunque pueda sorprender, esta atracción por la ropa de mujer es más propia de los heterosexuales que de los homosexuales. Una sociedad machista y una educación represiva han dado lugar a este equívoco. Por alguna razón, los travestidos son un fenómeno muy extendido en Inglaterra, tienen incluso clubes privados donde van a tomar unas copas, vestidos de mujer, con otros compañeros de sus mismos gustos y, a veces, van acompañados de sus esposas. El gusto por vestirse de mujer no entra en contraposición por su atracción sexual por las mujeres.

Los hombres heterosexuales siempre han sentido una especial atracción por vestirse con ropa de mujer, pero el miedo a la burla social les ha impedido satisfacer este deseo. Necesitan una excusa socialmente aceptada para no ver quebrantada su hombría (desde niño, al hombre heterosexual se le ha inculcado una serie de normas represivas que le impiden expresarse libremente: los niños no lloran, han de ser valientes, han de proteger a las niñas, han de jugar a cosas de niños. Los hombres no se tocan entre sí, se dan la mano o una palmada en la espalda. El hombre ha de ser macho y mostrar su virilidad continuamente. Los sentimientos son cosas de mujeres. La debilidad es un menoscabo para su hombría). La excusa para vestirse de mujer pudiera ser los carnavales o alguna diversión propicia. Unas fiestas de origen pagano donde los participantes se disfrazan para desinhibirse y atreverse a realizar aquellos actos que no harían normalmente. En estas fiestas muchos hombres heterosexuales se disfrazan de mujer.

Por la misma razón por la que el hombre necesita una excusa para vestirse de mujer que le justifique ante la sociedad y ante sí mismo, aunque lo esté deseando, también necesita una excusa para mantener relaciones sexuales con otro hombre (la falta de mujeres por estar en prisión, en la marina o en un internado o la típica excusa heterosexual que muchos homosexuales han escuchado después de un apasionado encuentro amoroso: *"estaba borracho y te has aprovechado de mí"*). Sin olvidar que hasta hace muy pocos años, en los países árabes y latinoamericanos, se consideraba homosexual al pasivo, al penetrado. Al que penetra se le consideraba socialmente y se consideraba a sí mismo heterosexual aunque se estuviera acostando y se sintiera atraído por otro hombre.

Al igual que la masculinidad del hombre heterosexual tuvo que redefinirse con la emancipación de la mujer, hoy en día, tendrá que hacer lo mismo con la libertad y la igualdad sexual. La "hombría" se definía con el dominio a la mujer y el número de hijos. Actualmente se define como la atracción sexual por las mujeres ¿es más "hombre" el heterosexual que el homosexual? En otros tiempos, los vencedores de una batalla sodomizaban a los vencidos en público ¿Es más "macho" el que penetra a una mujer o el que penetra a otro hombre? ¿Es menos hombre el heterosexual que paga a una prostituta transexual, sin operar, porque sale más barata? ¿Es menos viril el penetrado? ¿Y los hombres heterosexuales a los que les gustan que su novia o pareja femenina les meta el dedo o un consolador por el ano, son menos hombres?
La definición de "hombría" en todos los tiempos ha sido sentirse superiores a los demás. Hace unos siglos, estaba identificada por la valentía y el arrojo en la lucha contra otros hombres, en el último siglo fue ser superior físicamente a la mujer, recientemente nuestros jóvenes se sienten superiores maltratando a los decrépitos mendigos que se encuentran por la calle ¿es el concepto actual de "macho" la redefinición de los cobardes de otros tiempos?
Nuestro instinto animal nos induce a ser los líderes de la manada ¿sería la "hombría" un reducto de estos instintos animales? ¿Sería un síntoma de una evolución inferior? ¿Por qué el resto de la sociedad se deja dominar por unos hombres menos evolucionados y atacan a los más evolucionados? ¿Son las personas más inteligentes los enemigos de una sociedad dominada por sus instintos animales? Me estoy refiriendo a los hombres porque hasta hace pocas décadas las mujeres estaban relegadas a la sumisión, pero en el mundo actual, donde la valentía y la fuerza han sido sustituidas por el poder y la influencia ¿es la mujer menos "hombre" que el hombre? ¿No busca la mujer la

dominación usando las mismas armas que el hombre actual? ¿No busca la mujer ser el líder de la manada? ¿El instinto natural de la mujer no ha sido siempre dominar y controlar al hombre, si no por la fuerza, sí con sus manipulaciones sentimentales? ¿Es el instinto animal de la mujer ser el líder de la manada aunque las leyes y la sociedad se lo impidieran hasta hace pocas décadas? ¿Son menos viriles los hombres que se dejan mandar, en el trabajo o en la política, por una mujer o estas mujeres se están comportando como "hombres"? ¿Son estas mujeres menos dominantes y poderosas por ser penetradas? ¿Son los homosexuales pasivos menos "hombres" que estas mujeres? ¿Qué es actualmente ser un "macho"? La atracción de un hombre por una mujer solo define la heterosexualidad ¿Es más "hombre" Einstein con su inteligencia y heterosexualidad que Alejandro Magno con su valentía y homosexualidad? Si definimos la masculinidad como el que más conquistas sexuales realiza ¿Son los cristianos practicantes menos "hombres" que los promiscuos pecadores? ¿Es más viril el heterosexual que penetra a diez mujeres o el homosexual que penetra a cien hombres? Si la heterosexual se siente amenazada por la ostentación homosexual ¿es más fuerte la homosexualidad que la heterosexualidad? ¿Es más "hombre" el homosexual que el heterosexual?

¿Qué es ser femenino?

La respuesta parece evidente pero si lo analizamos nos daremos cuenta de que este concepto es relativo, depende de la época, la cultura y la geografía. En la Grecia Clásica eran afeminados, independientemente de su orientación sexual, las personas que se depilaban, no hacían ejercicio físico, llevaban una vida de ocio o se bañaban con agua caliente. En 1920, vestir elegantemente o de forma seductora y perfumarse. En 1970, una camisa estampada, unos pantalones ajustados y una pequeña melena, era una indumentaria propia de "sarasas". Por el contrario, los viriles y heterosexuales jóvenes actuales, se visten a la última moda, se depilan los genitales y las cejas, y se aplican cremas de belleza.

301

El concepto de afeminado ha ido cambiando a lo largo de los años. ¿Acaso son algunos gestos lo que actualmente se considera afeminamiento? Los gestos de un hombre, en un clima caliente cerca de la playa, serán más suaves que los de un hombre en los suburbios de una gran ciudad, y estos, serán más afeminados que los de los hombres que vivan en pequeñas aldeas con climas fríos y rodeados de montañas rocosas. La mujer del norte es más "hombruna" que la mujer del sur.

Si colocáramos al hombre de la playa en las hostiles montañas nevadas, sería considerado amanerado. Hasta los gestos son relativos. El salero que muestra un hombre sevillano, ¿no sería considerado afeminado en la fría Rusia?

Se puede alegar que los gestos que se consideran afeminados son aquellos que se parecen a los gestos de una mujer, pero si comparamos los ademanes de la típica "loca" de un local gay y los comparamos con los de una mujer, nos daremos cuenta de que no son parecidos, ni siquiera se los podría considerar una parodia de los movimientos femeninos.

¿Por qué considerar que los afeminados son homosexuales?

Está científicamente comprobado que los humanos tendemos al mimetismo. Un niño de ciudad criado entre cinco hermanas mayores será amanerado y un chiquillo de pueblo criado entre los rudos hombres del campo, será más viril. Ni el amanerado tiene por qué ser homosexual, ni el viril heterosexual. En este caso, las hormonas no han influido en los ademanes. De la misma forma, un homosexual que frecuenta asiduamente lugares de ambiente gay, adoptará como propios algunos gestos de sus compañeros de copas.

La cultura y la economía también influyen en el comportamiento. Los hijos de familias humildes con padres poco instruidos tenderán a los extremos. El adolescente heterosexual tendrá andares de "gallito" para seducir a las féminas, mientras que el adolescente homosexual imitará a las mujeres, pues sus gustos y sentimientos serán más parecidos a estas. El homosexual, en estos ambientes, se sentirá rechazado por los comentarios machistas y las frases con alusiones denigrantes hacia el "maricón" que su padre y su entorno, con toda seguridad, usarán habitualmente. En familias donde hay un mayor ambiente educativo o de clases sociales más pudientes, los modales se refinan y se igualan. El adolescente heterosexual no necesitará comportarse como el macho de la manada y conquistará a la mujer con los sentimientos. El adolescente homosexual, será más consciente de la normalidad de su orientación sexual y se sentirá como un hombre al que le gustan otros hombres.

¿Los homosexuales nacen afeminados?

"Salvo en los casos de claros trastornos hormonales, no nos ha sido posible pronosticar el estado hormonal del paciente a partir del examen físico, de la observación de la conducta o de la evaluación psicológica. Por consiguiente, concluimos que las denominadas "hormonas sexuales" no son un factor importante en la determinación de las actitudes y "amaneramientos" sexuales"[134]

Los hombres que en el trabajo o en el hogar han de ocultar su homosexualidad, cuando van a un local gay, suelen mostrar unos ademanes afeminados que no son de nacimiento, son el producto de la tensión soportada a lo largo de la jornada. Un día, una semana, un mes, controlando los movimientos, las miradas, la forma de hablar, las palabras y las frases. Por la noche, entran en un local donde no tienen que controlarse, donde pueden mirar sin miedo y exponen, a modo de descarga psicológica, todos aquellos ademanes que han tenido miedo de tener en otras esferas sociales.

Los homosexuales rebeldes, que sienten el rechazo social (no tiene por qué ser un insulto, a veces, una mirada de repulsa, murmullos hablados al oído mientras les miran con desprecio), se defienden exagerando aquello por lo que es rechazado, si les molesta su falta de hombría, se mostrarán como unas auténticas "mariquitas", y lo harán con descaro. No habrán nacido con esos

---

[134] VV.AA. *Biología y sociología de la homosexualidad.* 1967

movimientos, pero será su forma de reivindicar su libertad, de luchar por sus derechos.

Los jóvenes que han descubierto su homosexualidad en una sociedad recientemente liberal, donde la homosexualidad está de moda por ser moderno, muestran unos ademanes con los que no han nacido, pero son la forma de decir a sus compañeros "yo soy gay" y encuentran que las chicas se les acercan mostrándose amigables y los chicos les preguntan, con curiosidad, con deseo de comprender un estilo de vida diferente. Los jóvenes homosexuales se sienten el centro de atención. En el mundo de los jóvenes donde la popularidad es una divisa deseada, ellos se sienten "la estrella".

Es cierto que hay un gran número de homosexuales con "pluma", pero no siempre es producto de las hormonas. De todas formas, estos homosexuales, aunque son los más llamativos y en los que más se fijarán los heterosexuales, sólo representan el 6% de la homosexualidad, según algunos estudios estadísticos.

¿Son las hormonas las causantes de la homosexualidad pasiva?

El número de homosexuales pasivos afeminados es mayor al de homosexuales activos y mucho mayor que el de heterosexuales. Por mucho que yo alegara que el homosexual afeminado es un producto de la rebeldía o de la moda social, no podía cerrar los ojos a los miles de homosexuales que soportaron las palizas de la policía en los interrogatorios. Cuanto más afeminado era el reo, más sádica era la autoridad, llegando incluso a la violación. Los homosexuales lo sabían y, aun así, sus comportamientos eran amanerados. La falta de testosterona disminuye la agresividad en homosexuales y heterosexuales, pero son demasiados los homosexuales pasivos afeminados. No puede ser casualidad. Tampoco podía olvidar que muchos de esos afeminados eran, en realidad, transexuales.

De pronto encontré un texto. Se refería a mendigos y delincuentes, pero la misma norma se podía aplicar a los afeminados:

304

"Todas las sociedades humanas tienen una serie de normas, modelos importantes y fundamentales de conducta, que deben seguir sus miembros, y que definen una serie de valores morales, culturales o religiosos que favorecen la integración social y desarrollan los vínculos de sociabilidad. Existen un conjunto de medios y procedimientos por medio de los cuales un grupo o una unidad social encaminan a sus miembros a la adopción de los comportamientos, normas y reglas de conducta, e incluso de las costumbres que el grupo considera como socialmente buenas.

*Estas formas de control social se ejercen por medio de medidas, por lo general de tipo punitivo, que fuerzan a las personas a adoptar las maneras de vivir y los modelos de conducta del medio, que tienden a devolver al desviado al seno del comportamiento aceptado como normal, a neutralizar sus acciones, **o a marginarlo más o menos radicalmente del grupo de los individuos "normales".*** [135]

Entonces recordé a ese niño al que, en la época franquista, le obligaba su profesor a subirse encima de la mesa mientras instaba a los demás alumnos a increparle con gritos de "¡niña!". Era un niño afeminado y los profesores católicos se sentían en la obligación de enderezar sus futuros instintos "perversos" mediante la humillación. Y recordé que, incluso en época democrática, los niños atacan a los diferentes: de niños no dudan en llamarte "niña" y en la pubertad te llaman "mariquita", solo porque se es afeminado. La sociedad te induce: "O corriges tus ademanes o te rechazamos por gay". El niño no puede corregir sus ademanes, apenas es consciente de que los tiene y con inconsciente resignación asume: "Si soy femenino seré gay". Sin la presión social él hubiera escogido libremente su condición sexual. La sociedad lo marginó, incluyéndole en un grupo y él, sintiéndose rechazado, buscó la aceptación del grupo al que le relegaron.

Recordé también, a aquella madre de gemelos. A uno de los niños le gustaba jugar con coches, al otro con muñecas y la madre

---

[135]   Antonio M. Rey González. *Estudios médico-sociales sobre marginados en la España del siglo XIX.* 1990

declaraba: "Les he tratado por igual pero uno de ellos ha salido gay". ¿Es gay o le estamos haciendo gay con nuestra aceptación o nuestro rechazo? No afirmo que la homosexualidad sea una cuestión social, pero es muy probable que muchos afeminados sean homosexuales por la presión general. El ser humano es sexual y, en la pubertad, la sociedad te obliga a definirte de forma acorde a tus sentimientos.

También hay que tener en cuenta la falsa percepción de la sociedad. Siempre que se ve a un afeminado por la calle damos por hecho que es homosexual. No lo conocemos, no sabemos realmente su orientación sexual, pero inconscientemente estamos relacionando afeminación con homosexualidad. Nos sorprende cuando conocemos a una persona amanerada y nos enteramos de que está casado y con hijos, automáticamente pensamos que es un homosexual "en el armario". Culturalmente, no podemos aceptar que existan heterosexuales afeminados, pero la realidad nos demuestra que existen y solo somos conscientes de ello cuando les conocemos en profundidad. Hasta entonces seguiremos catalogando a todos los afeminados que vemos como homosexuales. ¿Por qué actuamos de esta forma? Tenemos la necesidad de crear una frontera, una separación que nos ayude a protegernos de nuestros propios sentimientos: *los homosexuales son afeminados, yo no soy afeminado luego yo no soy gay*. La mayoría de los hombres esconden algún sentimiento "confuso" en su interior y necesitan una excusa que les reafirme en su heterosexualidad.

Gen heterosexual, gen homosexual

Algunos científicos esgrimen que ha de haber un gen homosexual ya que en todas las culturas y en todas las épocas ha habido homosexuales. Por muchas prohibiciones que se pusieran por muy duras que fueran las penas, los homosexuales arriesgaban su vida a cambio del contacto gay. Esta tenacidad indujo a suponer que la influencia del gen homosexual era superior a la propia voluntad de la persona. Al no funcionar las terapias de aversión ni el hipnotismo se alegó que no era un comportamiento adquirido. La homosexualidad era de nacimiento y, por lo tanto, su única explicación residía en la genética, pero esta argumentación tiene muchas lagunas y genera muchas dudas si incluimos que los heterosexuales también se arriesgaron, en estas épocas, para disfrutar de los contactos homosexuales.

Nuestros abuelos los monos

Desde hace 6 millones de años nuestros primos más cercanos son los chimpancés y los bonobos (chimpancé pigmeo). Los tres descendemos de los mismos abuelos desde hace 12 millones de años. Los tres compartimos el 98% de los cromosomas, heredados de nuestros abuelos. Si comparamos a los chimpancés con los bonobos, nos daremos cuenta de que son muy diferentes, pero los humanos nos parecemos a los dos. Es como si los chimpancés se parecieran al abuelo, los bonobos a la abuela y los humanos tuviéramos rasgos característicos de los dos.

307

Tanto bonobos como chimpancés son dos especies inteligentes y las diferencias entre ambos se han adjudicado a la tradición cultural, las reglas sociales de la manada y al medio ambiente. Veamos primero las principales diferencias y después las compararemos con los humanos:

- **Jerarquías:** En los chimpancés son rígidas y verticales, los bonobos son más amistosos y sus jerarquías son más fluidas y cambiantes.
- **Coaliciones:** En los chimpancés predomina la fuerza y las alianzas se hacen entre machos, los bonobos son más pacíficos y son las hembras las que determinan las normas.
- **Agresividad:** Los chimpancés son agresivos y xenófobos, matan o expulsan de la manada a los animales pertenecientes a otras especies. Los bonobos por el contrario aceptan a los "extranjeros", les gustan los juegos y la diversión.
- **El sexo:** los chimpancés solo copulan para la reproducción, los bonobos practican el sexo por muchos conceptos: para prevenir conflictos, hacer las paces, como agradecimiento, relajar las tensiones... Son promiscuos y lo realizan tanto con otros machos como con hembras.

Los humanos somos dictatoriales y anárquicos, agresivos y pacíficos, xenófobos y solidarios, monógamos y promiscuos. No podemos negar que tenemos los mismos abuelos, pues nos parecemos a los dos. Tenemos los mismos genes. ¿Por qué no alegar que los humanos violentos, autoritarios y heterosexuales se parecen a nuestro abuelo y que los humanos pacíficos, amigables y promiscuos se parecen a nuestra abuela? Quizá entre los genes de nuestro abuelo y los de nuestra abuela había alguna diferencia, pero después de doce millones de años, en los que se han ido mezclando, no parece probable que sus nietos tengan esta diferencia genética. Tenemos los mismos genes pero algunos toman más relevancia que otros. Quizá, para conocer mejor la relación e importancia que tienen en nuestro comportamiento, habría que investigar más detenidamente a nuestros primos.

Recuerdos de nuestra infancia

Una de las bases que los distintos colectivos alegan para afirmar que se nace homosexual o heterosexual y que por lo tanto es genético, son los recuerdos: *"Desde niño me atraían las niñas"*, *"Desde niño me fijaba en* la pilila *de los otros niños"*.

Se sabe que los genes que despiertan la atracción sexual no se activan hasta la pubertad y los psicólogos han explicado esta "atracción" de los niños por el cuerpo desnudo de otros niños como una sana curiosidad, al estar descubriendo su propio cuerpo y observar las diferencias y parecidos en los demás niños, pero entonces ¿cómo explicar que los niños heterosexuales se fijen en las niñas y los niños homosexuales en los niños? Cuando le preguntas a un niño, no te sabría explicar y no nota diferencias entre su curiosidad por un niño o por una niña. Te puede decir que se fija en la *pilila* de otro niño porque es su amigo y él tiene una igual o que se fija en el cuerpo de la niña porque le falta la *pilila*. Es de adultos cuando diferenciamos que nos fijábamos más en unos que en otros. ¿Por qué de adultos tenemos tan clara esta tendencia de nuestra niñez?

Está científicamente comprobado que nuestros recuerdos no son fidedignos. No se conservan con la nitidez de una fotografía. Inconscientemente maquillamos la realidad, incorporándoles unos sentimientos, unas situaciones, unos conflictos, que no tienen por qué ser reales pero que nos ayudan a sobrellevar ese recuerdo. Si es un buen recuerdo lo adornaremos con cosas bellas, si es un mal recuerdo lo haremos más terrorífico de lo que en realidad fue. Tomemos como ejemplo a los testigos de un robo o un crimen, aunque el suceso ha sido reciente, los testigos recuerdan los hechos y a los criminales de forma distinta. Todos adecuan sus recuerdos a sus propias vivencias. ¿Qué modificaciones inconscientes incorporaremos 10 o 20 años después del suceso? Es muy probable que los homosexuales adultos recuerden y adornen, inconscientemente, sus intentos por ver a otro niño desnudo y anulen o minimicen los recuerdos de la atracción por las niñas. De esta misma forma actuarían los heterosexuales adultos, olvidando sus primeras curiosidades homosexuales y ensalzando las heterosexuales, incorporando después, la sensación de atracción erótica.

En la pubertad, poco antes de que los genes sexuales se activen, sentimos una curiosidad, ya no por el cuerpo desnudo de otra persona sino por el sexo. No es deseo de realizar el sexo. Nuestros genes aún no se han activado. Es el deseo de conocer el mundo de los adultos para ser un adulto. El sexo es aquello que tus padres explican de forma más o menos convincentemente, que tus amigos ensalzan sin saber explicar el motivo, es algo que los adultos hacen a escondidas. Todavía no se siente atracción de realizar el sexo. Es la necesidad de diferenciarte de los niños e introducirte en el mundo de *los mayores*. Este es el punto álgido de nuestra sexualidad. Es cuando descubrimos que *los mayores* también tienen secretos. De niños escondemos y mentimos cuando hemos transgredido las normas impuestas. Esconder y mentir no es solo el miedo a las represalias, es una sensación satisfactoria al romper las normas. Un instinto de rebeldía. Descubrir que los adultos también esconden, despierta la curiosidad del púber. Ese secreto ha de esconder una sensación placentera. Lo que en este punto descubramos y las sensaciones que sintamos al descubrirlas, se reafirmarán en la adolescencia y marcarán nuestra vida.

El gran misterio de la adolescencia

Durante decenios se han investigado las reacciones que causan y suceden durante la adolescencia, y aun así, es mucho el desconocimiento que científicamente se tiene sobre este fenómeno de nuestro cuerpo y nuestra mente.

Se activan una serie de genes que hasta el momento han estado dormidos. Se disparan las segregaciones de hormonas de las que apenas sabemos sus funciones. Se transforman las uniones de las neuronas, sin causa aparente.

Durante los primeros años de nuestra vida aprendemos lo que está bien y lo que está mal. Lo que nos hace daño y lo que nos hace felices. Aprendemos que los padres dan seguridad y protección. Y de la noche a la mañana decidimos, sin explicación aparente, que todo lo que hemos aprendido y sentido no sirve. Nuestro cerebro rompe las uniones emotivas hacia nuestros padres y buscamos otros referentes. Buscamos la autonomía, el concepto del yo. Desde esta nueva personalidad de conciencia, volvemos a valorar lo bueno y lo malo, lo dañino y lo agradable y para poder crear este nuevo baremo, hemos de experimentar con nuevas sensaciones.

Esta reacción de nuestras neuronas no se corresponde con una continuación gradual del desarrollo. Algunos genes, aún desconocidos o poco observados, actúan sobre nuestro cerebro obligándole a romper su desarrollo y a empezar de nuevo. Es una reacción de supervivencia que nos une a nuestros padres cuando todavía somos indefensos y nos separa de ellos cuando ya podemos luchar contra los potenciales enemigos. No es la primera vez que nuestro cuerpo hace un experimento antes de desarrollar el órgano definitivo. Los llamados dientes de leche para luego sustituirlos por los duraderos es un ejemplo de ello, pero hay más, los primeros óvulos o espermatozoides no son fértiles, son sólo una prueba.

Si el sistema neuronal se rediseña en la adolescencia, no deberíamos, como hacen algunos psicólogos, darle tanta importancia a los traumas infantiles. Quizá deberíamos preguntarnos el porqué, en la adolescencia, nuestro cerebro no ha podido romper afectivamente con esos recuerdos infantiles.

Ante este nuevo mundo, dos son los principales temores del adolescente: el miedo a un futuro incierto (por primera vez tiene conciencia del futuro) y el miedo al rechazo social. Genéticamente somos animales sociales y en la adolescencia ampliamos nuestro entorno. Rompemos emocionalmente con la familia biológica y buscamos su equivalente entre otros miembros de la manada. Preferiblemente entre otros adolescentes que estén experimentando las mismas reacciones. Buscamos nuestro espacio y el reconocimiento de la manada como un nuevo miembro de esta. La falta de amigos o el rechazo de estos nos harán sentir excluidos y buscaremos una nueva manada que sea más afín a nosotros. Esta búsqueda por un lugar marcará las nuevas conexiones neuronales. Es justo en este momento cuando se despiertan los genes de la atracción sexual. Estas reacciones químicas se suceden de forma similar en chicos y chicas, en heterosexuales y homosexuales.

Estos genes sólo despiertan nuestro deseo de copular. No son bisexuales, pues esto indicaría que te gustarían los chicos y las chicas al mismo tiempo, pero tampoco son heterosexuales u homosexuales. La única información que transmiten estos genes es que con el acto sexual se disfruta. Este descubrimiento ha causado que los científicos dejen de investigar este fenómeno como la causante de la orientación sexual, pues es similar en heterosexuales y homosexuales.

Durante el último siglo hemos observado cómo las investigaciones científicas han estado influenciadas, inconscientemente, por las creencias religiosas o morales del investigador. ¿No estaremos asistiendo actualmente a la misma representación? ¿No estarán los científicos influenciados por la sociedad que les rodea y basando sus investigaciones en unos conceptos artificiales? Están buscando las diferencias entre homosexuales y heterosexuales basándose en el comportamiento del ser humano actual, pero, como hemos visto al principio del libro, esta división se creó en el siglo XIX y a partir de este momento, la separación de estos dos grupos es cada vez más evidente y pronunciada. Esto es una reacción social. Se arguye que ha de ser una cuestión genética porque en todas las sociedades, en las tribus y en todas las épocas, existía la homosexualidad. ¿Es esto cierto? ¿Realmente existió la homosexualidad y la heterosexualidad o sólo existió la sexualidad? Todos revisamos nuestras vivencias y sentimientos actuando en consecuencia, pero estamos actuando acorde con la sociedad en la que vivimos, con las enseñanzas y manipulaciones que sufrimos. Lo innegable es, que en la sociedad actual, nos definimos en la adolescencia en heterosexuales, homosexuales o bisexuales. Determinamos nuestra tendencia acorde a nuestros sentimientos y por una presión social que induce a tomar posiciones. Una vez limitado nuestro campo de juego somos nosotros mismos los que nos negamos la posibilidad de cambiar de equipo. Esto va reforzando las conexiones neuronales que impulsan a mantener el pronunciamiento, reafirmando y determinando nuestra inclinación de por vida. ¿Este pronunciamiento inicial hacia la heterosexualidad o hacia la homosexualidad sería un mandato genético? Según los libros de psicología de finales del siglo XIX, la orientación sexual se determinaba en el individuo entre los 20 años y los 23 años. En la actualidad, nuestros muchachos se definen sexualmente entre los 13 años y los 15 años. Este adelanto en la edad en la que se escoge equipo hace poco probable la hipótesis de la genética. Pensemos en un mundo donde no existen las palabras "heterosexual" y "homosexual". Un mundo donde solo existe "el sexo permitido" y el "sexo prohibido". A los jóvenes de finales del siglo XIX podrán gustarles más el "sexo permitido", pero no desdeñarán el "sexo prohibido" porque este significa romper las normas y están en la edad de la rebeldía. No lo harán por rebeldía pero "lo prohibido" no será un obstáculo. Muy distinto es, en la actualidad, "el sexo homosexual" que implica pertenecer o actuar como un grupo marginado. Ahora imaginemos un mundo donde no existieran los conceptos de "sexo prohibido" ni "sexo homosexual" ¿a qué edad se definirían nuestros jóvenes?

Alegar que la diferencia de edad es motivada por una mayor información en la sociedad actual, es seguir incidiendo en motivaciones medioambientales.

¿Neuronal, genético, hormonal o psicológico?

Algunos de los genes que se encuentran en las glándulas se activan, de forma mecánica, para que generen hormonas. Estas, en su gran variedad y combinaciones, influirán en el desarrollo del cuerpo, las sensaciones y las emociones. Los genes combinan estos fluidos de acuerdo con las instrucciones recibidas por herencia.

A su vez, en el cerebro, se pueden activar genes para que influyan en el aumento o disminución de la segregación de una determinada hormona, que puede, a su vez, modificar el comportamiento de otros genes. Las neuronas actuarán influidas por el medio ambiental y social que rodea al individuo para adaptar al organismo a los cambios evolutivos y asegurar la supervivencia de la especie. Nuestros sentimientos son la consecuencia de las reacciones químicas que se producen en nuestro cuerpo y la sexualidad humana forma parte de este entramado.

¿Qué sucede con la psicología? Es la "ciencia" que estudia el comportamiento humano y este comportamiento está motivado por todos los mecanismos descritos anteriormente. Es un buen método estadístico para conocer nuestras reacciones, pero es demasiado rudimentario para la curación de enfermedades mentales. Su sistema, con las terapias y conversaciones, logran, a dudas penas, reforzar las conexiones neuronales necesarias para que el mecanismo funcione correctamente.

La ciencia médica está evolucionando muy rápidamente. Actualmente se pueden ingerir o inyectar al cuerpo las hormonas que el organismo no produce naturalmente. Se pueden inhibir genes para que dejen de actuar sobre la segregación de una hormona que ya no necesitamos y en un futuro próximo se podrán activar las neuronas y reforzar las conexiones para conseguir que el cuerpo segregue las hormonas necesarias de forma natural. Cuando esto suceda, la psicología quedará relegada a un mero análisis estadístico del comportamiento humano y a una herramienta muy eficaz para manipular a las masas.

En las hormonas están las repuestas a una gran parte de nuestro ser, pero es demasiado simplista relegar la sexualidad a la testosterona. Existen muchos tipos de hormonas en nuestro cuerpo de las cuales conocemos algunas de sus características y solo podemos atisbar cuáles son las consecuencias de sus combinaciones.

Supongamos que las hormonas son ingredientes de cocina. Podemos saber algunas de las propiedades del trigo (con él se hace la harina o el pan), podemos saber algunas de las propiedades de la leche (con ella se hace el queso o la cuajada) y podemos saber algunas de las propiedades del tomate. Las glándulas del cuerpo generarían trigo, leche y tomate. El organismo usaría el trigo como tal o lo transformaría en harina o pan. Siendo una sola sustancia, la transformación en harina implicaría un cambio en sus propiedades y la transformación en pan daría lugar a otras propiedades. Pero la cosa se complica cuando se empiezan a mezclar ingredientes, o transformaciones de los ingredientes, para crear platos más complejos. Mezclando la harina con la leche podríamos cocinar un bollo. Si mezcláramos la harina, el queso y el tomate podríamos hacer una pizza, pero si variamos la proporción de estos mismos ingredientes podríamos cocinar una calzone de queso o una tarta de tomate.

La proporción de todos estos ingredientes y sus transformaciones, van variando en nuestro cuerpo a lo largo de toda nuestra vida. Relegar la orientación sexual a la disminución o aumento de la testosterona es demasiado incompleto y pretender que esta orientación no va a variar a lo largo de nuestra vida es demasiado ingenuo.

Una posible respuesta al enigma

La secuencia de los cromosomas del ser humano ha sido una de las últimas revoluciones y el abaratamiento de los costes también es considerable, pero ninguna empresa financiaría una investigación que se basara en determinar las diferencias en los cromosomas de un hombre blanco y uno negro, automáticamente se tacharía a esta empresa de racista. Esto mismo sucede con la homosexualidad. La generalización de las investigaciones basándose en los cromosomas en los que tienen que secuenciar a una gran cantidad de personas, provocarán, involuntariamente, que salgan a la luz las diferencias entre blancos y negros, entre heterosexuales y homosexuales (al secuenciar el genoma humano de un grupo de personas para determinar, por ejemplo, las diferencias genéticas en la enfermedad del alzheimer, se descubrirá en las estadísticas a realizar, la diferencia entre caucásicos, latinos, negros, chinos o judíos y entre heterosexuales y homosexuales, además de entre altos y bajos, gordos y delgados, etc.). Este hecho en sí mismo no es negativo. El problema reside en que la sociedad aún no está preparada para ello y si se descubriera un gen diferenciador, no faltarían voces que alegarían haber encontrado el "defecto" homosexual y se promoverían investigaciones para modificarlo. La sociedad todavía no está preparada para entender que las diferencias no son un defecto. De todas formas, no hay nada que temer, seguramente los científicos no encontrarán ese gen diferenciador porque existen muchas posibilidades de que no exista.

Cada vez hay más evidencias de que los cromosomas no solo influyen en el aspecto físico sino que es muy probable que también sean un factor decisivo en el comportamiento del ser humano. Esto no significa que exista un gen determinado, diferente, que estimule un comportamiento concreto. Supongamos que cada cromosoma tiene 100 genes, estos genes son fichas numeradas del 1 al 100. Si las removemos, el orden sería aleatorio, teniendo más influencia unos genes que otros, dependiendo del gen que tuviera a su lado. La combinación aleatoria de estos genes junto con el resultado de los demás cromosomas, conllevaría a un aspecto y una actitud distinta a cada individuo. No tendrían ni unos cromosomas ni unos genes distintos, solo serían unas combinaciones distintas. Estas combinaciones no serían exactamente aleatorias, estarían influidas por las combinaciones de los cromosomas del padre y de la madre, de los abuelos de ambos, de los bisabuelos, etc. Esta complejidad de combinaciones hace extremadamente complicado el trabajo de los científicos en esta materia y también son los causantes de que la homosexualidad y la heterosexualidad no sean, genéticamente hablando, blanco o negro, sino que hay una infinidad de matices. Si además incluimos que no todos los genes se activan desde el nacimiento, ya que los hay que se activan a lo largo de la vida, obtendríamos que aunque naciéramos homosexuales, heterosexuales, bisexuales o asexuales, a lo largo de la existencia estas tendencias podrían variar dependiendo de las combinaciones que se activaran en un momento dado.

Todos los seres humanos nacemos asexuales. En la pubertad las hormonas sexuales se activan y nacen nuestros deseos sexuales. Esta activación es un mandato de nuestros cromosomas, su mayor o menor intensidad dependerá de estos. Los biólogos consideraban que en esta activación iría implícita la atracción heterosexual u homosexual. Daban por hecho que los genes han de predisponer a la heterosexualidad como una defensa natural para asegurar la reproducción y la supervivencia de la especie. Una variación en este gen sería la causante de la homosexualidad, pero si nos fijamos en los animales, nos daremos cuenta de que la activación de las hormonas sexuales solo predispone al sexo,

317

siendo las feromonas las que se aseguran el acoplamiento del macho con la hembra. El problema reside en que las mujeres enmascaran este olor con el uso de los baños, perfumes, cosméticos, vestidos, etc. y existen muchas posibilidades de que la mujer haya perdido la capacidad de generar feromonas. Como hemos visto en los animales, la hembra no es un objeto pasivo en este acoplamiento, las feromonas atraen al macho pero son ellas las que escogen al más adecuado.

Actualmente la teoría de genes distintos está perdiendo fuerza tomando su relevo una investigación mucho más sensata.

Algunos genes son los encargados de regular las secreciones, glándulas, hormonas, moléculas y sustancias químicas en general que actuarán sobre nuestro organismo y sobre nuestro cerebro. La mayor o menor cantidad de sustancias químicas segregadas y la combinación de estas podría ser la causante de las orientaciones heterosexuales u homosexuales. Estos fluidos no son constantes a lo largo de la vida del individuo, las neuronas cerebrales regularán su intensidad dependiendo, entre otras causas, del medio ambiente y social en que se vive. Esto explicaría que cuando a un hombre heterosexual le privas de mujeres no tiene ningún inconveniente en practicar sexo homosexual pudiendo tener sentimientos amorosos, pero en cuanto le devuelves a la sociedad regresa a la heterosexualidad. Un comportamiento que se asemeja considerablemente a los animales.

Sintetizando:

Nacemos con una herencia genética que es la parte "conservadora" de nuestro organismo. Estos genes regularán la segregación de hormonas dependiendo de nuestro historial hereditario, pero la sociedad que nos rodea no es la misma que la que vivieron nuestros padres o abuelos, por lo que nuestro cuerpo y emociones se quedarían desfasados. Las neuronas son nuestra parte "progresista" del cuerpo y modificarán el comportamiento de los genes para adaptarlos *a la vida moderna*.

Trasladando esto al sexo:

Nacemos asexuales, en la pubertad nuestros genes activarían la segregación de las hormonas sexuales, que despertarían nuestro interés por el sexo. Actuarían de esta forma obedeciendo a la herencia. Las neuronas modelarán la actitud de los genes y de las hormonas adecuándolos a los estímulos del medio ambiente y social que han ido recolectando a lo largo toda la vida del sujeto.

¿Qué porcentaje de nuestros actos son por herencia y cuales son por influencia?

Recientemente estudios neurológicos han demostrado que las decisiones las toma el cerebro, en el inconsciente, cinco segundos antes de que las tome el consciente. Desde hace varios años se sabía que las decisiones que tomamos estaban influenciadas inconscientemente por nuestras vivencias y recuerdos almacenados en el cerebro. Ahora se ha descubierto que incluso la decisión final se resuelve en el inconsciente y que cinco segundos después manda la orden al consciente para que actúe en consecuencia. Esto, en un futuro próximo podrá representar un pequeño conflicto legal. Si las decisiones las tomamos inconscientemente, nadie será responsable de sus actos pues aunque conscientemente sepamos que nuestros actos están mal ¿podremos evitar realizarlos? La resolución a este conflicto es sencilla, el inconsciente también valora nuestro baremo del bien y el mal. Lo que realmente sucede es que nuestro cerebro procesa en muy poco tiempo una infinidad de variables y manda al consciente una síntesis de todas ellas. Si no actuara de este modo tardaríamos varios días en tomar la decisión más sencilla. Otra cuestión que se plantea a raíz de estas investigaciones, es que si todas nuestras decisiones y actuaciones están motivadas inconscientemente por la educación, la sociedad y nuestras propias vivencias habremos regresado otra vez al punto de partida. Un siglo de investigaciones y de torturas para llegar a la misma conclusión que se tenía en 1900: la homosexualidad y la heterosexualidad son la consecuencia de la sociedad en la que vivimos. Esto tampoco es del todo cierto.

Si nos aislaran de la sociedad, nuestro comportamiento sería muy parecido. Es nuestra biología, en una parte, la que determina nuestro comportamiento y en otra parte el medio en el que se vive. ¿La sociedad influye sobre nuestro comportamiento o es nuestra genética? La genética de cada individuo determina el comportamiento de esta persona. El comportamiento de una mayoría de la sociedad, determina la educación y las influencias sociales, luego el comportamiento de la sociedad está determinado por la genética de cada generación. Todo está relacionado. Somos animales mamíferos y sociales.

Instintivamente buscamos la aceptación de la sociedad y por lo tanto imitamos el comportamiento de la mayoría. Pero el comportamiento de una sociedad está determinado por la actuación de cada uno de sus miembros y cada uno nos comportamos dependiendo de nuestra genética. ¿Qué sucede entonces con la homosexualidad? Los homosexuales, al igual que el resto de la sociedad, imitan y buscan la aceptación del grupo pero se comportan de acuerdo a sus genes. La Iglesia con sus doctrinas y los gobiernos con sus leyes nos imponen unos comportamientos que inevitablemente no concuerdan con nuestra naturaleza pero que consentimos en nuestro deseo de la aceptación. Estos poderes fácticos no siempre aciertan con el sentir de la sociedad pero a través de la educación nos influyen a su conveniencia. Si eliminamos las influencias de las minorías poderosas y nos basamos en el sentir de la sociedad y en nosotros mismos, seríamos más conscientes, al igual que el mundo animal, de que la sexualidad no distingue entre machos y hembras.

Sintetizando:

Nuestra herencia genética nos influye a buscar la aceptación de la manada a la que pertenecemos. Al tener todos los miembros una herencia genética similar, esta aceptación no tendría complicaciones, pero unas normas artificiales impuestas en esta manada obligan al nuevo miembro a adaptarse para ser aceptado y las neuronas actuaran en consecuencia.

Trasladando esto al sexo:

Aunque nuestra herencia genética solo predispone al sexo, las normas artificiales impuestas a la manada obligarán a las neuronas a actuar para adaptar al sujeto a la sociedad actual. No a las normas impuestas, sino a la sociedad que lo rodea. Un ejemplo: la herencia genética nos puede inducir a la poligamia, pero las normas impuestas nos obligan a la monogamia. Nuestras neuronas tendrán en cuenta la norma restrictiva pero también valorarán que la sociedad que le rodea incumple esta norma (el adulterio, la amante o la prostitución) y actuará en consecuencia modificando la actuación de los genes y las hormonas.

¿Cómo toma las decisiones nuestro inconsciente?

La respuesta está en las neuronas. Millones de ellas conectándose como telas de arañas desde antes de nuestro nacimiento. Cada persona que a lo largo de tu vida has visto, sentido, olido u oído dispara miles de señales de comunicación entre neuronas. Y es ese patrón de conexiones el que cataloga a la nueva persona registrando su estatura, su peso, su sonrisa, su color de pelo, su carácter y la sensación que te produjo en ese momento.

Miles de neuronas se vincularán en tu cerebro para catalogar a una persona que, en la mayor parte de las veces, solo habrás visto durante unos segundos en toda tu vida y que no recordarás conscientemente. Todas esas neuronas se irán interconectando dependiendo de otros miles de factores. Antes de que conscientemente puedas decidir que tal persona te gusta, tu cerebro ha conectado todas esas neuronas como si de una red eléctrica se tratara, e inconscientemente ha catalogado: alta o baja, rubia, morena o pelirroja, color de ojos azules, verdes o marrones, con una gran sonrisa o seria, divertida, risueña o comprometida y tenaz… El cerebro catalogará en una fracción de segundo todas sus características y las comparará con todas las personas que han pasado a lo largo de toda tu vida, añadiendo las emociones que estas personas te despertaron y harán una valoración sobre si esa persona te conviene o has de rechazarla.

Si cuando eras un bebé y te llevaban en el carricoche por la calle, de pronto una señora de gran sonrisa y pelirroja te hace una carantoña que te hace feliz, en tu cerebro empezarán a dispararse multitud de conexiones entre neuronas para procesar y registrar todo lo que está ocurriendo. Si con diez años, un primo lejano, bajito y rechoncho te da un fraternal beso en la mejilla, tu cerebro seguirá registrándolo. Y en un futuro puede que te enamores de una mujer de gran sonrisa, pelirroja, bajita y rechoncha o puede que lo hagas de un hombre bajito, rechoncho, pelirrojo y de gran sonrisa. Todo dependerá de los cientos de miles de personas que a lo largo de tu vida se han cruzado contigo. De la misma forma, si tu profesora del colegio tiene la nariz roja y te ha reprendido, puede ocasionar que ya no te enamores de esa mujer de gran sonrisa, pelirroja, bajita y rechoncha si además tiene la nariz roja, pero puede que te caiga simpática y seáis buenos amigos. Apenas una decena de neuronas serán las determinantes de que te guste un hombre o una mujer, pero estarán interconectadas y escondidas entre las cientos de miles de neuronas que determinarán que te guste una persona en concreto y éstas no serán ni más ni menos importantes para el cerebro que la decena de neuronas que determinará si te gustan rubias o morenas. Y estos cientos de miles de neuronas estarán estrechamente conectadas con los millones de neuronas que determinarán si te gusta el dulce o el salado, si eres valiente o cobarde, hogareño o libertino…

No hace falta un trauma infantil, apenas el perfume de una persona con la que te cruzas por la calle y que no volverás a ver, es suficiente para que tu cerebro se ponga en funcionamiento y genere un patrón de conexiones entre neuronas que quizá te cambie para siempre. Para nuestro cuerpo y nuestro cerebro el gusto por un hombre o una mujer no es más relevante que nuestro gusto por un color determinado. Seguramente utiliza el mismo mecanismo. Es el estigma que la homosexualidad crea en la sociedad lo que está provocando que los científicos busquen, infructuosamente, una respuesta más compleja.

Esta argumentación determina que para nuestro cerebro la homosexualidad y la heterosexualidad no es blanca o negra. Hay una infinidad de matices. En un momento dado de nuestra vida puede que las conexiones neuronales nos inciten hacia una mujer, pero al cambiar las circunstancias, algunas conexiones pierden fortaleza y otras toman el relevo. Este nuevo circuito neuronal pudiera darle una mayor importancia al sexo con un hombre. Las conexiones neuronales van aumentando y variando a lo largo de nuestra vida. Algunas aumentan su influencia, otras disminuyen y con el tiempo puede que algunas conexiones que anteriormente habían aumentado su influencia, ahora decaigan, y que las que dejaron de influir en el pasado ahora tomen el relevo. La influencia neuronal varía por igual en heterosexuales y homosexuales y cambia constantemente a lo largo de nuestra vida. Neuronalmente hablando, no podríamos afirmar que una persona es heterosexual u homosexual. Sólo podríamos concluir que en el momento de un hipotético análisis neuronal, esa persona tenía tendencias heterosexuales u homosexuales, pero al variar las influencias de las conexiones neuronales, no serían extrapolables estos resultados a toda la vida del sujeto. Estas mismas neuronas son las que influirían en los genes para modificar las reacciones químicas de nuestro cuerpo. Aunque se descubriera un comportamiento, en los genes o en las hormonas, distinto entre homosexuales y heterosexuales, no se habría descubierto la causa sino la consecuencia. Una conducta repetida, así como las condiciones ambientales, pueden cambiar la estructura cerebral y la química corporal.

Sintetizando:

Nuestras neuronas irán generando un patrón de conexiones desde nuestra infancia dependiendo de la sociedad que nos rodea, la educación recibida y la propia experiencia. La repetición de un comportamiento reforzará esta conexión neuronal y a su vez, las neuronas afectadas influirán en los genes para que modifiquen su comportamiento y se adapten a la nueva realidad social.

Trasladando esto al sexo:

Una vez despertados los genes hereditarios sexuales, las neuronas determinarán inicialmente al objetivo a conseguir dependiendo de la sociedad, la educación y la experiencia afectiva. Esta tendencia pudiera ser fija o variable a lo largo de la vida del individuo, dependiendo de un cambio de la sociedad o de la propia experiencia, pero la repetición del mismo acto ocasionará que estas neuronas se refuercen, modifiquen nuestro organismo y hagan más difícil el cambio del comportamiento.

¿Qué nos impulsa a seleccionar un bando?

Tanto genéticamente como neuronalmente todos los seres humanos somos potencialmente heterosexuales y homosexuales a lo largo de nuestra vida. Analizando el comportamiento humano en la historia reciente se podría alegar que los homosexuales, inconscientemente, reprimen su heterosexualidad y que los heterosexuales son homosexuales reprimidos a causa de la sociedad que les rodea. Hormonalmente nuestro cuerpo solo entiende de emociones, sociabilidad y sexualidad ¿No serían los conceptos de heterosexualidad y homosexualidad antinaturales? La heterosexualidad, al igual que la monogamia, no son estados biológicos en el ser humano, se podría decir que son conceptos culturales impuestos al ser humano desde hace 2000 años por las religiones dominantes. Freud señaló que la heterosexualidad exclusiva no existe como inclinación natural del hombre luego la homosexualidad exclusiva tampoco es un concepto natural. La prueba la tenemos en los animales, donde rara vez existe esta exclusividad. Si la heterosexualidad y la homosexualidad no existen de forma natural, esto podría significar, que somos el producto de la evolución de la especie, pero esta teoría no se corresponde con nuestros comportamientos, es más lógico pensar que una represión religiosa aplicada durante muchas generaciones está determinando nuestras reacciones. Por muy ateos que nos consideremos, todos nuestros conceptos del bien y del mal, toda nuestra ética y nuestra percepción de una sociedad sana o corrompida, es el resultado de una moral religiosa enseñada de padres a hijos. Y de esta moral no se libran ni la sociedad, ni los médicos, ni los investigadores, ni los gobiernos. Sin esta represión social seríamos más parecidos a nuestros primos cromosomáticos los bonobos. ¿Por qué no como los chimpancés? Porque estos no necesitan de normas morales y leyes que les obliguen a una determinada sexualidad.

Conclusión:

De la misma forma que actúan nuestras neuronas cuando nuestra herencia genética predispone a la poligamia y las normas restrictivas a la monogamia, (tomando una decisión basándose en la sociedad que rodea al individuo sin olvidar la norma restrictiva), actuarían nuestras neuronas con la orientación sexual.

La herencia genética predispone a la sexualidad, la norma restrictiva a la heterosexualidad y las neuronas adecuan al individuo a la sociedad que le rodea sin olvidar la norma impuesta. De esta forma, el individuo cuya experiencia sentimental le hace tender inicialmente a la heterosexualidad permitiría los contactos homosexuales cuando la sociedad que le rodea lo aceptara. Y el individuo cuya experiencia sentimental le hace tender inicialmente a la homosexualidad aceptaría la práctica heterosexual para conseguir la aceptación social.

Si no existiera la norma restrictiva, la herencia genética induciría a la sexualidad y algunos individuos practicarían exclusivamente la heterosexualidad, unos pocos practicarían exclusivamente la homosexualidad y la mayoría de las personas serían ambisexuales.

Las sensaciones, la afinidad de carácter y la atracción, serían algunos de los elementos que nuestras neuronas utilizarían para escoger al objeto deseado. Otras causas son la experiencia personal, la familia y los amigos. Las neuronas no podrán olvidar las leyes, la sociedad que le rodea en ese momento y las necesidades personales. También, por supuesto, valorará si la persona deseada es hombre o mujer. Valorará todas estas variables y las comparará con las sensaciones recibidas a lo largo de nuestra vida. Esta sería la razón por la que las terapias psicológicas que tienden a crear un hábito heterosexual en el homosexual son un fracaso. Para nuestras neuronas, lo genital, es solo una de las múltiples variables a tener en cuenta para seleccionar al objeto deseado. De hecho, posiblemente, sea la menos importante.

Seguramente no existe ninguna diferencia entre heterosexuales y homosexuales. Ni genética, ni psicológica, ni neuronalmente. Es la sociedad en la que vivimos la que nos induce a comportarnos de esta manera, creando artificialmente estos dos conceptos. Posiblemente, si viviéramos en una sociedad sin normas morales restrictivas, la mayoría de las personas serían ambisexuales, como sucedía en otras épocas y en otras culturas.

Bibliografía

Prudencio Sereña y Pastagás: *La prostitución en la ciudad de Barcelona.* 1882
R. Cervera Barat: *Alcoholismo y civilización.* 1898

CH. Féré: *El instinto sexual, evolución y disolución.* 1900
V. Suárez Casañ: *Conocimientos para la vida privada.* 1900
Llanas Aguilaniedo y Bernardo de Quirós: *La mala vida en Madrid.* 1901
Remy de Gourmont: *Física del amor.* 1904
Sigmund Freud: *Tres ensayos sobre teoría sexual.* 1905

Auguste Vigorovy y Paul Juquelier: *El contagio mental.* 1914
Álvaro Retana: *Las locas de postín.* 1919. *Mi novia y mi novio.* 1923. *A Sodoma en tren botijo.* 1933

A. Hernández-Cata: *El ángel de sodoma.* 1920
Juan Manuel Zapatero: *Pedagogía sexual.* 1922
André Gide: *Corydón.* 1924
Sánchez de Rivera: *Lo sexual.* 1924
Pedro Vachet: *La inquietud sexual.* 1927
Alexander Lipschütz: *Las secreciones internas de las glándulas sexuales.* 1927
Alfred Fabre Luce: *Para una política sexual.* 1929
Sigmund Freud: *Obras completas.* Tomo XIII. 1929
Gregorio Marañón: *Los estados intersexuales en la especie humana, Intersexualidad histológica e intersexualidad química, Los estados intersexuales en la pubertad* 1928

A. Hesnard: *Psicología homosexual.* 1930
San de Velilla: *Sodoma y lesbos modernas.* 1930
E. Barriobero y Herrán: *Los delitos sexuales en las viejas leyes españolas.* 1930
VV.AA.: *La guerra desconocida.* 1931
Auguste Forel: *La cuestión sexual.* 1931
E. Donato Prunera: *Homosexualismo frente a Gide.* 1931

Luis Cernuda: *Los placeres prohibidos.* 1931
Jacinto Benavente: *De muy buena familia.* 1931
Alberto Nin Frías: *Alexis o el significado del temperamento urano.* 1932
Alberto Nin Frías: *Homosexualismo creador.* 1933
F. Oliver Brachfeld: *Polémica contra Marañón.* 1933
Jacinto Benavente: *El rival de su mujer.* 1933
A. Martín de Lucenay: *Las leyes y el sexo.* 1934. *Los delitos sexuales.* 1934. *Presidios, regimientos y barcos.* 1933. *Homosexualidad.* 1933
Ernst Baum: *Las funciones sexuales.* 1933
Antonio Vallejo-Nágera: *Higiene de la raza.* 1934
A. Adler: *El problema del homosexualismo.* 1936

Antonio Vallejo-Nágera: *Tratamiento de las enfermedades mentales.* 1940
Pérez Argilés: *Lecciones de psiquiatría (clínica y medicina legal).* 1941
Guillermo Uribe Cualla: *Los delitos sexuales ante la medicina legal.* 1944
Jean Rostand: *Los cromosomas, artesanos del sexo y de la herencia.* 1945
José Luis de la Loma: *Sexo, genio y figura: el cómo y el porqué de la herencia.* 1945
Eugen Relgis: *Las aberraciones sexuales en la Alemania nazi.* 1949
José Algora Gorbea: *Educación sexual: Sexualidad, Venereología y penicilina.* 1948

René Allende: *Las concepciones modernas de la sexualidad.* 1950
Donald Webster Cory: *El homosexual en Norteamérica.* 1951
José Algora Gorbea: *Sexo y vida.* 1952
Eugen Steinach: *Sexo y vida.* 1952
José Botella Llusiá: *Los hermafroditas.* 1953
Julio Altmann Smythe: *El problema sexual en las prisiones.* 1954
Richard von Krafft-Ebing: *Psicopatología sexual.* 1955
Reinaldo Pellegrini: *Sexología.* 1955
Mauricio Kart: *Sodomitas.* 1956
Barbe: *Medicina y sexualidad.* 1958

Hans Giese: *El homosexual y su ambiente.* 1962
Antonio Sabater: *Gamberros, homosexuales, vagos y maleantes.* 1962
Hans Giese: *Psicopatología de la sexualidad.* 1964
Hendrik Marinus Ruitenbeek: *La homosexualidad en la sociedad moderna.* 1965
VV.AA.: *La sexualidad.* 1965
Michael Chofield: *Aspectos sociológicos de la homosexualidad.* 1965
Aron M. Krich: *Homosexuales, vistos por sí mismos y por sus médicos.* 1966
Alfred C. Kinsey: *Conducta sexual del hombre. Conducta sexual de la mujer.* 1967
VV.AA.: *Biología y sociología de la homosexualidad.* 1967.
John Wilson: *Lo absurdo de nuestra moral sexual.* 1968
James Baldwin: *El cuarto de Giovanni.* 1969
Lucio Wald: *Desviaciones sexuales.* 1969
Enrique Gimbernat Ordeig: *Sexualidad y crimen.* 1969
Marcel Eck: *Sodoma, ensayo sobre la homosexualidad.* 1969

Fernando Chamorro Gundin: *Resultados obtenidos con técnicas proyectivas en una muestra de 200 delincuentes homosexuales españoles.* 1970.
Juan Masana Ronquillo: *El fenómeno de la homosexualidad.* 1971
Jacques Corraze: *La homosexualidad y sus dimensiones.* 1972
Thomas S. Szasz: *La fabricación de la locura.* 1974
Marc Daniel: *Los homosexuales.* 1975
Enrique Martínez Fariñas: *Biografía de la homosexualidad.* 1975
Edouard Roditi: *La inversión sexual.* 1975
Alfonso García Pérez: *La rebelión de los homosexuales.* 1976
Victoriano Domingo Loren: *Los homosexuales frente a la ley.* 1977
Antonio Roig Roselló: *Todos los parques no son un paraíso.* 1977
Xavier Lizarraga: *La homosexualidad ante la sociedad enferma.* 1978
E. M. Forster: *Maurice.* 1978

Alan P. Bell y Martin S. Weinberg: *Informe Kinsey sobre la homosexualidad.* 1979

Alberto García Valdés: *Historia y presente de la homosexualidad.* 1981
Fernando Alvarez Uria: *Miserables y locos.* 1983
Marvin Schwartz: *Psicología Fisiológica.* 1983
Juan Masana Ronquillo: *El cerebro.* 1985
J.A. Valverde: *El macho herido. Retrato sexual de los españoles.* 1986
Raquel Alvarez Pelaez y Ricardo Huertas García-Alejo: *¿Criminales o locos?* 1987
Joseph M. Comelles: *La razón y la sin razón.* 1988

Antonio M. Rey González: *Estudios Médico-sociales sobre marginados en la España del siglo XIX.* 1990
Pedro Trinidad Fernández: *La defensa social.* 1991
Oscar Guash: *La sociedad rosa.* 1991
Enguix Grau: *Poder y deseo.* 1996
Xosé Buxán: *Conciencia de un singular deseo.* 1997
Juan Vicente Aliaga: *Identidad y diferencia.* 1997
Alfredo Martínez-Expósito: *Los escribas furiosos.* 1998
Francisco Labrador, Juan Antonio Cruzado, Manuel Muñoz: *Manual de técnicas de modificación y terapia de conducta.* 1999

Rafael Huertas: *Los ilegales de la naturaleza.* 2000
Michel Foucalt: *Los anormales.* 2001
Arturo Arnalte: *Redada de violetas.* 2003
Jordi Petit: *25 años más.* 2003
Fernando Olmeda: *El látigo y la pluma.* 2004
Fernando Villamil: *La transformación de la identidad gay en España.* 2004
Richard Cohen: *Comprender y sanar la homosexualidad.* 2004
Lauren Slater: *Cuerdos entre locos.* 2006
Editor Anthropos: *Pioneros de lo homosexual.* 2007
Javier Ugarte Pérez: *Una discriminación universal.* 2008
Nerea Arestis: *Masculinidades en tela de juicio.* 2010

Francisco Vázquez García y Richard Cleminson: *Los invisibles.* 2011
Julio González Álvarez: *Lobotomías.* 2013

www.ingramcontent.com/pod-product-compliance
Lightning Source LLC
Chambersburg PA
CBHW060447290526
45791CB00001B/18